*Manipulação de ideias, pessoas e influências
depois da Economia da Atenção*

Traduzido do espanhol por Ana Helena Oliveira

# O INIMIGO CONHECE O SISTEMA

**MARTA PEIRANO**

El enemigo conoce el sistema
Copyright © Marta Peirano, 2019
Published by agreement with Penguin Random House Grupo Editorial, S.A.U.

Grafia atualizada segundo o Acordo Ortográfico da Língua Portuguesa de 1990, que entrou em vigor no Brasil em 2009.

*Edição:* Felipe Damorim e Leonardo Garzaro
*Tradução:* Ana Helena Oliveira
*Arte:* Vinícius Oliveira e Silvia Andrade
*Revisão:* Carmen T. S. Costa e Lígia Garzaro
*Preparação:* Leonardo Garzaro

*Conselho Editorial:*
Felipe Damorim, Leonardo Garzaro, Lígia Garzaro, Vinícius Oliveira e Ana Helena Oliveira.

Dados Internacionais de Catalogação na Publicação (CIP)
(Câmara Brasileira do Livro, SP, Brasil)

---

P377

Peirano, Marta

O inimigo conhece o sistema / Marta Peirano; Tradução de Ana Helena Oliveira – Santo André - SP: Rua do Sabão, 2022.

Título original: El enemigo conoce el sistema

328 p.; 14 X 21 cm

ISBN 978-65-86460-43-8

1. Tecnologia. 2. Ciência política. 3. Sociologia. 4. Sistema de informação. 5. Redes sociais. I. Peirano, Marta. II. Oliveira, Ana Helena (Tradução). III. Título.

---

CDD 303.4833

Índice para catálogo sistemático
I. Tecnologia
Elaborada por Bibliotecária Janaina Ramos – CRB-8/9166

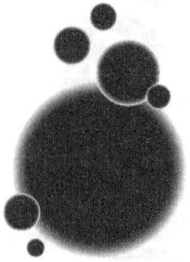

[2022]
Todos os direitos desta edição reservados à:
Editora Rua do Sabão
Rua da Fonte, 275 sala 62B
09040-270 - Santo André, SP.

www.editoraruadosabao.com.br
facebook.com/editoraruadosabao
instagram.com/editoraruadosabao
twitter.com/edit_ruadosabao
youtube.com/editoraruadosabao
pinterest.com/editorarua

*A meu pai, Jorge Peirano*

## DEPENDÊNCIA — 9

Quando faz *pop*, já não há mais *stop* — 14
Por que você não pode parar de mexer no seu celular — 17
A caixa de Skinner — 22
Um Skinner moderno chamado B. J. Fogg — 26
*Dark design:* pedido, pontuação, alavanca, *repeat* — 33
Competimos com o sono, não com a HBO — 42

## INFRAESTRUTURAS — 58

Do Command & Control ao TCP/IP — 62
O problema da internet — 68
IBM PC: construa seu próprio computador — 77
A internet entra no mercado — 81
Tim Berners-Lee: a internet é para todos — 84
Quilômetros de fibra óptica para recolonizar o mundo — 90

## VIGILÂNCIA — 97

O pecado original da internet — 102
Olhos no bolso — 106
Depois de Snowden — 115
Sentinelas celestes — 123
O Estado soberano da nuvem — 128
Palantir, a curiosa — 134
A banalização da vigilância — 136
China, 2020: a primeira ditadura digital — 139

## ALGORITMO — 142

## REVOLUÇÃO     161

O software livre: a liberdade nos tornará livres     168

Dois visionários tóxicos: Steve Jobs e Tim O'Reilly     179

*Mip. Mix. Burn*     183

Creative Commons: alguns direitos reservados     189

A armadilha da inteligência coletiva     192

A promessa da blogosfera: viver para contarmos juntos     196

Um novo ecossistema midiático     204

A corrida darwinista, do Napster ao The Pirate Bay     216

Do movimento anticapitalista à internet 2.0     224

## O MODELO DE NEGÓCIO     230

Compra e venda de dados pessoais     242

## MANIPULAÇÃO     248

A máquina de propaganda infinita     253

Os leopardos comerão a sua cara     256

Operação INFEKTION     261

A máquina de propaganda russa     268

Todos contra todos     272

Não é política, é capitalismo     286

Mianmar: desumanizar com memes e mentiras     288

Nós contra eles: a campanha do ódio     290

Golpe no sonho democrático     298

Doutrina do choque sob demanda     306

WhatsApp, o primeiro meio secreto de comunicação em massa     310

Grupos secretos: a próxima fronteira     323

**Agradecimentos**     **327**

# DEPENDÊNCIA

"Aqueles que desejam o poder encontram na mecanização do homem uma forma simples de alcançar suas ambições."

Norbert Weiner, *The Human Use of Human Beings: Cybernetics and Society,* 1950

"O preço de qualquer coisa é a quantidade da vida que se oferece em troca."

Henry David Thoreau

Há quatro empresas no mundo que produzem os odores e sabores de todas as coisas que compramos: Givaudan, Firmenich, International Flavors & Fragrances (IFF) e Symrise. Correspondem a um mercado de mais de 25 mil dólares ao ano e sua carteira de clientes inclui fabricantes de refrigerantes e sopas, amaciantes, tabaco, sorvetes, desodorantes, tapetes para carros, cosméticos, medicamentos, tintas, material de escritório, desinfetantes, vibradores, bugigangas e brinquedos. Sua contribuição no produto final deve oscilar entre 1% e 5%, mas é a parte que muda tudo. Os saborizadores e aromatizantes que aparecem genericamente nomeados nas etiquetas dos recipientes são os responsáveis por transformar o produto em outro completamente diferente, mudando o sabor, o odor e até sua textura sem alterar nenhum ingrediente nem o processo de elaboração. A mais antiga e prestigiada é a Givaudan, com sede na Suíça.

Como quase todas as companhias que dominam o mundo em que vivemos, a imagem da empresa é muito diferente do produto oferecido. O mercado do aroma é envolto na aura da perfumaria antiga, com a qual começou há pouco mais de um século. Todos os anúncios e a maioria dos documentários sobre ela mostram colhedores de rosas em Grasse, de tangerina na Calábria e outras fontes certificadas e sustentáveis das quais se obtêm baunilha, vetiver e ylang-ylang, antes de serem artesanalmente e delicadamente processadas em tornos de madeira e barris cheios de óleo. Seus "narizes" são entrevistados de forma rotineira em fascinantes artigos e documentários onde explicam como analisar as moléculas odoríferas de uma violeta selvagem com um espectrômetro de massas ou que a substância mais cobiçada da alta perfumaria é o vômito do cachalote, que chamam de "âmbar cinza". Mas seu negócio está em outro lugar. "Todo mundo come, bebe, toma banho e limpa a casa. Isso é 80% do nosso negócio — explicava em 2012 o chefe de investimentos da Givaudan, Peter Wullschleger, para uma revista. A única parte cíclica do negócio é a perfumaria de luxo. Por isso, as crises não nos afetam tanto." A maior marca desse mercado é a International Flavors & Fragrances, em Nova Iorque.

Suas fórmulas milionárias são capazes de invocar perfeitamente o aroma de um pêssego em uma bala de goma, ou extrair a madalena de Proust de um biscoito feito com açúcar refinado, óleo e farinha de trigo em um empoeirado polígono industrial. Seu objetivo não é o estômago, mas o cérebro, que produz reconstituições voláteis dos sabores que mais nos cativam, que são os que têm o cheiro da nossa infância e, consequentemente, do amor. São diferentes em cada cultura: o caldo de frango na Ásia, os canelones na Itália, o bife com chimichurri na Argentina ou o ensopado de carne, verdura e legumes que as avós europeias preparavam em pequenas cozinhas, misturando seus deliciosos aromas com o cheiro da lenha e as lembranças do lugar quente e movimentado onde as famílias se juntam para comer, beber e dividir a vida. E os transportam para os lugares mais inesperados, com a ajuda de equipes que incluem vencedores do prêmio Nobel de química, prestigiados pesquisadores de sociologia e chefes de departamento de Neurobiologia e de institutos como o Max Planck.

Se você se sente mais seguro voando com a British Airways, pode ser porque seus aviões dispersam um aroma feito para "estimular a lembrança de bons momentos durante o voo" e diminuir a ansiedade da viagem. É o mesmo aroma que a Singapore Airlines põe em suas toalhas quentes. Chama-se Stefan Floridian Waters e tem a mesma função. As cápsulas de Nespresso compõem um aroma que se volatiliza durante o preparo para que você sinta que está "fazendo café". É o aroma das cafeterias que torram seu próprio grão. O cheiro de carro novo é pensado para que você perceba que conduz um carro mais caro, feito em outra época, com outros materiais. Ele foi encomendado pela Rolls-Royce Motor Cars quando elementos de sua famosa tapeçaria de couro e madeira foram trocados pelos de plástico e as vendas despencaram; o carro não tinha o mesmo cheiro. Ironicamente, hoje os carros que mais cheiram a luxo são os mais baratos, e o café que mais cheira a café de barista é o menos parecido com café. Cada ano, a União Europeia proíbe o uso de certas moléculas olfativas baseando-se em seu potencial alergênico, mas não existem leis que proíbam uma empresa de lançar no mercado um produto que recrie imagens de coisas que não existem, como a autenticidade.

Grande parte dos deliciosos aromas de café, pão quentinho e biscoito de chocolate que as cafeterias exalam saem de um difusor. Eles são usados para que as vendas tenham um aumento de no mínimo 300%. Um estudo da Universidade de Washington descobriu que o aroma cítrico aumenta as vendas em 20%; a Nike percebeu que perfumando suas lojas com um aroma sintético desenvolvido *ad hoc*, suas vendas disparavam 84%. Os difusores da Muji não vendem apenas difusores, mas aumentam as vendas de muitas marcas. É possível sentir o cheiro de uma loja Lush a várias ruas de distância, um oásis de limpeza em meio à poluição urbana. Até mesmo as galerias de arte (e seus galeristas) cheiram a algo bem específico: Comme des Garçons 2.

Os engenheiros do aroma são magos que operam sobre a mente com material invisível e o efeito pode ser devastador. Eles não trabalham sozinhos. Suas criações chegam até nós reforçadas por um envoltório, um *branding*, uma campanha de marketing e um contexto desenhados por outros laboratórios cheios de magos especialistas em outra classe de química. Os que sabem que se vende mais merluza se ela for chamada de "linguado chileno"; que o chocolate é mais doce e cremoso se tem as bordas arredondadas; que o mesmo bife parece mais salgado, gorduroso, duro e malpassado se está escrito na etiqueta "fazenda industrial" em vez de "orgânico" ou "criado em liberdade".[1] E que a música alta, rápida e em clave maior — como *Girls Just Wanna Have Fun* da Cindy Lauper — faz você comer e comprar mais rápido e que a música suave e em clave menor — *Time After Time* — o faz querer ficar mais tempo na loja e comprar mais coisas.

Seu trabalho é enganar nosso cérebro por meio dos sentidos, para que acredite que estamos comendo algo diferente daquilo que de fato colocamos na boca. Conseguem fazer com que comamos coisas que não nos alimentam e, principalmente, muito mais do que precisamos. Não é um trabalho difícil: a oferta parece irresistível, não podemos evitá-la. Ao longo de milhares de anos, o ser humano desenvolveu ferramentas para gerenciar a escassez, não a abundância. O natural, quando há excesso de comida, é comê-la, porque antes que as geladeiras fossem inventadas não era possível mantê-la por muito tempo, e nunca se sabia quando haveria mais. Nosso mediador principal entre nós e a comida é justamente o olfato, que tem ligação direta com nossa central. Quando saboreamos

---

[1] Charles Spence, *Gastrofísica: a nova ciência da comida*, ainda sem edição no Brasil.

um prato, são liberadas moléculas voláteis que se elevam até o epitélio olfatório, uma capa de células sensoriais localizada na base do nariz, entre os olhos. É a parte que dói quando se come muito wasabi. O resto dos sentidos são processados pelo tálamo, mas o olfato conversa diretamente com nosso cérebro. Conecta-se com o sistema límbico, uma estrutura que evoluiu a partir do tecido que processava informação olfativa. Nossa capacidade para perceber compostos químicos voláteis foi a primeira manifestação sensorial que surgiu quando éramos organismos unicelulares. Precisamos dela para compreender nosso ambiente, nos reproduzir e encontrar alimentos. Há muito tempo nos diz o que podemos ou não comer.

Até recentemente, o código era claro. O doce geralmente indica a presença de hidratos de carbono, que são nossa principal fonte de energia, e que o alimento desejado está pronto para ser engolido. As crianças gostam do sabor doce porque as plantas comestíveis são doces, enquanto recusam o ácido e o amargo porque as frutas ácidas não estão maduras e as carnes ácidas indicam a presença de bactérias, leveduras e mofo. Em outras palavras: estão estragadas. As plantas e bagas amargas tendem a ser venenosas. O cheiro sulfúrico de um ovo estragado é tão preocupante que é o mesmo adicionado ao gás butano para que saibamos quando está vazando. Toda essa experiência evolutiva faz com que nosso cérebro premie o consumo de açúcar estimulando a via mesolímbica da dopamina, a mesma rota neuronal que é ativada com o sexo e outras drogas. A liberação de dopamina faz com que nos sintamos tão bem que, quando ocorre, o córtex pré-frontal diz ao cérebro: vamos nos lembrar disso que comemos para comermos mais quando pudermos.

Mas agora podemos fazer isso o tempo todo e não sabemos quando parar. Quando o cérebro libera muita dopamina, acaba suprimindo sua produção normal. A abstinência nos deixa ansiosos e nervosos, tentamos nos acalmar consumindo mais coisas que nos faça liberar dopamina. De fato, qualquer pessoa no primeiro mundo está rodeada de um sem-fim de alimentos com açúcar, só não conseguimos identificá-los: a maior parte do açúcar que comemos está escondida em produtos aparentemente salgados como sopas, molhos, patês, hambúrgueres, batatas fritas, vinagretes e pães. A partir dos anos 1960, os grandes nomes do mercado dos aromas deixaram de ser Guerlain, Chanel ou L'Oreal e passaram a ser as gigantes dos alimentos processados: Procter & Gamble, Unilever, Nestlé, Danone, Coca-Cola e Mars. Se a base do negócio original havia sido as essências de rosa, jasmim, tangerina e sândalo, depois da guerra passou a ser o açúcar, a gordura e o sal.

## Quando faz *pop*, já não há mais *stop*

Existem muitos motivos para encontrar sal e açúcar nos mais variados produtos alimentícios. Funcionam como conservantes e fermentadores naturais, reduzem o ponto de congelamento. Mas sua popularidade se deve a outra coisa: a mistura de gordura, sal e açúcar que reforça o sabor doce. A indústria os combina para encontrar o *"bliss point"* ou ápice da felicidade. O conceito foi inventado por Howard Moskowitz, um nome que virou lenda colocando pedaços no molho de tomate e xarope de cereja e baunilha no Dr. Pepper original. Moskowitz é psicofísico, o ramo da psicologia que estuda a relação entre a importância de um estímulo físico e a intensidade com a qual é percebida pelo sujeito estimulado. Seu trabalho era medir as sensações, encontrar fórmulas para afastar o gosto da subjetividade. O ápice da felicidade é como um ponto G da indústria alimentícia, uma combinação exata de açúcar, sal e gordura que ativa a produção de dopamina no nosso cérebro sem que isso nos sature. Fazendo que continuemos a comer de forma compulsiva porque não nos satisfazemos completamente. Trocando em palavras: *quando faz* pop, *já não há mais* stop.

O ápice da felicidade foi um fator decisivo. Os produtos "otimizados" para alcançar esse ponto fazem com que o consumidor se sinta embriagado de dopamina, mas ainda assim nunca esteja satisfeito, de forma que continue comendo freneticamente até que não sobre nada. Ironicamente, a ausência de valor nutritivo nesta classe de produtos reforça o processo, deixando-nos mais famintos do que antes de começarmos a comer. Para completar, o produto é barato e sempre há oferta de novos suprimentos de batatas fritas, de hambúrgueres, de cereais, de biscoitos com sementes de girassol ou de nuggets de frango, então, continuamos comendo, comendo e comendo, enquanto nos repreendemos para não comer mais. É o círculo vicioso do fast-food: não podemos deixar de comer porque ele é feito para que seja exatamente assim, mas pensamos que é uma fraqueza moral de nossa parte, uma vergonhosa e humilhante falta de vontade.

Durante anos, dissemos os que fast-foods eram um problema de renda e de educação. Em uma grande parte da América do Norte, as cadeias de comida rápida são mais acessíveis e muito mais baratas do que os supermercados, que é onde estão os alimentos frescos. Milhares de famílias alimentam seus filhos com produtos processados de péssima qualidade, que também são oferecidos em refeitórios escolares e institutos educacionais. Foi assim que os pobres do primeiro mundo passaram de muito magros a muito gordos. Um terço da população dos Estados Unidos sofre, ao mesmo tempo, de desnutrição e obesidade.

Mas em outros países do primeiro mundo, onde há acesso generalizado a produtos frescos e à educação pública, observa-se uma versão mais moderada do problema. Comemos mais do que precisamos, principalmente coisas que não nos fazem bem. Nossa relação com a comida é totalmente esquizofrênica; sonhamos em ter o corpo do Michael Fassbender ou o da Scarlet Johansson enquanto nos acabamos com um saco de batatas fritas e com um pote de sorvete jurando que será a última vez. Colocamos stevia no café em que molhamos as rosquinhas, pedimos pizza para jantar, mas com queijo light.

Comemos, engordamos e nos depreciamos, porque se o nosso problema não é de educação ou de recursos, então deve ser falta de vontade. Felizmente, a segunda regra do capitalismo moderno é ter sempre à mão a solução perfeita para um problema que acabaram de criar. As mesmas empresas de fast-food nos oferecem produtos light com baixos índices de gorduras, açúcares, glúten e colesterol, que, naturalmente, também foram "otimizados" por empresas como a Givaudan para que pareçam comestíveis, apesar de terem tirado tudo aquilo que os fazia desejáveis, tanto para o estômago como para o paladar.

Em uma das poucas ocasiões em que o próprio mercado fez um esforço legítimo para transformar seus produtos em algo mais saudável, descobriu-se o óbvio: é mais fácil criar um vício do que desfazê-lo. Em 2004, a General Mills reduziu o açúcar de todos os cereais para crianças a onze gramas por porção. Três anos depois, voltou a subir por causa de uma queda nas vendas. Em 2007, a Campbell Soup Company começou a reduzir o sal de suas famosas sopas em lata. Em 2011, tinham perdido tanto valor de mercado que sua presidente executiva, Denise Morrison, anunciou que voltariam a subir o sódio de 400 mg para 650 mg. Em 2012, a cota de mercado da Sprite caiu a pique quando a Coca-Cola reduziu em um terço a quantidade de açúcar. "Os consumidores estão preocupados com seu consumo de sal e de açúcar — publicou a empresa de estudos de mercado Mintel em um relatório de 2012 —, mas não estão dispostos a renunciar ao sabor."

Estamos todos entregues à roda-gigante do consumo irresponsável de produtos inadequados que nos engordam e nos adoecem sem nos alimentar, cavalgando em cima de nossa culpa e vergonha, impedindo que possamos estar totalmente satisfeitos comendo o necessário ou ao menos termos o corpo de uma Angel da Victoria's Secret.

Mas preferimos pensar que somos umas dragas sem um pingo de disciplina a acreditar que as indústrias mais poderosas e tóxicas do planeta mantêm equipes de gênios extraordinariamente motivados com salários exorbitantes e laboratórios de última tecnologia, cujo único propósito é nos manipular sem nos darmos conta.

É exatamente o que acontece com o celular, com as redes sociais e com as plataformas de maior sucesso e mais viciantes da rede. São as rodas que fazem funcionar a gigantesca e destrutiva economia da atenção.

## Por que você não pode parar de mexer no seu celular

"As tecnologias mais significativas são aquelas que desaparecem, as que se mesclam no tecido da vida cotidiana até que sejam indistinguíveis da própria vida."

Mark Weiser, *The Computer for the 21st Century*.

"Todos nascemos com o mais avançado cursor — nossos dedos — e o iPhone os utiliza para criar a interface de usuário mais revolucionária desde o mouse."

Steve Jobs apresentando o iPhone na Mac World de San Francisco, em 9 de janeiro de 2007.

A venda de smartphones se estagnou pela primeira vez em 2017, no décimo aniversário do iPhone. Aparentemente, todos que podiam ter um smartphone já tinham. Mas todos que tinham um não podiam deixar de usá-lo. De acordo com um estudo da Counterpoint Research, os usuários passam em média três horas e meia olhando para a tela do celular. Cinquenta por cento passam cinco horas, e um em cada quatro usuários passa sete horas olhando para o celular! Estes últimos são chamados pelo setor de superusuários. Suspeito que suas famílias, companheiros, amigos e animais de estimação provavelmente tenham outro nome para isso.

Em 89% do tempo que nos dedicamos a olhar o celular, estamos usando aplicativos. Onze por cento do tempo restante, visitamos páginas da internet. O usuário médio investe duas horas e quinze minutos por dia somente nas redes sociais. No momento em que escrevo estas palavras, o Facebook tem dois mil duzentos e vinte milhões de acessos, o Instagram, 1 bilhão, Facebook Messenger e WhatsApp dividem 50% do mercado de mensagens instantâneas. Todos esses sistemas pertencem à mesma empresa, cuja atividade é investigar, avaliar, classificar e encaixar os usuários em categorias cada vez mais específicas para vendê-los aos seus verdadeiros clientes, que incluem ditadores, empresas de marketing político e agências de desinformação. Nos últimos anos, muitos meios acusaram seu presidente executivo e fundador, Mark Zuckerberg, de ter alianças políticas, mas não entram em consenso sobre quais seriam essas alianças. Uns dizem que ele trabalha contra os meios de direita, outros, que ajudou Donald Trump. Dizem também que trabalha com o governo estadunidense, e que ajudou os russos a interferirem nas eleições; outros — às vezes os mesmos —, que se reúne sempre com o governo chinês, cujo regime controla as comunicações, censura o acesso às plataformas, além de estarem construindo um sistema de crédito social baseado na vigilância permanente de seus cidadãos. Alguns outros ainda dizem que censura conteúdos políticos e, para alguns, sua falta de censura propiciou ataques de violência religiosa em Mianmar. Se parece que cada uma dessas informações contradiz a outra, é um erro de perspectiva muito disseminado.

Em um ensaio recente publicado na revista *Wired*,[2] Steven Johnson descreve o Vale do Silício como um novo híbrido entre a esquerda e a direita. "No que se refere distribuição de riqueza e seguro social, são progressistas do Mar do Norte. Quando perguntados sobre os sindicatos ou regulamentação, parecem os irmãos Koch. Vendo tudo junto, esses pontos não parecem compatíveis com a agenda de nenhum partido."[3] Por muito tempo, repetiu-se o mantra de que o Vale do Silício é libertário, que na Europa significa anarquista, mas no Vale quer dizer exploração monopolista sem intervenção do governo e sem obstáculos de regulamentação. Contudo, poucos ramos estão tão vinculados às instituições governamentais do que o ramo tecnológico. Quando Zuckerberg "testemunhou" diante do Congresso e do Senado dos Estados Unidos, um número alarmante de representantes democráticos eram acionistas do Facebook. Seu principal gasto não está relacionado com a inovação, mas com a compra dos governantes para que o deixem continuar explorando o planeta, explorando os trabalhadores e explorando os usuários para ganhar dinheiro. Seu espírito não é o de Henry David Thoreau, John Stuart Mill ou Emma Goldman. É o de Ayn Rand, a musa do individualismo capitalista.

Zuckerberg declarou no Congresso que o Vale é "um lugar exageradamente esquerdista" e, em seu ensaio, Johnson admite que "é algo complicado". A verdade é que o Facebook não tem afiliação política, ele tem objetivos. E não importa que seu presidente executivo, seus engenheiros, seus trabalhadores ou seu conselho de administração tenham qualquer tipo de afiliação. O objetivo do Facebook é transformar cada pessoa viva em uma célula de sua base de dados, para poder enchê-la de informação. Sua política é acumular a maior

---

[2] Steven Johnson, "A política educacional do Vale do Silício", *Wired*, 24 de julho de 2018.

[3] David e Charles Koch são os donos da Koch Industries, a segunda maior empresa privada dos Estados Unidos. São magnatas do petróleo e sempre aparecem entre os primeiros da lista dos mais ricos do mundo. São considerados "a encarnação de 1%".

quantidade possível dessa informação para vendê-la a quem pagar melhor. Somos o produto. Mas a política de seus dois mil e duzentos milhões de usuários tem sido aceitar isso. Não a banalidade do mal, mas a banalidade da comodidade do mal.

A Agência Espanhola de Proteção de Dados multou o Facebook não apenas uma, mas duas vezes em 2018 por compartilhar bases de dados entre suas diversas plataformas. A empresa alega que isso é feito habitualmente e para facilitar a vida dos usuários, para que possam pular vários passos na hora de cadastrar uma conta e encontrem seus amigos rapidamente graças a funções como "pessoas que talvez você conheça". É certo que todos e cada um desses serviços têm funções e objetivos bem concretos e nenhum deles é melhorar a nossa vida. O objetivo é obter a maior quantidade possível de informação sobre o usuário, seus amigos e tudo aquilo que o interessa, o assusta, o preocupa, o deleita e lhe importa. A única coisa que o uso das ferramentas facilita é o uso das próprias ferramentas. E cada pequeno detalhe de seu funcionamento foi desenvolvido por especialistas em comportamento para causar dependência.

O Facebook não é um caso isolado, é só mais uma das cinco empresas que dominam a indústria da atenção. A Google controla as três interfaces mais utilizadas do mundo: o servidor de e-mail Gmail, o sistema operacional para celulares Android e o navegador Chrome. Sem falar de seu sistema de geolocalização com mapas, de sua plataforma de vídeos YouTube e principalmente de seu buscador. O Google Search é o intermediário entre a Rede e o resto do mundo, e cada vez mais o intermediário entre a população conectada (mais de 4milhões neste momento) e todo o resto. Não é um serviço, é uma infraestrutura. A vida sem o Facebook ou sem a Apple seria um pouco mais entediante. A vida sem o Google é difícil de imaginar. É uma dependência perigosa e totalmente involuntária.

A tecnologia que mantém a internet funcionando não é imparcial, menos ainda a que encontramos ou instalamos em nossos celulares. Na última década, todas evoluíram de forma premeditada, com um objetivo muito específico: nos manter grudados na tela durante o maior tempo possível, sem que atinjamos um ponto de saturação. São capazes de fazer qualquer coisa para que você continue lendo manchetes, clicando em links, adicionando favoritos, respondendo *haters*, procurando um restaurante ideal para o primeiro encontro ou escrevendo uma hashtag que defina exatamente o pôr do sol na praia acompanhado de três caipirinhas de morango decoradas com guarda-chuvinhas que você está prestes a compartilhar. Seu objetivo não é mantê-lo atualizado, nem conectado com seus entes queridos, nem gerenciar sua equipe de trabalho, nem achar a sua alma gêmea, nem te ensinar ioga nem "organizar a informação do mundo e fazê-la acessível e útil". Não é fazer que sua vida seja mais eficiente nem que o mundo seja um lugar melhor. O que a tecnologia quer e que está dentro do seu celular é engajamento. O engajamento é o ápice da felicidade da indústria da atenção.

A palavra engajamento provém do inglês *engagement*, como se criar uma conta de usuário implicasse mesmo uma relação íntima entre o usuário e o servidor. E não é uma descrição absurda, mesmo que nesse caso parecesse um casamento à moda antiga, porque entre as duas partes existe um contrato pré-nupcial que o usuário deve aceitar como uma noiva agradecida, sem modificações nem anexos, chamado Termos de Uso. O ato parece banal: clicar num quadradinho. Tão banal que milhões de pessoas clicam em "sim, eu aceito" sem se preocuparem em ler. Por outro lado, ler tudo aquilo exige uma paciência de santo e um bacharelado em direito. Em 2015, os Termos de Uso da loja do iTunes tinham 20 mil palavras. Os do Facebook, 15 mil, divididos em múltiplos seguimentos propositalmente confusos. Mas se trata de um contrato legal obrigatório no qual o usuário aceita renunciar a seus direitos para que a empresa que coleta seus dados possa se precaver.

A palavra engajamento tem outra conotação importante, que é a participação. O tipo de engajamento que os aplicativos buscam pressupõe uma certa atividade por parte do usuário. Na verdade, quase nada, uma besteira, um gesto simples e repetitivo que não custa nada, que se faz quase sem pensar. De fato, o tipo de gesto que se automatiza com o tempo, criando uma rotina. Um tipo de rotina que se ativa sem que possamos nos dar conta e que, repetido um número suficiente de vezes, acaba sendo executado até mesmo quando não queremos. Quando é bom, chamamos de hábito. Quando é ruim, de vício.

## A Caixa de Skinner

Nos anos 1940, um psicólogo de Harvard chamado B. F. Skinner colocou um rato numa caixa. Dentro, havia uma alavanca que era ativada por uma comporta de onde caía comida. Depois de um tempo dando voltas sem saber o que fazer, o ratinho esbarrou na alavanca e teve uma agradável surpresa. Logo ele ficou viciado em puxar a alavanca. Em seu caderno de notas, Skinner descreveu sua rotina com um drama em três atos: olhar a alavanca (estímulo), puxá-la (resposta) e comer a comida (consequência). Chamou-o de "esquema de reforço contínuo" e nomeou a caixa de "caixa de condicionamento operante", conhecida mundialmente como "Caixa de Skinner".

Aqui a história fica cruel e interessante. Quando o rato estava acostumado à boa vida, Skinner decidiu mudar a sua sorte. Agora o rato puxava a alavanca, mas algumas vezes tinha comida, outras, não. Sem ordem ou padrão, sem lógica ou motivo, a alavanca às vezes trazia comida e outras, não. O perverso psicólogo batizou o novo esquema como "reforço de intervalo variável" e descobriu algo ainda mais estranho: a falta de recompensa não desativava o condicionamento, e, pelo contrário, era quase possível dizer que saber ou não se iria ganhar o prêmio reforçava ainda mais o comportamento.

O rato puxava a alavanca mesmo tendo ou não comida. Seu pequeno cérebro havia incorporado o ato de puxar a alavanca a algo que lhe proporcionava satisfação por si só, havendo ou não a recompensa original, da mesma forma que a campainha ativava as glândulas salivares do cão de Pavlov ainda que não tivesse comida. Pior ainda: ver a alavanca e não puxá-la causava ansiedade ao animal. Skinner mudou a alavanca de lugar, mudou o rato de caixa, mas o resultado permanecia o mesmo: seu comportamento era automático, independentemente das circunstâncias. Quando aparecia a alavanca, ele a puxava sem pensar. A única forma de desprogramar o rato era mudar o prêmio por um castigo, como uma descarga elétrica, por exemplo. Só que a mente do rato não funcionava exatamente assim. E, pelo visto, a nossa muito menos.

A principal referência de Skinner era a lei do efeito de Edward Thorndike, pai da psicologia educacional, que estabelece que os comportamentos recompensados por um reforço positivo (comida) são mais suscetíveis de se repetirem. E que, pela mesma lógica, os comportamentos que são punidos com um reforço negativo (descarga elétrica) são menos suscetíveis. Acontece que na prática essa lei funciona bem em um único sentido. Uma vez estabelecido, o condicionamento original é muito resistente às mudanças. O pobre ratinho não deixava de puxar a alavanca, por mais choques que recebesse. O reforço de intervalo variável gerou no animal um hábito, ou pior: um vício.

A personalidade é o resultado de nossos hábitos. Nossa forma de andar, de cozinhar, de falar e de pensar são hábitos, uma rede de rotinas mentais que faz com que sejamos únicos. Mas nem todos estão a nosso favor. Os vícios são esses hábitos que não podemos abandonar ainda que nos causem prejuízo físico, emocional, profissional ou econômico. Como o rato que não deixa de puxar a alavanca ainda que leve um choque. É aqui onde a lógica de Thorndike e Skinner não funciona. Se somos capazes de nos conectar a algo porque nos dá prazer, por que não conseguimos desconectar quando não nos dá mais prazer? Aparentemente, uma vez que seja gravado em nosso córtex cerebral, é difícil de ser apagado.

Ao estudar a atividade elétrica no cérebro dos animais enquanto adquirem hábitos implantados, a neurologista Ann M. Graybiel e sua equipe do Instituto Tecnológico de Massachusetts descobriram que, quando os sujeitos enfrentavam um novo circuito, sua atividade neuronal era a mesma desde o começo até o fim do processo. Mas, se repetiam a mesma rotina várias vezes, sua atividade neuronal ia se concentrando ao início e ao fim do circuito, deixando em branco a parte correspondente à atividade. Entre o estímulo (alavanca) e a consequência (comida), não havia nada. "Era como se as regiões do cérebro estivessem gravando os marcadores de atividade como bloqueio para essa rotina — explicava Graybiel para a revista da Academia Nacional de Ciências dos Estados Unidos. A sequência completa era o hábito."

O rato só apresentava atividade cerebral ao ver a alavanca e ao se afastar dela. Toda a parte em que puxava a alavanca e engolia a comida, ele fazia em piloto automático, sem atividade neuronal. Seu cérebro registrava o circuito como um bloqueio estabelecido entre parênteses, como um script que devia ser executado inteiro até o final. Ou como um transe. Se pudéssemos perguntar ao rato, é provável que ele não se lembrasse do que havia acontecido entre a alavanca e a comida, da mesma forma que às vezes pegamos o carro para voltar para casa e não sabemos como chegamos. Pegamos o celular para procurar o nome de um restaurante e passamos os próximos 26 minutos em um *looping* entre e-mail, atualizações do Twitter, Messenger, Instagram, WhatsApp e voltamos ao e-mail, Twitter, Messenger, Instagram, WhatsApp sem que saibamos como chegamos até ali.

Na verdade, a maior parte do tempo sequer nos lembramos do motivo pelo qual pegamos o telefone, muito menos o que vimos nos aplicativos. Temos a capacidade de atenção de um peixinho-dourado. Melhor dizendo, nós tínhamos, mas já não a temos mais. A capacidade do peixe é de nove segundos, enquanto neste exato momento a da humanidade é de aproximadamente oito. No ano 2000 nossa capacidade de focar a atenção em uma única coisa era de doze segundos, mas nos entregamos a um duro treinamento para baixar essa marca. Nossa paciência é tão escassa que 40% dos usuários abandonam um site se ele demorar mais de três segundos para carregar.

Skinner não acreditava no livre-arbítrio. Considerava que todas as respostas do ser humano estão condicionadas a uma aprendizagem prévia baseada em estímulo e recompensa, que são ativados de forma previsível quando colocados próximos de um gatilho certo. E isso parecia-lhe uma coisa muito importante. Ele acreditava que a forma de resolver conflitos internos, superar fobias, mudar maus hábitos ou corrigir comportamentos antissociais não era procurando dramas freudianos no subconsciente, mas sim mudando o entorno com seus respectivos gatilhos. Assim, conseguiríamos as reações desejadas. A solução para todos os problemas era um processo mecânico, podendo, portanto, ser sintetizada. Com uma fórmula simples (estímulo + resposta = aprendizagem), os piores hábitos de uma sociedade poderiam ser controlados e melhorados, e assim o mundo seria melhor. Em 1948, Skinner publicou uma prévia de como seria isso, intitulada *Walden Dos*.[4] Não era um bom momento para lançar um tratado sobre o controle sistemático da população, já que nesse mesmo ano George Orwell havia publicado *1984*.

Uns dizem que esse livro marca o fim de sua carreira; outros, que estabelece o princípio de um novo ramo da ciência dedicado ao estudo do comportamento. Em 1970, publicou *Beyond Freedom and Dignity*, onde repetia que havia coisas mais importantes para a sociedade do que a liberdade do indivíduo. A revista *Time* o elegeu "o livro mais polêmico do

---
[4] Uma provocadora resposta ao clássico libertário de Henry David Thoreau.

ano". Skinner morreu em 1990, pouco antes de ser o psicólogo mais influente do novo milênio. "Não falo de controle através de castigo. Não falo de controle puxando as cordas — protestou em uma entrevista ao *Los Angeles Times*. Falo de controle usando a administração como fator seletivo. De mudar o castigo por um controle baseado no reforço positivo." Freud o venceu nas guerras culturais, mas o mundo pós-internet é de Skinner.

Se estivesse vivo, Skinner trabalharia para o Facebook, Google ou Amazon, e teria 3 bilhões de ratos humanos para fazer experimentos. Na verdade, poderia trabalhar para eles sem deixar a universidade. Isso é exatamente o que faz B. J. Fogg, diretor do Laboratório de Tecnologia Persuasiva da Universidade de Stanford, fundado em 1998 para "criar máquinas que possam mudar o que as pessoas pensam e o que fazem, e de forma automática". Ainda que seus métodos sejam herdeiros diretos de Skinner, seu herói é Aristóteles, o homem que disse "somos o que repetidamente fazemos".

## Um Skinner moderno chamado B. J. Fogg

*Psicologia + economia + neurologia + estatística + computação = $$$*

Um ano antes de fundar o laboratório, em seu último ano de doutorado, B. J. Fogg descobriu que os estudantes passavam mais tempo trabalhando em um projeto se o fizessem no mesmo computador em que antes tivessem terminado um projeto com sucesso. Mas em vez de interpretar esse fato como uma superstição (trabalho melhor em um computador que me dá sorte), decidiu tratá-lo como um exemplo do princípio da reciprocidade. Em psicologia social, esse princípio estabelece que as pessoas se sentem obrigadas a devolver os favores de forma justa, ou se sentem em dívida com a pessoa que os prestou.

Os grandes investidores comparecem às apresentações de final de curso. É a mina de ouro universitária para os futuros multimilionários.com.

A comunicação entre a instituição e o mercado é fluida. O próprio Fogg divide seu tempo em partes iguais entre as aulas, o laboratório e seu trabalho como assessor de grandes empresas como a Procter & Gamble e a AARP. Ajudou o eBay a melhorar seu serviço para o consumidor, assessorou a Nike no design de tecnologia desportiva. Mas, principalmente, dá aulas, cursos, oficinas e cursos de verão dentro e fora da universidade sobre todas as características do design de comportamento. Orgulha-se de nunca ter repetido um tema. Em um curso de 2007, pediu a seus alunos que desenvolvessem um aplicativo que fosse capaz de engajar o maior número possível de usuários. Esse curso, chamado de "Facebook Class", foi o responsável por transformá-lo em lenda.

Todos os ingredientes estavam reunidos. O iPhone tinha acabado de sair e o Facebook acabava de apresentar seus primeiros apps. Fogg pediu aos alunos que desenvolvessem aplicativos simples para a plataforma de Zuckerberg e que os lançassem o mais rápido possível, que não se preocupassem em aperfeiçoá-los, que isso seria feito depois. O slogan interno do Facebook permeou toda a cultura do Vale: "Move fast and break things" ("Mova-se rápido e quebre coisas").[5] Setenta e cinco estudantes estavam na aula, e se dividiram em grupos de duas, três e quatro pessoas. Nas dez semanas seguintes, conseguiram 16 milhões de usuários. O aplicativo de Joachim De Lombaert, Alex Onsager e Ed Baker para indicar pontos turísticos a outros usuários do Facebook conseguiu 5 milhões

---

[5] Em 2014, Mark Zuckerberg disse que o lema havia sido mudado para "Move fast with stable infrastructure" ("Mova-se rápido e com uma infraestrutura estável").

de usuários e ganhou 3 mil dólares diários em publicidade. Foi vendido por uma cifra de seis dígitos, antes de criarem a rede social Friend.ly. Dan Greenberg e Rob Fan ganharam 100 mil dólares por mês com um aplicativo que mandava abraços virtuais, e que depois foi expandido para mandar beijos, simular guerras de travesseiros e outras 67 interações diferentes. Dave Koslow, Jennifer Gee e Jason Prado lançaram uma ferramenta de perguntas que conseguiu 6 mil usuários em menos de três dias. O curso criou tanta expectativa que a apresentação final dos projetos estava cheia de investidores. Muitos dos alunos deixaram a universidade. A maior parte deles trabalha agora em grandes empresas de tecnologia.

Fogg gosta de se gabar do sucesso de seus alunos como prova da eficácia de seus métodos. "O Instagram modificou o comportamento de mais de 800 milhões de pessoas — afirmava sua página web em janeiro de 2018. O cofundador foi meu aluno." O Facebook comprou o Instagram por 1 bilhão de dólares em 2012 e, no momento em que escrevo estas linhas, conta com 1 bilhão de usuários. O que eles ensinam é simples: o comportamento é um sistema, portanto, pode ser sistematizado. É o mesmo que Skinner ensinava, mas Fogg tem sua própria fórmula.

O modelo de comportamento de B. J Fogg (*Fogg Behaviour Model* ou FBM) estabelece que, para criar efetivamente um hábito, é preciso acontecer três coisas ao mesmo tempo: motivação, habilidade e ativador. O sujeito tem que querer fazer, tem que poder fazer e tem que haver algo em seu caminho que o motive a fazer. Esse último se chama *trigger* (gatilho, ativador ou sinal). Se faltar qualquer um dos três, os passos não dão certo. Por exemplo, uma pessoa que quer começar a correr meia hora todos os dias de manhã para perder uns quilinhos tem que estar preocupada com seu peso (alta motivação) ou ter facilidade para correr. Se não se preocupa tanto e tem que acordar muito cedo, não tem o equipamento apropriado e ainda por cima odeia correr (habilidade baixa), será um milagre que consiga. Para a fórmula funcionar, a motivação e a habilidade têm que ser maiores que a frustração. Mas se realmente quer perder peso e quer correr, então só falta um ativador apropriado: programar um alarme, colocar a roupa assim que acordar, escolher um parque perto de casa ou sair com um grupo de amigos para praticarem juntos.

Para Fogg, os três elementos têm que estar presentes, mas não necessariamente equilibrados: a motivação e a habilidade podem ser compensadas entre elas. "Quando a motivação é muito grande, pode-se conseguir que a pessoa faça coisas muito difíceis", como perder setenta quilos em um programa de televisão, comendo peixe cozido e fazendo exercícios físicos. Se a pessoa estiver pouco motivada, a habilidade tem que ser muito fácil, praticamente acidental. Se lhe dão as duas condições em proporção suficiente, então só falta colocar os ativadores nos lugares e momentos apropriados. A rotina tem que ser ativada quase como um estado de hipnose, com uma palavra, uma imagem ou um conceito. Também pode ser ativada com outra rotina. O mais difícil é conseguir dar o pontapé inicial: que a pessoa crie um perfil de usuário ou instale o aplicativo.

Isso não é neurociência nem magia; todos os pais são especialistas em táticas de persuasão sem terem ouvido falar de FBM. Só assim conseguem impor comportamentos que nenhuma criatura de sete anos aceita sem resistência, como escovar os dentes ou ir para a cama. A importância de uma higiene dental rigorosa é uma motivação fraca para uma criança, de modo que se trabalha a incorporação de recompensas à rotina, como escova de dentes de dinossauro, pasta de dentes sabor morango ou estratégias de médio prazo, como escutar uma historinha depois ou ganhar uma recompensa da fada do dente. Existem motivações negativas como o medo (cáries e bocas desdentadas) ou castigo (criança que não escova os dentes não pode comer doce). Com a puberdade, começa a funcionar a aceitação social (o que a fulana vai pensar se você estiver com um feijão no dente ou ninguém te beijará se tiver mau hálito). Como a motivação sempre será baixa, a estratégia-chave é tornar o processo fácil, colocando as ferramentas em um lugar inevitável do banheiro e tolerando uma técnica medíocre para não arruinar o *flow*. Finalmente, o sinal ativador será o início ou o fim de outras rotinas que já foram consolidadas com sucesso. Por exemplo, escovar os dentes *sempre* depois de comer e *sempre* antes de dormir.

O modelo de Fogg estabelece três classes de motivações primordiais: sensação (prazer, dor), antecipação (esperança, medo) e pertencimento (aceitação, desaprovação social). A primeira parece instintiva, porque a euforia dopaminérgica é imediata e também é o pânico do glutamato, que é o neurotransmissor da dor. Como o ciclo da ação e recompensa é curto e os efeitos são físicos, é extremamente poderoso. A força incontrolável nos leva a comer esse último pedaço de bolo de cenoura com chocolate, a manter esse namoro proibido no escritório ou a evitar o yakissoba de camarão que nos intoxicou daquela vez. O motivador de antecipação é o mais complexo porque inclui deliberação: se eu comprar a moto que quero agora, não poderei sair de férias. Se eu beber o quarto daiquiri hoje, amanhã vou querer morrer. Às vezes negociamos uma dor ou um incômodo pontual para evitarmos outro maior (como tomar uma vacina ou obturar um dente). Não tão frequentemente aceitamos uma pequena frustração com a esperança de uma recompensa posterior, quando como nos oferecem uma guloseima agora ou duas se somos capazes de esperar. Aparentemente, as pessoas capazes de esperar têm muito mais sucesso na vida.[6] Finalmente, a motivação social é relacionada ao nosso lugar no mundo e à nossa necessidade de sermos aceitos. Esse motivador é um instrumento muito poderoso, porque ser aceito pela comunidade na qual vivemos é a chave para a sobrevivência. Esse motivador é o favorito das plataformas e aplicativos digitais, a grande chave mestra das redes sociais.

---

[6] Walter Mischel, *O Teste da Guloseima*, Debate, 2015.

"Nos dias atuais, com a realidade das tecnologias sociais, floresceram métodos para motivar as pessoas através de sua aceitação ou rejeição social — explica Fogg em seu ensaio *A Behavior Model for Persuasive Design*. De fato, o Facebook tem o poder de motivar e influenciar os usuários graças a essa motivação. Desde carregar fotos a escrever coisas na sua linha do tempo, os usuários do Facebook estão motivados pelo seu desejo de serem socialmente aceitos." O único motivador mais eficiente do que ser socialmente aceito é o medo de ser socialmente rejeitado. Esse é o motivo que empurra milhares de pessoas a criarem contas de usuário e instalarem aplicativos para todo tipo de coisa: para não ficar para trás, fora da moda, fora do círculo. Tanto é que isso já é considerado uma síndrome: FOMO, ou *Fear of Missing Out*. Sobre a habilidade de usar a ferramenta, o padrão é claro: a ferramenta tem que estar à mão e ser fácil de usar. Quanto menos passos o usuário tiver que cumprir, quanto menos obstáculos forem encontrados, melhor. Por isso, os aplicativos que você instala aparecem automaticamente na área de trabalho do celular, para que você possa vê-lo sempre que ligá-lo. O próprio ícone é um gatilho. O ícone é a alavanca e você é o rato.

Como vimos, em inglês os ativadores ou desencadeantes são chamados de *trigger*, que significa "gatilho". Seu trabalho é pôr na nossa cabeça coisas que antes não existiam. A ideia de comer um doce, de comprar um tênis, de enviar uma foto, de abrir um aplicativo. Os alarmes, os lembretes no teclado e as notas do calendário são ativadores que nós mesmos colocamos para nos obrigar a fazer algo. Os anúncios publicitários desempenham a mesma função, são ativadores em massa. Nem sempre são tão evidentes como uma foto em uma página, um outdoor em uma estrada ou uma pequena sugestão na televisão (quero ser como ele, vou comprar seu carro; quero ser como ela, vou comprar seu xampu). Por milhares de dólares, a indústria do aroma produz odor de pão quentinho e de biscoitinhos amanteigados para redes de cafeterias e padarias. Como você se lembra, o aroma é um ativador muito poderoso porque ele conversa diretamente com o cérebro sobre coisas que vêm com os biscoitinhos, mas que não são elas: as tardes de verão com a avó, o calor reconfortante da infância, a ausência de preocupações, o amor incondicional. Se ao sair do trabalho após um dia difícil você sentir o cheiro dos biscoitos (ativador), provavelmente pedirá um frappuccino de caramelo (ação) e com isso se sentirá muito melhor (recompensa). A partir de então, o aroma te lembrará todos os dias o quão fácil é afogar as mágoas em um frappuccino. Se isso for repetido várias vezes, logo você irá querer um sempre que sentir cansaço, que se sentir para baixo ou que algo de ruim acontecer. Ou quando tiver sinais de estresse, quando estiver na TPM, quando se sentir triste ou algo te aborrecer, ou quando acontecer qualquer coisa desagradável. Essa é a última estratégia da implantação de rotinas: que o ativador externo se transforme em um ativador interno. Que o alarme dos frappuccinos esteja dentro de você.

Está dentro de você, mas você não controla. É a diferença entre cantar uma música porque a ouviu na rádio e entre cantar porque ela está grudada na sua cabeça e você não consegue tirar. "O produto virá à nossa cabeça sempre que surgir algo conectado a ele", explica Nir Eyal. Esse outro veterano de Stanford auxilia as empresas de tecnologia a desenvolverem produtos, campanhas e aplicativos que consigam esse efeito. E conseguem. Por isso, existem milhares de pessoas que não podem pensar em um livro sem olhar para ele na Amazon, lembrar de um amigo sem abrir o WhatsApp ou pensar onde comer sem abrir o Google, o Yelp ou o eltenedor.com.[7] Basta que em um encontro muito animado alguém diga "aonde vamos agora" para que todos peguem seus celulares e comecem a buscar. E o momento que estavam compartilhando juntos antes de as telas se acenderem se perderá com a chuva de informações, porque ali se encontrarão com suas mensagens, atualizações, chamadas, e-mails e likes penden-

---

[7] Site de reservas de restaurantes.

tes. Nada disso acontece por acaso, é tudo um plano. O livro mais famoso de B. J Fogg é *Persuasive Technology: Using Computers to Change What We Think and Do* [Tecnologias persuasivas: usando computadores para mudar o que pensamos e o que fazemos]. O de Eyal chama-se "Engajado: como desenvolver produtos para criar hábitos". E a empresa de seu principal concorrente, o neurocientista Ramsay Brown, chama-se *Dopamine Labs*.

### *Dark design:* **pedido, pontuação, alavanca,** *repeat*

Chegou para você um e-mail, uma mensagem, um produto, um pacote. Tem um usuário novo, uma notícia nova, uma ferramenta nova. Alguém fez algo, publicou algo, subiu uma foto de algo, marcou algo. Você tem cinco mensagens, vinte likes, doze comentários, oito retuítes. Três pessoas olharam o seu perfil, quatro empresas leram seu currículo, dois autofalantes bluetooth em oferta, três faturas vencidas. As pessoas que você segue estão seguindo esta conta, falando deste tema, lendo este livro, vendo este vídeo, comprando este boné, comendo esta tigela de iogurte com mirtilos, bebendo este coquetel, cantando esta música. Isso que acontece dezenas de vezes ao dia chama-se notificação *push*, e é a rainha das propagandas. Funciona porque te lembra imediatamente o motivo pelo qual você precisa do aplicativo: estar em dia, responder a tempo, saber antes de todos. Tuitar primeiro, responder primeiro, chegar antes. Tudo é importante, tudo é urgente. Ou pior: tudo pode ser. Não sabemos até olhar (reforço de intervalo variável), mas sabemos que, se não respondemos ao chamado, o castigo é tornar-se desnecessário e desaparecer. Ou, nas palavras de Jeff Bezos a seus funcionários: "Irrelevância, seguida de insuportável e doloroso declínio".

Por padrão, a maioria dos aplicativos tem a notificação *push* ativada, e claro que podemos desativá-la. Mas, quando o usuário perceber que sua vida está sendo arruinada, será tarde demais. Segundo o Centro de Compreensão Retrospectiva da Universidade de Duke, nunca receber notificações agrava o medo de ficar para trás.

Então, recebemos a notificação e desbloqueamos a tela do celular, onde encontramos nossa recompensa em likes, mensagens, comentários e outros pacotinhos de dopamina que nos fazem sentir bem, nos tranquilizam e nos fazem tuitar algo superinteligente. No Facebook ou no Instagram não tem um botão de *don't like*; assim, sempre teremos mais recompensas do que castigos. Mas agora que entramos, nos encontramos com outros ativadores, especificamente um monte de ícones com números que aparecem em uma bolha no canto superior direito do ícone, geralmente cercados por um círculo. O ícone fica vermelho, o número é sempre positivo. É a promessa de uma recompensa ou de uma emergência, ou os dois juntos. Uma oportunidade ou uma demissão, *trolls* russos ou fama mundial. Clicamos sem saber o que nos espera. Segundo reforço de intervalo variável. *Repeat*.

Sabem que voltaremos antes se recebermos automaticamente um like quando subirmos uma foto. É fácil implantar bots que façam isso. Você conhece todos os seus seguidores? Eles são reais ou são a recompensa imediata que você precisa para se conectar ao aplicativo? Alguns o chamam de *neurohacking*, outros de *Dark design*. "Apenas controlando quando e como dar às pessoas pequenas doses de dopamina, é possível que elas passem de usar o aplicativo algumas vezes por semana a usá-lo várias vezes por semana", explica Ramsay Brown em uma entrevista. O usuário não pode saber se o número será alto ou baixo, se oculta algo bom ou algo melhor. "Esse é o elemento que o torna compulsivo." Ninguém quer jogar um jogo onde acerta ou ganha o tempo todo, tiraria todo o sabor. O velho condicionamento operante do professor Skinner, mas alimentado com Big Data e otimizado com inteligência artificial. Como acontece com as máquinas caça-níqueis, existe um algoritmo oculto que analisa os dados dos usuários para prever o momento perfeito para lhe enviar a notificação. Logo, abrimos o aplicativo sem que nada tenha chegado. Ativador interno: desbloqueamos nossos telefones celulares em média cinquenta vezes por dia e não sabemos por quê.

O *push* te lembra o tempo todo que estão acontecendo coisas sem que você saiba, os números te alertam que sim, outras pessoas estão sabendo e estão à sua frente. Usuários que vão roubar seu prestígio, seu trabalho e até a sua namorada se você não ficar esperto. O incentivo social é poderoso, por isso é possível ver as postagens dos outros e a sua entre elas. É um velho truque: nove em cada dez pessoas escovam os dentes antes de dormir. E a rede social é um universo no qual todo mundo recebe pontuações, gerando um ranking complexo. Você não tem 10 mil *followers*, tem mais ou menos *followers* que os seus amigos, que o seu professor de piano, que a sua ex-namorada ou que a sua irritante colega de trabalho. Se você tem menos *followers*, retuítes ou comentários que na semana passada, você perde relevância, é pior do que os outros. Se tem menos likes do que antes, é porque seus amigos hoje gostam menos de você do que gostavam ontem. Os mesmos números que te davam pequenas doses de dopamina acabam gerando uma grande ansiedade. O LinkedIn explorava esse fator com um ícone onde era possível ver o tamanho da rede de cada usuário. A reação natural dos usuários era olhar a sua e compará-la com a dos demais. A rede era como um tamagochi que tinha que ser alimentado fazendo o maior número de conexões possíveis. Outro truque conhecido: cada vez que um usuário envia uma solicitação (de amizade, de contato, para seguir etc.), o destinatário recebe uma notificação e se sente socialmente inclinado a responder. Princípio da reciprocidade, *quid pro quo*. Nenhuma outra plataforma explorou essa classe de design operacional baseado na ansiedade social tão bem como o Snapchat, a rede mais popular entre os adolescentes. Evan Spiegel a criou em 2011, quando ainda era aluno de Stanford. Quatro anos depois, foi apontado como o milionário mais jovem dos Estados Unidos e se casou com a supermodelo Miranda Kerr.

O Snapchat é um aplicativo de mensagens instantâneas onde as mensagens se autodestroem depois de um tempo previamente estabelecido. Parecia ser a resposta perfeita para a era pós-Snowden, um espaço seguro onde era possível ser sensível sem ser motivo de piada na escola no dia seguinte, ou vítima de *bullying*. Mas existe uma cifra que não se autodestrói: o *score*, ou pontuação. Teoricamente, é a soma de todas as mensagens enviadas e recebidas, ainda que seja impossível saber disso com precisão (algoritmos ocultos!). Um *score* baixo é sinal de pouca popularidade. E a falta de popularidade é uma das piores coisas que podem acontecer com um adolescente. Mas é preciso tentar ser popular na escola: você só precisa abrir o aplicativo e mandar fotos! Motivação: 99%, habilidade: 100%.

Recentemente, o sistema introduziu uma nova fonte de motivação: o *snapstreak*. Aparece quando trocamos um certo número de mensagens com uma pessoa, exibindo ao lado do seu nome um ícone de fogo. O fogo é a sua relação com essa pessoa. A partir do momento em que o ícone aparece, um cronômetro começa a contagem: se uma foto ou vídeo for enviado e não visualizado, o *streak* some e o ícone desaparece. Termina a sua conexão especial com a pessoa. De repente, vocês não são mais amigos. Os usuários, que devem ter entre 13 e 22 anos, trocam suas senhas entre si para manterem a chama acesa durante as férias, os castigos, as provas, como quando alguém pede a um vizinho para regar suas plantas enquanto está viajando.[8] Há troféus e todo tipo de bagatelas pelo uso das ferramentas. O design premia o envio de *selfies* e vídeos acima de qualquer outra coisa; a propósito, foi a primeira a

---

[8] Emily C. Weinstein, Robert L. Selman, "Stress Digital: contas pessoais de adolescentes", *New Media & Society*, 18 (3), 2014, pp. 391-409.

introduzir filtros para mudar, embelezar ou fantasiar o rosto.[9] Um rosto bonito gera muito mais engajamento e produz mais dopamina.

As notificações e a quantificação são dois elementos de design que jogam com a ansiedade do usuário, oferecendo uma ferramenta simples para controlar o mundo. Basta ser criativo, fotogênico e carismático, conhecer os memes antes que eles viralizem, estar onde se deve estar. Para isso, só é preciso ter os aplicativos certos, seguir as pessoas certas e estar atento às notificações. Só isso. São designs que vampirizam as ansiedades de um mundo sem trabalho, sem esperança e sem futuro. Antes da rede social, eram os videogames que mais viciavam. Daí vêm as táticas mais traiçoeiras de implantação de rotinas.

Um jogo de videogame é uma história com uma missão cujo objetivo é alcançado somente após superarmos uma série de desafios, enigmas ou batalhas que acontecem com um aumento do grau de dificuldade. Esse fenômeno é chamado de recursividade, que é quando uma função específica chama a si mesma dentro do programa de forma que, para resolver um grande problema, usa o mesmo problema numa escala menor repetidas vezes como solução para situações cada vez mais complexas. Cada fase tem sua recompensa. Cada êxito no caminho é imediatamente comemorado com música, pontos, vidas, armas, animaizinhos e, principalmente, o desbloqueio de uma nova fase. Por isso, quanto mais você joga, mais você se aprimora, e quanto mais você se aprimora, mais quer jogar.

Tecnicamente, é como aprender qualquer outra coisa, seja alemão ou basquete. Na vida real, a recursividade é chamada de entretenimento, e nos faz felizes porque quanto mais praticamos, melhor ficamos, e quanto melhor ficamos, mais queremos fazer, nos satisfazemos mais e temos mais opor-

---

[9] O Stories do Instagram é uma cópia bem literal do Snapchat. O Facebook tentou comprar a plataforma, mas não conseguiu.

tunidade de fazê-lo, só que, diferentemente do esporte ou de qualquer outra rotina de aprendizagem, se está isento de humilhações. Não há um treinador que nos mande levantar mais os joelhos, nem uma equipe de jogadores furiosos porque você errou uma cesta ou um professor que te olhe com desilusão e te faça repetir uma palavra difícil diante de toda a turma. O sistema nos premia quando superamos uma prova, mas ninguém zomba ou se aborrece quando cometemos um erro. Ninguém nos culpa por nada ainda que cometamos o mesmo erro muitas vezes. É mais propenso a termos sucesso porque a recompensa é muito maior que a frustração. E a rotina do jogo nos cai perfeitamente bem porque, diferentemente da vida, o jogo é um universo elegante. Não funciona como a natureza imprevisível, mas como a maravilhosa natureza previsível de um relógio.

Como vimos, o cérebro não gosta de pensar, mas ele gosta de ordem. Se ele decide que uma cadeia de decisões é apropriada, vai querer repeti-la o tempo todo até que ela seja executada no piloto automático. Até recentemente isso não era uma vulnerabilidade, mas sim uma vantagem. Graças a isso nós caminhamos, conjugamos bem os verbos e batemos uma bola sem pensar. O videogame nos apresenta o mesmo problema insistentemente para ajudar-nos a tomar cadeias de decisões mais demoradas cada vez mais rápido. A ferramenta mental que construímos é a que nos ajudará a resolver os problemas que aparecem depois. Recursividade: nada sobra, tudo é válido. Existem poucas coisas mais viciantes nesta vida do que nos sentirmos cada vez melhor em algo, principalmente quando há um universo inteiro que sempre nos parabeniza e ninguém se aborrece quando falhamos. E os problemas são divertidos, nos motivam. "O mundo real não tem tarefas interessantes — afirmou em entrevista Julian Togelius, especialista em inteligência artificial para videogames da escola de engenheiros da Universidade de Nova Iorque. Mas os videogames são perfeitos, e as recompensas estarão ali se ganharmos ou não, e até podemos ver a pontuação que recebemos."

Existe outra coisa importante na qual os videogames não se parecem ao basquete ou ao tênis. Eles são um universo perfeito de zeros e uns que não existem no mundo real. Mas o mercado fabrica interfaces com efeitos especiais para que nosso cérebro não veja assim. Por exemplo, a trepidação do volante e a resistência do pedal dos jogos de corrida, o recuo das pistolas dos jogos de tiro. Inclusive, antes que chegassem os óculos de realidade virtual e as cabines em 4d, já existiam alavancas, pedais e volantes com tração, graves e aceleração que usavam sensores para darem a sensação de que nosso corpo está realmente atuando no mundo metafórico do jogo. O efeito é hipnotizante, porque oferece pontos de referência para conectar com o espaço e melhorar o jogo, que é a chave do esporte e da aprendizagem em geral.

Quando as extensões do jogo oferecem feedback, concentramo-nos na sensação dos comandos e, através deles, podemos "sentir a jogada". Sentir a jogada é fundamental nos jogos em que a ação funciona numa velocidade maior do que a cabeça. É o que David Foster Wallace *chama* de "sentido cinestésico", um sentido profundo do espaço e do jogo em que "nos movemos na faixa operacional dos reflexos, puras reações físicas que fogem a nosso pensamento consciente" e que são o resultado de um severo treinamento físico e mental.

Devolver uma bola difícil com sucesso requer o que às vezes é chamado de "sentido cinestésico", que significa a habilidade de controlar o corpo e suas extensões artificiais através de um complexo e superveloz sistema de tarefas. Em inglês, existe uma família inteira de termos variados para essa habilidade: sensação, toque, forma, propriocepção, coordenação, coordenação olho-mão, cinestesia, graça, controle, reflexos e coisas do tipo. Para os jovens jogadores, refinar o sentido cinestésico é o objetivo principal dos treinamentos diários de que tanto ouvimos falar. O treinamento aqui é tanto muscular como neurológico. Acertar várias raquetadas, dia após dia, desenvolve uma habilidade de "sentir" o golpe que não podemos conseguir através do pensamento consciente. Visto de fora, essa classe de treinamento repetitivo parece entediante e até mesmo cruel, mas de fora não podemos ver o que está acontecendo dentro do jogador — pequenos ajustes, uma vez e outra, e a sensação dos efeitos de cada mudança que se tornam mais precisos quanto mais se afastam do plano consciente.[10]

"O treinamento aqui é tanto muscular quanto neurológico." Os volantes, pedais, pistolas e controles são os tradutores simultâneos entre nossos corpos, nossos dedos e as mecânicas etéreas do jogo pixelizado. Graças a eles podemos aprender a "controlar o corpo e suas extensões artificiais através de um complexo e veloz sistema de tarefas" que incluem a repetição, os pequenos ajustes e a perseverança. São mecanismos desenvolvidos para darem a sensação de que aprendemos, de que nossos movimentos são cada vez mais precisos, de que fazemos cada vez melhor em um mundo que na verdade não existe. Reforço positivo, pequenos ajustes vez ou outra. Os atletas olímpicos visivelmente se concentram para entrar nesse estado de sincronia com o espaço, os músicos com seu instrumento, os artistas com seus materiais. Uns chamam de foco, outros, de *flow*, alguns, de entrar Na Zona. Platão chamava de "metaxo", um estado intermediário da consciência entre a realidade sensível e o fundamento do ser. A rotina que conduz a esse estado de transe foi integrada de forma massiva por mercados mais problemáticos e populares que o do videogame. O nome técnico é gameficação, e é o pão de cada dia das máquinas caça-níqueis e de aplicativos, dos programas e das plataformas de redes sociais.

Para que serve a alavanca das máquinas caça-níqueis, essa alavanca que é puxada para ativar o jogo e apostar? Porque as máquinas deixaram de ser mecânicas há muito tempo, e não há nenhuma conexão real entre a alavanca da máquina e o resultado final. É uma falsa caixa de Skinner, onde o rato

---

[10] David Foster Wallace, "Roger Federer as Religious Experience", *New York Times*, 20 de agosto de 2006.

puxa a alavanca e sua ação no mundo físico tem uma consequência imediata. E há reforço de intervalo variável: cada vez que a alavanca é puxada não é possível saber se a comida virá ou não. A máquina está programada para despejar apenas uma porcentagem do dinheiro apostado, mas nem o jogador mais esperto tem como saber qual é. A tração da alavanca sugere que ele tem o controle sobre a máquina e que, portanto, é possível fazer melhor. A mesma coisa acontece com o botão de parar. Parece que, se acelerar um pouco, se soltar na hora certa, se conseguir se conectar de forma instintiva com o coração interno do sistema, será possível "sentir" o jogo. E a máquina reforça essa sensação com os outros elementos do design: o "quase acerto", os prêmios falsos e a música.

O quase acerto é um prêmio que ainda não é prêmio, é a promessa de sê-lo, e que faz o cérebro entender que se está perto de ganhar. Porque é assim que acontece quando quase se acerta a bola na cesta, ou quase se acerta um gol. Interpreta-se que só é preciso continuar tentando mais um pouco — com pequenos ajustes vez ou outra — para conseguir dominá-lo. E a música que toca diz: você quase conseguiu! Estamos te esperando. O falso prêmio é menos do que foi apostado, mas a música comemora com tanta fanfarra que parece que se ganhou mais.

Todos esses reforços não aparecem de forma aleatória, em combinações absurdas. Aparecem exatamente quando se está a ponto de abandonar o jogo. Obedecem a algoritmos que se alimentam da informação de todas as máquinas caça-níqueis do mesmo fabricante que estão funcionando cada minuto do dia. E são muitas máquinas. A indústria do jogo produz 500 bilhões de dólares ao ano; e as máquinas caça-níqueis são o jogo de azar mais rentável do mundo, precisamente porque não deixa nada ao acaso. Têm um gerador de números aleatórios (RNG) para produzir sequências de números sem ordem aparente, mas não sabemos como funciona porque os algoritmos são ocultos. Sabemos que é o design mais viciante da indústria mais viciante. Por isso, os arquitetos das redes sociais o copiaram.

Os aplicativos mais populares do mundo literalmente recriaram a alavanca do caça-níquel; o chamam de *pull to refresh*.[11] É o que fazemos com nosso polegar quando o deslizamos para baixo para atualizar o conteúdo do aplicativo. Não existe absolutamente nenhum motivo técnico para que tenhamos que fazer esse gesto para ver o conteúdo novo. A tela poderia mostrar automaticamente os últimos conteúdos cada vez que a olhamos. De fato, antes era assim. Agora, é uma caixa de Skinner onde puxamos a alavanca para que algo aconteça, sem saber se a alavanca trará ou não o prêmio. Da esquerda à direita. Um exemplo particularmente engenhoso e que tem até sentido é o Tinder: sua mecânica de *swipe* (deslizar) o dedo para aceitar ou recusar possíveis candidatos é a chave que catapultou essa plataforma de encontros sobre as demais (neste momento, o aplicativo Tinder supera o Candy Crush Saga, o Spotify, o Youtube e o Pinterest em downloads). Sabemos por que praticamente não se pode fazer outra coisa, "swipear" e trocar mensagens. E por que foi copiada de Singapura ao Brasil, de Lisboa a Istambul por imobiliárias e agências de emprego, quadros de avisos e nos "momentos" do Twitter. O conteúdo não é o mais importante, mas sim a rotina. No gesto se manifesta a convicção inconsciente de que nosso dedo pode influenciar o resultado, que, se fizermos bem, receberemos um prêmio. Esse é o mecanismo que nos faz voltar sempre ao celular, como em um estado de transe. Mas, existe também outro truque que nos impede de sair dele: o *scroll* infinito.

## Competimos com o sono, não com a HBO

Em Las Vegas, os cassinos ficam abertos 24 horas. Eles não têm janelas nem relógios; a luz é exatamente a mesma, seja a hora que for. São projetados para que não se saiba se está de

---

[11] Arraste para atualizar.

dia ou de noite, nem quanto tempo se está ali. Como acontece com a comida, não estamos evolutivamente preparados para gerir a abundância. Quando algo bom estimula em nós uma rica produção de dopamina, consumimos até que acabe. Se a tigela de sopa não tem fundo, comemos 73% mais;[12] se a possibilidade de ganhar mais prêmios é infinita, jogamos até desmaiar. O limite da máquina caça-níquel é o próprio jogador, que para quando acaba o dinheiro ou quando cai dormindo. Os murais, feeds de notícias, imagens, reprodutores de música e listas do Facebook, Instagram, Twitter, Spotify, YouTube ou Netflix também nunca acabam. O feed de notícias sempre tem coisas novas, na Amazon sempre tem um livro mais atual, mais barato, mais bem avaliado e mais completo sobre o tema que te interessa do que o que você acabou de comprar. Seus limites são bateria e as forças do usuário. Por isso compramos carregadores portáteis e dormimos cada vez menos. Reed Hastings, criador da Netflix, disse em uma mesa organizada pelo *Wall Street Journal*: "Na Netflix competimos pelo tempo dos clientes. Nossa concorrência inclui Snapchat, YouTube, dormir etc.". Posteriormente, em uma roda de imprensa, teve a gentileza de desenvolver um pouco mais seu raciocínio:

Pense que, quando você está assistindo a uma série na Netflix e fica viciado nela, você fica assistindo até bem tarde. Competimos com o sono, com os limites. Por isso temos um monte de tempo. E uma forma de demonstrar isso numericamente é que somos concorrentes da HBO, mas em dez anos crescemos em 50 milhões [de espectadores], e eles continuam crescendo de forma modesta. Não encolheram. Então, se você pensar como que não os afetamos, a pergunta é por que não os afetamos. É porque somos duas gotas no oceano, tanto do tempo como do desperdício de tempo das pessoas.

---

[12] O famoso estudo sobre a tigela sem fundo é de Brian Wansink, James E. Painter e Jill North. "Tigelas sem fundo: por que porções visualmente pequenas podem influenciar o consumo", Obesidade. *A Research Journal*, 13(1), 2005, pp. 93-100.

Sua concorrência não é a HBO, e sim o sono, e Hastings o considera um mercado com enorme nicho. Para que serve dormir? Ninguém tem tempo para dormir.

A fórmula de Fogg funciona perfeitamente quando você termina de ver um episódio de sua série preferida e, por padrão, já começa o próximo episódio. O seu ativador é o tédio; você liga a Netflix porque quer se entreter, ou por gostar muito de uma série. Quando o episódio acaba, a motivação é alta, porque te deixa com "gostinho de quero mais" para saber o que vai acontecer depois. A habilidade para fazer isso é zero, porque a plataforma nem te oferece o episódio, mas já começa a reproduzi-lo. Não é preciso nem mover o dedo para dar o play. E a satisfação é imediata, porque o vazio entre os episódios causa angústia e porque você gosta da série; é uma armadilha sem começo nem fim.

A falta de referência, de início e de fim, nos submerge nesse estado de sonambulismo que a artista e pensadora alemã Hito Steyerl descreve como uma queda livre onde não há chão.[13]

Cair é relativo: se não há nada na direção em que vai cair, pode ser que você nem perceba que está caindo. Se não houver chão, a gravidade pode estar baixa e você se sentirá leve. Os objetos continuarão suspensos se soltá-los. Sociedades inteiras poderiam estar caindo a sua volta, igual a você. E isso realmente pode parecer a inércia perfeita, como se a história e o tempo tivessem terminado sem que você sequer se lembre de que o tempo já se moveu adiante.

É o que faz Alice no País das Maravilhas quando cai no buraco do coelho, a metáfora mais usada quando ligamos o te-

---

[13] Hito Steyerl, "Em queda livre: Uma experiência-pensamento sobre perspectiva vertical", *e-flux*, 2011. É um dos ensaios retirados de *Os condenados da tela*, Caja Negra, 2012.

lefone e despertamos do transe, meia hora depois. Alice flutua em suspensão animada, com tempo suficiente para começar a fazer coisas como ler ou tomar chá, mas sem parar o suficiente para finalizá-las. De acordo com Steyerl, esse é o estado em que o capitalismo superacelerado nos mantém, uma espécie de paralisia onde consumimos sem controle, suspensos em um transe angustiado do qual tentamos despertar consumindo ainda mais coisas. Existem milhões de imagens flutuando diante de nossos olhos, mas nada a que possamos nos agarrar, muito menos um chão sob nossos pés. Flutuamos desorientados e vulneráveis, em um estado de catalepsia semelhante a hipnose na qual, paradoxalmente, somos especialmente sensíveis. É nesse estado que consumimos grandes quantidades de conteúdo, escolhidos para nós por um maquinário de microssegmentação seletiva cujos mecanismos são obscuros e interessados. Da mesma forma que não existe em cima e em baixo, também não há passado nem futuro, somente o presente. Isso dá lugar a outro fenômeno interessante, que Douglas Rushkoff, professor, escritor e analista de mídias, chama de "o choque do presente".[14]

Tudo está acontecendo em tempo real, o tempo todo, sem descanso.[15] "Não é possível estar além das coisas, muito menos à frente delas." O "efeito CNN", que começou nos anos 1980 e se acelerou com o ataque às Torres Gêmeas, culmina agora na atual histeria informacional permanente das notificações, os grupos de Telegram, Twitter, Facebook e todo o resto. É um reality show infinito produzido por algoritmos do qual é impossível se desengatar sem perder o comboio. Para estarmos em dia, é preciso acordar cedo, dormir tarde, consumir cafeína, anfetaminas, cocaína, drogas da inteligência. Drogas que não são mais usadas para lazer, mas sim para trabalhar. Precisamos de aplicativos que nos ajudem a saber de

---

[14] Douglas Rushkoff, *Choque do presente: Quando tudo acontece agora*, Current, 2013.

[15] *Ibidem*, "Everything Is Live, Real Time and Always on".

tudo, a pegar tudo no ar, listas para gerenciar o dia, fazer ioga em casa, meditar ou para nos ajudar a dormir. A capacidade de estar em dia não é uma habilidade, mas também uma virtude moral, um dos sete hábitos das pessoas de sucesso. Outro deles é a capacidade de visão. "O sucesso ou o fracasso dependerá do quão bem seja lida a poderosa trajetória das mudanças tecnológicas e sociais e de você se posicionar adequadamente."[16] Na perigosa intersecção entre a queda livre e o choque permanente, vive um monstro cada vez mais livre: o algoritmo do YouTube.

O YouTube tem 1,8 bilhão de usuários que sobem em média quatrocentos minutos de vídeo por minuto, e consomem 1 bilhão de vídeos diariamente. É uma das plataformas mais viciantes do mundo, e é propriedade da Google. A página que é apresentada a cada usuário é única, sendo composta por vários menus de ofertas em diferentes formatos. O mais importante é a *playlist* infinita baseada em seu algoritmo de recomendação. A lista se reproduz automaticamente se o usuário não fizer nada para impedir. Um vídeo leva a outro, que leva a outro e assim sucessivamente até que alguém feche a página ou o computador desligue. O YouTube se orgulha de que seu algoritmo seja o responsável por mais de 70% dos vídeos que são vistos na plataforma. Se o algoritmo fosse casado com o usuário e os dois fossem ao cinema várias vezes ao dia, a maior parte dos filmes seria escolhida por ele.

O objetivo oficial do algoritmo é "ajudar os usuários a encontrarem os vídeos que querem assistir, maximizando seu tempo de engajamento e seu grau de satisfação". Pode seja verdade, porque a Google fez sua fortuna cumprindo esses dois objetivos (princípio da reciprocidade). Não temos como saber exatamente como isso é feito, porque é um algoritmo oculto, inverificável, uma caixa-preta protegida por advogados, criptografias e leis de propriedade intelectual. Mas podemos fazer

---

[16] Langdon Winner, "Tecnologia Hoje: Utopia ou Distopia?", *Social Research*, 64, 1997.

engenharia inversa a partir dos resultados. Aparentemente, pegam propositalmente o vídeo que foi assistido pelo usuário e sugerem outro vídeo na faixa desses interesses, mas que tenha gerado mais engajamento entre outros usuários do que o anteriormente visto. Ou seja, o mesmo, mas "mais". Acontece que "o mesmo, mas mais" conduz a lugares muito obscuros.

A ativista e pesquisadora turca Zeynep Tufecki escreveu um artigo sobre o tema no *New York Times*, chamado "O grande Radicalizador".[17] Sua metodologia é ortodoxa, mas pode ser replicada em qualquer outra situação. Durante as eleições presidenciais dos Estados Unidos, Tufecki descobriu que se usasse o YouTube para seguir campanhas de políticos de direita, o algoritmo a puxava cada vez mais para a direita até chegar aos neonazistas, os negacionistas do Holocausto e as novas gerações da Ku Klux Klan. Mas, se seguia um candidato da esquerda, era levada ao extremo oposto, do marxismo até as conspirações sobre agências secretas que drogam a população através dos encanamentos de água. "Quando fiz o experimento com temas que não eram sobre política, encontrei o mesmo padrão."

Os vídeos sobre vegetarianismo levam a vídeos sobre veganismo. Os vídeos sobre corrida levavam a ultramaratonas. O algoritmo de recomendações do YouTube nunca parece ser extremo o suficiente. Promove, recomenda e dissemina vídeos de forma que sempre parece estar subindo de tom. Levando em consideração seus bilhões de usuários, o YouTube poderia ser um dos instrumentos mais radicais do século XXI.

Um pouco antes, o artista e escritor James Bridle publicou um ensaio surpreendente sobre o efeito do YouTube na vida das crianças, que começam vendo Peppa Pig, manuais de Minecraft ou mãos abrindo um Kinder Ovo até aparecer a surpresa, e horas depois acabam vendo vídeos tão perturba-

---

[17] Zeynep Tufecki, "YouTube, the Great Radicalizer", *New York Times*, 10 de março de 2018.

dores que, se aparecessem na televisão, gerariam denúncias e demissões em massa, como mutilações e absurdas interações com músicas pervertidas. "A estrutura que construíram para extrair o máximo benefício do vídeo on-line está sendo hackeada por desconhecidos para abusar das crianças, até mesmo sem perceber, mas em grande escala."[18]

Mas o algoritmo do YouTube não quer que ninguém se torne um extremista, muito menos pretende traumatizar as crianças. Nenhuma dessas coisas é sua intenção. Seu objetivo é maximizar o tempo de engajamento e a satisfação. Como seu ativador não é a solidão, e sim o tédio, sua função é entreter. Graças às informações obtidas de milhares de usuários que passaram várias horas assistindo a vídeos em suas casas, universidades, escritórios, aviões, trens, parques, hotéis, institutos, restaurantes etc., ele aprendeu que algumas coisas entretêm mais do que outras. E que existem emoções que produzem mais engajamento do que outras.

As emoções são as ferramentas especiais das redes sociais, e elas são afiadas ao máximo com milhares de cobaias humanas em laboratório. Durante uma semana, em 2012, o Facebook fez com que centenas de milhares de usuários lessem exclusivamente notícias ruins, e outros vários usuários tiveram a mesma experiência, só que ao contrário: só recebiam boas notícias. A empresa manipulou seu algoritmo de recomendação de notícias para dar a seus ratinhos a dieta de boas ou más notícias, para ver o que os fazia voltar mais à plataforma e o que gerava mais interação. Sabemos disso porque o próprio Facebook compartilhou seu experimento com a imprensa. Foi a primeira e última vez que o fez, já que provocou enorme escândalo. A partir daí, suas pesquisas têm sido executadas com cuidadoso sigilo, e se chegamos a conhecer os detalhes de algumas delas é porque alguém deu com a língua nos dentes ou vazou alguma informação.

---

[18] James Bridle, "Algo está errado na internet", *Medium*, novembro de 2017. Foi reproduzido em vários meios de comunicação e está em seu livro *A nova idade das trevas: A tecnologia e o fim do futuro*, Todavia, 2019.

De todas as plataformas, o YouTube é a mais propensa às *fake news* e teorias da conspiração, principalmente por ser um conteúdo muito rentável. É difícil saber com exatidão quanto, porque a falta de transparência do algoritmo nos impede de saber a quantidade de dinheiro gerado por um vídeo popular no YouTube. Todo mundo no setor tem uma versão: há quem diga que depende da duração do vídeo, da qualidade do conteúdo, da popularidade do youtuber, da quantidade de anúncios, para onde vai o espectador logo após o vídeo, da hora e do lugar em que se assiste, da configuração dos astros, da velocidade do vento, da orientação das papoulas... De acordo com fontes do mercado, podemos dizer que um conteúdo que gera mil visualizações pode render ao dono do canal entre trinta centavos e quatro euros. Um clipe de máxima audiência como *Despacito* ou *Gangnam Style* poder ter dado um lucro entre 700 mil e 10 milhões de euros. Vale a pena para os produtores de *fake news,* já que possibilita um bom retorno com o mínimo de investimento. Eles costumam roubar o conteúdo de outras redes sociais ou de canais autênticos de notícias e não exigem investigação ou comprovação de fontes e dados, porque é tudo mentira. Qualquer maníaco pode criar na sua própria garagem um canal de notícias falsas só com um iPad conectado à internet. Também é um bom negócio para o YouTube. Eles ficam com 55% do dinheiro gerado pelos anúncios e o restante vai para a Google. Declararam mais de 110 bilhões de dólares em receitas em 2017 e 90 bilhões em 2016. A ficção é mais lucrativa que as notícias reais porque gera emoções. As *fake news* são projetadas para indignar.

A indignação é a heroína das redes sociais. Viraliza mais do que os gatinhos, é mais potente do que o chocolate, mais rápida que o cheiro de biscoitos, mais intoxicante que o álcool. Gera mais dopamina que qualquer outra coisa porque nos convence de que somos boas pessoas e que, ainda por cima, temos razão. Julgamos que somos éticos quando na realidade somos invadidos por um sentimento moral. Veja esses velhinhos despejados, essas crianças desnutridas, esses cachorrinhos abandonados, esses iates comprados com dinheiro público... ou essas mulheres que morreram por abortar com cabides oxidados, essas moradias populares vendidas a aproveitadores, essas florestas devoradas pelas políticas de austeridade. É um sentimento que nos define como boas pessoas e que reivindica justiça, vingança e muita atenção. Queremos compartilhar a chama com todas as pessoas do mundo para que seus sentimentos validem os nossos através de seus comentários, likes e retuítes, que para o algoritmo do YouTube representarão simplesmente engajamento, seu objetivo principal. Então, são favorecidos os conteúdos que produzem essa embriaguez moral no maior número de usuários, embriaguez alimentada de forma precisa e quantificável, nos oferecendo a cara e os nomes de todas as pessoas que nos aplaudem e compartilham a nossa indignação e todas as que não compartilham. Há meia hora não sabíamos quem eram, mas agora são nossos inimigos. Pensávamos que fôssemos melhores do que adolescentes manipuláveis de Snapchat, mas essa é uma chama que não queremos apagar.

A atenção é um recurso limitado, e ainda que as normas não a considerem particularmente importante, a concorrência mata por ela. O mundo das *startups* é darwiniano, nele não há meio-termo nem prêmios de consolação. Ou se está na primeira categoria ou não se sobrevive. Só no primeiro quadrimestre de 2018, os usuários de smartphones tinham mais de 7 milhões de aplicativos à sua escolha.[19] "As companhias tecnológicas necessitam que seus globos oculares fiquem grudados na tela o maior tempo possível para um humano — diz o neurologista Ramsay Brown. E começaram uma corrida armamentista para te manter ali." O capitalismo da atenção não tem tempo para política, nem para os valores, nem para as crianças, nem para nada que não seja engajamento.

---

[19] Android/Google Play: 3,8 milhões; Apple Store: 2 milhões; Windows Store: 669 mil; Amazon Appstore: 430 mil; BlackBerry World: 234,5 mil. © 2018, Statista.

Nir Eyal, ex-aluno de Fogg e autor do manual de condicionamento para *startups*, *Hooked: How to Build Habit-Forming Products*, assegura que as redes sociais são o equivalente contemporâneo às novelas ou à televisão, um entretenimento de massa que recebe críticas pelo simples fato de ser novo. "Com cada nova tecnologia, a geração anterior diz: 'as crianças de agora estão usando muito isso, fazendo muito aquilo, e estão fritando o cérebro'. E acontece que no fim fazemos o que sempre fizemos: nos adaptar." É uma possibilidade razoável. Historicamente, sabemos que todas as novas tecnologias causam uma rejeição por parte dos mais antigos, desde o trem que deixava a rainha Vitória enjoada até os videogames, que transformariam as crianças em zumbis, viciados e criminosos, dependendo do país onde estivessem. O rock transformava todos em degenerados; a televisão, em idiotas. Quando Nicolas Carr, há uma década, perguntou em um famoso estudo para a *Atlantic* se a Google não estaria nos transformando em idiotas, muitos simpatizaram com alguns argumentos que pareciam mais emocionais do que intelectuais. Carr sentia que a forma de consumir informação estava impondo mudanças na forma de ler, de aprender e de usar a informação. Milhões de pessoas sentiam a mesma coisa, mas não conseguiam entender muito bem o porquê. Algo sobre não lembrar os números de telefone, ler menos livros e estar mais distraído que o normal. Tinham medo de verbalizar isso; não queriam parecer muito velhos para a revolução tecnológica nem ficar à margem da era da informação. É importante acrescentar que Nir Eyal ganha a vida dando palestras e fazendo consultorias para empresas como LinkedIn e Instagram, ajudando a implementar técnicas de reforço operante a fim de potencializar o engajamento, e que sua visão do progresso é a de uma linha reta em forma de flecha em um extremo, algo que só pode acontecer de uma única forma. A era da informação não se reduz às grandes plataformas digitais, ainda que agora elas ocupem a maior parte do espaço.

Existe uma diferença fundamental entre aquelas telas e as telas que temos agora — explica Adam Alter. Há centenas de milhares de pessoas do outro lado dessas telas trabalhando dia e noite para chamar sua atenção. E são muito boas no que fazem, porque possuem muitos dados que as ajudam a decidir quais componentes introduzir ou excluir do produto, onde colocar o gancho para que se consiga o máximo impacto. As pessoas que fabricavam máquinas de pinball, videogames ou programas de televisão estavam fazendo conteúdos, e não estavam tão preocupadas em prender sua atenção. A comparação mais apropriada é o design das máquinas caça-níqueis, porque elas foram especificamente desenvolvidas para te manter preso o maior tempo possível.[20]

Outro aspecto que parece determinante é a velocidade em que evolui. Desde que Alexander Graham Bell apresentou o telefone em 1874 (um aperfeiçoamento do que havia sido inventado pelo italiano Antonio Meucci em 1849), foram necessários três anos até que fossem 50 mil usuários. E demorou outros 75 anos para chegar a 50 milhões de lares, mais de uma geração. Quando Tim Berners-Lee criou a World Wide Web, demorou quatro anos para ter 50 milhões de usuários. O Facebook demorou dois anos para alcançar essa marca, *Candy Crush* demorou dois meses e *Pokémon Go* apenas dezenove dias. Nessa comparação estão misturados aplicativos que têm mais infraestrutura do que outros, o que não parece muito justo. Mas o que nos interessa nessas cifras não é a capacidade de expansão dos respectivos projetos, e sim a viralização de seu uso, a velocidade com a qual impuseram hábitos novos à população, e a capacidade de adaptação de um público que renuncia a compreender as mudanças ou a identificá-las, porque tudo acontece muito rápido.

"A televisão não mudou muito desde seu começo — explica Alter. Existem mais canais, a qualidade do áudio e do

---

[20] Adam Alter, *Irresistível. Quem nos transformou em viciados tecnológicos?* Paidós, 2018.

vídeo são melhores." Mas os celulares mudam numa velocidade supersônica, fazendo que seja impossível compreender o impacto que isso causa em nossas vidas, muito menos gerenciá-lo. Cada vez que o Facebook introduz uma nova função na plataforma, nos parece uma mudança trivial, mas afeta a milhares de pessoas em todo o mundo. São coisas cujo impacto só pode ser analisado em retrospectiva: o botão de like, o feed de notícias, transformar esse feed em uma série de pequenos acontecimentos. Parecem mudanças muito pequenas que não mudam a essência do Facebook, mas cada uma dessas alterações é algo gigantesco e ocorrem constantemente em todas as plataformas sem que percebamos.

"Como cultura, já não toleramos que as empresas de tabaco façam publicidade para crianças, mas deixamos que o ramo alimentício faça exatamente isso. E poderíamos dizer que o impacto de uma dieta ruim na saúde pública é o mesmo que o do tabaco", argumentou em uma entrevista sobre fast-food Kelly Brownell, docente de Psicologia e Saúde Pública na Universidade de Yale. Seu principal argumento era: a indústria deve utilizar os mesmos recursos que são usados para causar dependência em seus produtos — seus laboratórios cheios de bioquímicos, psicólogos, especialistas comportamentais e neurocientistas — para reverter o processo. Entender por que os estadunidenses comem até morrer e ajudá-los a parar com isso. E isso é o que prega Tristan Harris, o novo apóstolo da dieta digital.

É consenso que Harris não é um *outsider*. Ele trabalhou como especialista de design ético na Google durante três anos, e antes disso estudou no Laboratório de Tecnologia Persuasiva de B. J. Fogg. Agora, dá cursos de gestão de dispositivos, organiza campeonatos de desintoxicação digital e lidera a organização Time Well Spent [tempo bem empregado], que publica estratégias e aplicativos que livram do vício. Criou o Center for Humane Technology, com outros anjos redimidos: Roger McNamee, investidor do Vale do Silício e ex-assessor de Mark Zuckerberg; Justin Rosenstein, criador do like; Lynn Fox, ex-chefe de comunicação da Apple e da Google e Sandy Parakilas, ex-diretor de operações no Departamento de Privacidade do Facebook. A revista *Atlantic* o descreveu como "o mais próximo que o Vale do Silício tem do que pode ser chamado consciência". É particularmente popular porque afirma que nada foi nossa culpa: "Pode-se dizer que é minha responsabilidade exercer um certo autocontrole sobre o uso de meus dispositivos digitais, mas não se estaria reconhecendo que existem milhares de pessoas do outro lado da tela cujo trabalho é acabar com qualquer resquício de responsabilidade que eu possa ter".[21] Harris não acredita que o progresso tenha que ser necessariamente fruto da imaginação de centenas de designers majoritariamente brancos heterossexuais entre 25 e 35 anos que vivem em San Francisco e trabalham para a Google, Facebook e Apple, mas reconhece o impacto que essa centena de desenvolvedores têm sobre milhares de pessoas, e acredita que isso possa ser redirecionado. Pensa ser um objetivo razoável, porque não acredita que os chefes do Vale do Silício tenham feito isso de propósito. Acredita que tenham avançado rapidamente e causado algumas rupturas, e que com um pouco de esforço e carinho possam fazer melhor.

Harris não é o chicote desse novo mercado baseado na exploração e na vigilância do usuário, mas é sua próxima encarnação. Não quer nos ajudar a usar menos o telefone, só que o usemos melhor. Em outras palavras, se a Google fosse o McDonald's, não iria propor que nunca mais fôssemos ao estabelecimento, muito menos coisas mais radicais, como virar vegetarianos. Ele iria querer que o McDonald's tivesse opções de carnes mais sustentáveis para nos ajudar a escolher o melhor McMenu. Então, ele oferece aplicativos para deixarmos de ser tão viciados nos aplicativos, e seus acampamentos têm esse filtro tribal de libertação pela ayahuasca, que ficou tão na moda no Vale do Silício. Na verdade, o próprio Harris

---

[21] Bianca Bosker, "The Binger Breaker", *The Atlantic*, novembro de 2016.

confessa que o raio redentor caiu em cima dele durante um *Burning Man*, a festa que teve a abertura do artista Larry Harvey queimando o primeiro boneco na praia de San Francisco em 1986 e que desde os anos 1990 é realizada no deserto de Nevada. Começou como um festival hippie, mas nos últimos anos se transformou no Coachella dos riquinhos do Vale. Os presidentes executivos das empresas que pareciam estar sendo criticados adoram Harris, Fogg o recomenda sempre que pode, Sergei Brin é seu amigo. Ele não veio para nos salvar. Todos são farinhas do mesmo saco.

Da mesma forma, Harris propõe a criação de uma certificação Time Well Spent como prêmio para os aplicativos mais "respeitosos", e seria sua própria organização que decidiria entre os diferentes produtos digitais. As empresas de tecnologia já pegaram a deixa, que em alguns casos foi dada com a valiosa assessoria do próprio Harris: a Google anunciou em maio de 2018 a plataforma Digital Wellbeing [bem-estar digital], que inclui no Android ferramentas para ajudar os usuários a controlarem o tempo que passam usando o celular. Desde junho de 2018, a Apple tem um aplicativo semelhante, chamado Screen Time [tempo de tela]. Assim como disse Mark Zuckerberg em suas audiências parlamentares, os usuários são sempre livres para usar as ferramentas que lhes pareçam mais convenientes, alguns ainda depositam sua confiança nas mãos de seus milhares de mouses. Tristan Harris quer que façam um juramento hipocrático em que prometam que seus poderes serão usados unicamente "para o bem"... que curiosamente era o mesmo proposto por Skinner. No final, sua própria linguagem o entrega. O "humane" de seu Center for Humane Technology não significa "humano", mas sim humanitário, uma palavra criada para descrever a forma com a qual os animais devem ser conduzidos e sacrificados nas fazendas de produção intensiva.

As contradições são partes importantes da sátira, como os cientistas que desenvolveram a bomba atômica para salvar o mundo ou os grupos que defendem o direito a ter armas para que os cidadãos possam dormir em paz. De boas intenções o inferno está cheio. Skinner queria manipular as massas para salvá-las, o mesmo que é proposto pela Google, Apple, Facebook, Amazon e Microsoft. Queria conseguir uma sociedade sem guerras nem grandes mercados, onde imperasse o altruísmo, os parques e a música clássica. "Se o mundo quer garantir algum de seus recursos para o futuro, deve reduzir não apenas o consumo, mas também o número de consumidores", advertia em *Walden Dos*. Fogg queria sistematizar nossos hábitos para que fizéssemos mais exercícios, comêssemos menos rosquinhas e parássemos de fumar. A verdade é que suas boas intenções são tão irrelevantes quanto suas inclinações políticas. O objetivo de seu algoritmo é manipular a mente humana para que ela sinta e precise de coisas que já precisava ou sentia. Já não podemos seguir a máxima de acreditar em nós mesmos, ou escutar nosso coração. Temos que aprender a suspeitar dos nossos desejos mais íntimos, porque não sabemos quem ou o que os colocou ali.

Skinner empregou sua prática de intervalo variável para ensinar seus ratos a apertarem botões e puxarem alavancas em todo tipo de circuitos. Também ensinou os pombos a tocarem piano e a jogarem pingue-pongue. As forças aéreas estadunidenses o contrataram para treinar pombos-correios explosivos, um projeto de muita visibilidade e relativo sucesso. Mas ainda que ele não tivesse problemas em detonar pombos contra um inimigo, tinha escrúpulos para outras coisas. "Algumas palavras de advertência para o leitor que esteja ansioso para avançar para os seres humanos — escreveu Skinner em seu ensaio *How to Teach Animals*, publicado em 1951. Devemos desenvolver um programa no qual às vezes aplicamos reforços relevantes e às vezes não. Ao fazermos isso [com humanos] é muito provável que criemos efeitos emocionais. Infelizmente, a ciência do comportamento não tem tanto sucesso em controlar as emoções como em modelar a conduta." Nesse pequeno aspecto, o tempo não lhe deu razão.

O mercado ainda não sabe como controlar as emoções, mas se especializou em detectar, ampliar ou produzir as que trazem mais benefícios: indignação, medo, fúria, distração, solidão, competividade, inveja. Essa é a banalidade do mal do nosso tempo: os melhores cérebros de nossa geração estão buscando formas de darmos mais likes. E não é verdade que estamos isentos de culpa. Tudo começou porque queríamos salvar o mundo sem sair do sofá.

# INFRAESTRUTURAS

"O inimigo conhece o sistema. Os sistemas precisam ser desenvolvidos com a premissa de que o inimigo conseguirá se familiarizar imediatamente com eles."

Claude Shannon

A arquitetura é a linguagem do poder. Nos revela suas intenções. Não nos diz o mesmo uma cidade comercial como Amsterdã e uma imperial. "Moscou, Beijing e Tóquio mostram os rastros das autocracias que as construiu", explica Deyan Sudjic em *A linguagem das cidades*. "O Kremlin, a Cidade Proibida e o Palácio Imperial são monumentos de um sistema urbano construído em torno de um único indivíduo poderoso. Cada um deles tinha um palácio no centro, cercado por uma cidade interior de criados e familiares, e uma zona exterior para comerciantes e trabalhadores excluídos da corte." As cidades comerciais como Amsterdã são abertas e promíscuas, as imperiais são estruturas muradas de círculos concêntricos em torno de um coração vazio. E não apenas os edifícios: a natureza política da cidade também está em suas ruas, seu sistema de esgoto e as leis que regulamentam a propriedade e limitam a exploração do solo. As lindas alamedas parisienses foram desenhadas pelo barão Haussmann para evitar que Napoleão III tivesse que enfrentar o mesmo tipo de desordens que o haviam levado ao poder em 1848. As universidades construídas depois de maio de 1968 são grandes blocos de cimento cheios de escadas construídas em lugares remotos, bem distantes da cidade.

Todas as arquiteturas totalitárias são centralizadas. Stalin recuperou Moscou como capital do império e conservou a estrutura de círculos concêntricos que haviam deixado Ivan, o Grande, Ivan, o Terrível, e seu filho Fyodor, como os raios saindo do sol que ilumina toda a Rússia, o olho que tudo vê. É por culpa desse olho todo-poderoso que Moscou até hoje sofre com seus legendários engarrafamentos de várias horas. As estruturas centralizadas não são desenhadas para a eficiência, mas para o controle. E o medo. O César deve ser e parecer poderoso.

A linguagem de todas as ditaduras modernas é narcisista, monumental e cheia de nostalgia de um passado ainda mais imperialista, de uma arquitetura construída por escravos e concebida para simbolizar um centro de poder cuja expansão era potencialmente infinita. A Welthauptstadt Germania que Hitler planejou para Berlim sonha com o Império Romano, com edifícios tão gigantescos que teriam criado seu próprio microclima artificial. O Palácio dos Sovietes iria ser um arranha-céu de quinhentos metros em forma de pirâmide com uma estátua de Lênin em cima, plantado sobre as cinzas da Catedral de Cristo Salvador de Moscou que Stalin mandou dinamitar porque era "grande, incômoda, parecia um bolo ou um samovar e simbolizava o poder e o gosto dos senhores da velha Moscou". A construção do palácio já estava no nono andar quando os nazistas entraram na Rússia, e nunca mais foi retomada. Nikita Jrushchov, primeiro-secretário do Comitê Central do Partido Comunista da União Soviética, arrancou os cimentos e colocou uma grande piscina ao ar livre, buscando apagar a memória de seu carismático antecessor. Quando a União Soviética caiu e a Rússia se reunificou, o primeiro prefeito de Moscou, Yuri Luzhov, cimentou a piscina e iniciou a construção de uma réplica da catedral que Stalin havia destruído, financiada pela nova geração de oligarcas. O centro de poder concentra uma grande energia simbólica. A melhor forma de demonstrar poder é plantá-lo sobre a tumba do poder anterior.

A arquitetura fascista é definida em Roma, mas é modernizada pelo racionalismo da Bauhaus. A franquista sonha com Felipe II e a grandeza austera de El Escorial. De acordo com David Pallol, autor de *Construindo Império. Guia da arquitetura franquista em Madri e o Pós-Guerra*, o Arco de Moncloa, o Monumento aos Caídos e o Ministério do Ar "faziam parte de um eixo triunfal" que começava em Moncloa e terminava no El Escorial. Tudo bem alto e simétrico, com suas torres góticas e suas cúpulas renascentistas, e em cada porta um Arco do Triunfo. Sem falar da arquitetura da fé. A Igreja é outro regime totalitário que manifesta seu organograma de forma deliberadamente visível, e constrói para inspirar temor e reverência diante do poder de Deus. A catedral é o palácio do Bispo — seu trono, sua cadeira — e representa o centro da diocese. Todas as igrejas conectam o céu e a terra, mas apenas uma coroa reis.

Finalmente, com a Revolução Industrial chega um tipo de catedral nova, ícone de um novo mundo de possibilidades. E, naturalmente, símbolo do poder militar dos grandes impérios colonialistas. A catedral industrial primitiva foi o Palácio de Cristal de sir Joseph Paxton, construído para a primeira Exposição Universal, em 1851. Estava na metade do Hyde Park e recebeu mais de 6 milhões de pessoas, um absurdo. Dizem que era o edifício mais bonito nunca antes construído. Não existe romancista steampunk que não lhe dedique um ou dois romances. Paxton era paisagista e o palácio era uma estufa gigantesca de 138 metros de largura por 39 de altura, coberto por mais de 80 mil metros quadrados de vidro e sustentado por um impressionante esqueleto de aço fundido. Era como estar dentro e fora, cravado no solo e flutuando ao mesmo tempo. Parecia banhado pela luz divina, um objeto mágico, uma ilusão. Mais tarde, viriam outras exposições e outros monumentos quase tão icônicos, como a Torre Eiffel ou a lindíssima estação Grand Central, mas o Palácio de Cristal definiu o modelo. Era o primeiro grande edifício modular pré-fabricado, e foi construído e montado em apenas cinco meses; uma vitrine da potência do vapor, a produção de aço, a fabricação de vidro, as vias, túneis, canais e pontes de um novo sistema de transporte. Uma mostra de sua capacidade de destruição.

As catedrais da Revolução Industrial eram a metáfora divina de uma nova potência bélica, uma mudança de rumos. Eram monumentos de código aberto, edifícios *open source*, que mostravam os segredos de engenharia em espaços privilegiados das grandes capitais como aviso de superioridade. Ali seria possível se submergir na ourivesaria de seus esqueletos, "o encaixe gótico de aço" e a disposição de suas engrenagens para sentir o frio de seu último suspiro. Os críticos disseram que o Palácio de Paxton representava "a escuridão da indústria", e tinham razão. Foi inaugurado pela rainha Vitória em 1º de maio, o dia em que todas as flores se abriram, mas uma canção de guerra era entoada. As catedrais da nossa Revolução Industrial não são monumentos projetados para demonstrar a glória de seu poder, mas o contrário. Estão projetadas para dissimulá-lo. O poder do século XXI já não constrói para inspirar terror, mas sim para gerar a confiança de uma burocracia eficiente, modesta e bem-intencionada. Como dizem os ingleses, são os mais calados que têm que ser vigiados.

Segundo Edward Said, todo império diz a si e ao resto do mundo "que é diferente dos outros impérios, que sua missão não é a espoliação e o controle, mas sim educar e libertar".[22] Nenhum deles acreditou tanto como esses novos impérios subterrâneos cujo exercício do poder requer silêncio, escuridão e segredos. No lugar onde antes eram erguidos os palácios, construíram outra coisa: uma mitologia capaz de preencher a escuridão de luminosas metáforas que representam exatamente o contrário do que são. Por exemplo, que a rede é uma estrutura neutra, democrática e livre. Como todas as grandes mentiras, essa tem um fundo de verdade.

---

[22] Edward Said, *Cultura e imperialismo*, Debate, 2018.

## Do Command & Control ao TCP/IP

As redes também falam conosco. Sua topografia revela tanto sobre suas intenções como a de uma cidade. As arquiteturas projetadas para o controle são como Moscou, na qual todas as avenidas passam pelo Kremlin ou na Europa imperial, onde todos os caminhos levavam a Roma. Estruturas claramente centralizadas, em forma de estrela, onde todo o tráfego se concentra em um só ponto. Quando o poder é distribuído de maneira equitativa entre todos os modos do sistema, a rede tem forma de rede de pesca. O primeiro a descrevê-las foi um engenheiro elétrico de origem polonesa chamado Paul Baran.

Baran tinha 35 anos e trabalhava para a RAND Corporation, o laboratório de ideias das Forças Armadas estadunidense, quando lhe pediram para projetar uma rede de comunicações que fosse capaz de sobreviver a um ataque nuclear. Era 1962 e a possibilidade não parecia nada distante. A Guerra Fria estava em seu ponto mais quente com a crise dos mísseis cubanos. Enquanto a sociedade estadunidense discutia abertamente sobre a legitimidade de disparar no vizinho que tentasse entrar em seu abrigo radioativo familiar, o exército previa como poderiam se reagrupar e se reorganizar depois do "acontecimento". Alguns meses antes, vários membros de um grupo revolucionário chamado American Republican Army fizeram ir pelos ares três estações de rádio de Utah e Nevada. A resposta de Baran foi: redundante. Quanto mais partilhada estiver a responsabilidade de comunicação, mais possibilidades terão de chegar a seu destino. O sistema estaria formado por computadores e seria digital.

O famoso diagrama de Baran tem três redes: uma centralizada, em formato de estrela, outra descentralizada com várias constelações e uma terceira rede distribuída de nós interconectados uniformemente, com uma estrutura explicitamente não hierárquica, onde cada nó era indistinguível do resto e substituível por qualquer outro. O argumento agora parece óbvio: quando a informação se concentra em apenas um ponto — como, por exemplo, todas as cartas em uma única agência dos Correios —, a destruição desse ponto acabaria com todo o sistema. Se todos os pontos fossem agências dos Correios, o desaparecimento de uma delas exigiria apenas a redistribuição do tráfego. No lugar de um rei, cuja morte encerra a partida, um exército de peões, cada um deles aptos a se tornarem rainha. Depois, elaborou uma burocracia administrativa capaz de otimizar a eficiência e a sobrevivência da mensagem através dessa rede.

As chaves eram redundância e velocidade. Cada nó mandaria a informação ao nó seguinte o mais rápido possível, como se fosse uma batata quente. Baran o chamou de "encaminhamento batata quente".[23] Outra ideia que ele teve foi que cada bloco de informação deveria ser fragmentado e espalhado através da rede em pequenos blocos que viajariam separado de nó em nó para voltarem a se reunir quando chegassem ao destino. Dessa forma, não apenas reduzia a carga dos nós, que poderiam passar mais rapidamente sua pequena porção de batata quente do que a batata inteira. Também significava que, se um nó fosse comprometido, a mensagem não seria inteiramente interceptada. Ou ainda, que, se alguns nós caíssem, pelo menos uma parte importante da mensagem chegaria ao seu destino. Foi assim que Paul Baran inventou o sistema de comutação de pacotes, um dos princípios-chave da internet.

Quando entregou seu relatório, não ligaram muito. O modelo que propunha era radicalmente oposto ao sistema de comutação de circuitos criado pela Bell Telephone Laboratories, o mítico laboratório de gênios da AT&T, que estabelecia de antemão um canal de comunicação com uma largura predeterminada de banda para realizar cada transmissão, como

---

[23] O artigo se chamava "Simulação digital de encaminhamento de batata quente em uma rede de comunicações distribuídas de banda larga".

um único cabo emissor ou receptor pelo qual se deslocava a mensagem. A gestão era muito mais simples: a batata fazia uma única viagem, inteira, de forma direta, sem ter que negociar nada com ninguém. E, claro, não era preciso se quebrar e se juntar novamente. Também era uma viagem mais lenta, pesada e perigosa. Uma única falha e tudo seria perdido. Se a mensagem fosse interceptada, o interceptador a levaria por inteiro. Havia vantagens de sobra na comutação de pacotes, mas os engenheiros da Bell Labs receberam a proposta com claro desdém.

Disseram que a única companhia telefônica dos Estados Unidos não podia correr riscos. A integridade de seu serviço e a compatibilidade de seus sistemas eram suas únicas prioridades. "Querer inovar em um sistema como esse é como se submeter a um transplante de coração enquanto se corre uma milha em quatro minutos",[24] era a frase habitual de Jack A. Morton, chefe do Departamento de Engenharia Eletrônica do laboratório. Com esse espírito, a empresa que inventou o transistor deixou escapar algo muito maior: o microchip. Em todo caso, disseram, o novo modelo sairia muito mais caro, porque naquele momento cada mudança no itinerário teria que ser feita manualmente, com um operador de carne e osso. A proposta de Baran descentralizava a operação, tirando deles o controle sobre todo o processo, incluindo o canal, o trajeto e a velocidade da mensagem. O memorando que foi entregue em agosto de 1964 com o diagrama, a tecnologia e o sistema de gestão por pacotes foi arquivado e esquecido em uma caixa. Para a sorte da comunicação em pacotes, havia dois engenheiros que estavam estudando o problema em duas instituições diferentes, e tinham chegado à mesma conclusão que Baran. Eles eram Donald Davies, no Laboratório Nacional de Física, e Leonard Kleinrock, no MIT.

---

[24] No original: *4-minute mile*. É uma prova olímpica medida em milhas, inspirada nos mil passos de uma legião de soldados romanos. Uma milha são 1.609 quilômetros.

Muitas das invenções mais significativas de nossa história aconteceram simultaneamente, desenvolvidas ao mesmo tempo por pessoas diferentes em lugares diferentes sem que uma única palavra fosse trocada entre elas (menos frequente é o gênio que dá à luz algo completamente novo a partir da ilha de sua própria imaginação). Aconteceu, por exemplo, com o cálculo e a evolução das espécies, o telefone, o rádio ou a máquina a vapor. Brian Eno tem uma palavra horrível para descrever o fenômeno: *Scenius*. "*Scenius* representa a inteligência e a intuição de uma cena cultural inteira. A forma comum do gênio." Em seu livro *De onde vêm as boas ideias: uma história natural da inovação*, Steve Johnson defende que a invenção simultânea é a forma mais comum de invenção humana, e que não se limita às três estabelecidas. "São necessários mil homens para inventar um telégrafo, ou uma máquina a vapor, ou um fonógrafo, ou a fotografia, ou um telefone ou qualquer coisa importante; e o último que chega leva a glória e nos esquecemos dos outros."[25]

Davies e Baran chegaram à mesma solução tentando resolver diferentes problemas, em diferentes contextos políticos. "Davies, um prestigiado pesquisador do Laboratório Nacional, dava ênfase às virtudes científicas e técnicas da comutação de pacotes como um modelo mais eficiente de comunicação de dados. Por sua vez, Baran trabalhava para a RAND, o *think tank* estadunidense da Guerra Fria. Como se sabe, sua publicação enfatizava as virtudes estratégicas das redes descentralizadas e distribuídas: as redes com nós múltiplos são mais robustas e suscetíveis de sobreviverem a um cataclisma nuclear do que uma rede centralizada baseada na comutação de circuitos."[26] Kleinrock estava estudando a comutação de pacotes como parte de seu projeto de tese no MIT. Com o tempo, Baran ficou com a glória, Davies o nomeou e

---

[25] Steven Johnson, *Where Good Ideas Come From: The Natural History of Innovation*, Riverhead, 2010.

[26] Andrew L. Russel, *Open Standards and the Digital Age: History, Ideology and Networks*, Cambridge University Press, 2014.

Kleinrock teve a honra de estrear a criatura, quando a Sigma 7 SDS de seu laboratório na Universidade da Califórnia se conectou com a SDS 940 do Laboratório de Douglas Engelbart em Standford, Melo Park, em 29 de outubro de 1969. A primeira mensagem foi a palavra "login", mas a Sigma congelou depois das primeiras letras e a primeira palavra dita pelos dois computadores foi "lo". "Como em *lo and behold!*", diz Kleinrock, uma expressão habitual nos relatos de magia ou milagre, e que dá título ao famoso documentário de Werner Herzog sobre a internet, mas naquele momento ninguém ficou sabendo de nada. O Concorde havia quebrado a barreira do som e Neil Armstrong já havia dado seu pequeno passo para o homem, mas um grande salto para a humanidade. O governo estava testando bombas nucleares em Nevada. Os Estados Unidos tinham muitas coisas para pensar.

Aquele milagre desencadeou outros. Em 21 de novembro já havia uma conexão estável entre a UCLA e Standford. Duas semanas depois, incorporavam à rede o IBM 360 da Universidade de Utah e o PDP-10 da Universidade da Califórnia em Santa Bárbara. Durante os anos que se seguiram, a ARPANET foi conectando laboratórios universitários com bases militares e empresas de tecnologia. Em junho de 1973, estrearam a primeira conexão transatlântica com a Norwegian Seismic Array (NORSAR), um ponto de detecção de terremotos e atividade nuclear estacionado em Kjeller, ao norte de Oslo. De lá, montaram a primeira conexão terrestre com o University College de Londres. A largura da banda era de 9,6 Kb/s.

O plano original era "explorar as novas tecnologias computacionais para atender às necessidades do comando militar e o controle diante da ameaça nuclear, conseguir a sobrevivência das forças nucleares estadunidenses e melhorar as decisões táticas e de gestão do exército", mas o governo foi perdendo o interesse no projeto, cujo desenvolvimento não estava necessariamente nas mãos dos militares.[27] Era um ca-

---

[27] Stephen J. Lukasik, diretor adjunto e diretor da DARPA durante o desenvolvimento da ARPANET (1967-1974).

samento forçado entre os organizados engenheiros de redes e telecomunicações e uma nova classe de estranhas e barbudas criaturas que estabeleciam relações com as máquinas através de códigos, tomavam ácido e ouviam Grateful Dead. A ARPANET "existia em aulas vazias de departamentos de ciências da computação, nas dependências das bases militares, nas linhas de cobre e nos links de micro-ondas pela rede telefônica".[28] Os nós estavam conectados através de linhas telefônicas permanentemente abertas, operadas pela AT&T, e essas conexões eram muito irregulares. O sistema descentralizado de pacotes que Baran havia desenvolvido para sobreviver a um inverno nuclear foi fundamental para suportar as frequentes quedas dos computadores e a perda de conexões do lento e atribulado sistema. O orçamento da ARPA estava abaixo do mínimo. Em 1971, o estado-maior tentou vender a rede inteira para a AT&T, para que tentassem fazê-la funcionar decentemente, para depois ser contratada como serviço. A operadora se recusou.

"Quando a tivemos, já não a queriam — contou Larry Roberts, o chefe do projeto. Fui falar com a AT&T e ofereci vendê-la, mas que continuassem com ela. Basicamente a demos. Podiam pegá-la e continuar expandindo-a comercialmente, nos alugando como serviço. [...] Todos se reuniram e passaram por Bell Labs e tomaram a decisão: disseram que era incompatível com suas redes. Era algo que não podiam usar. Ou vender." Em outras palavras: se a internet nasceu como uma rede aberta e fortemente descentralizada, foi porque o governo estadunidense não percebeu o seu potencial e porque a única operadora que podia comprá-la disse que não a queria. Se a experiência chegasse a algum lugar, teria que continuar sendo feita com dinheiro público e como bem público.

O governo e a operadora não sabiam, mas entre os programadores a coisa estava quente. Naquele mesmo ano, Ray Tomlinson mandou o primeiro e-mail. E a ARPANET não era

---

[28] Andrew Blum, *Tubes: A Journey to the Center of the Internet*, Harper Collins, 2012.

a única rede no mundo, muito pelo contrário. Donald Davies havia construído uma rede de comutação de pacotes no Laboratório Nacional de Física. Seu companheiro de laboratório, Derek Barber, preparava a construção de uma rede informatizada europeia para o então ainda Mercado Comum Europeu. Louis Pouzin implementava a rede CYCLADES no Laboratório Nacional de Pesquisa para as Ciências da Computação da França. Vários gênios da ARPANET lançaram uma empresa para explorar o novo mercado de conectar coisas com coisas, chamada Packet Communications. As empresas públicas de telecomunicações trabalhavam com os governos para conectar suas instituições usando a comutação de pacotes, incluindo a Agência Postal Britânica. A Primeira Conferência Internacional de Comunicação entre Computadores reuniu todos eles em Washington, em outubro de 1972.

A ARPANET é a estrela desse encontro histórico. Bob Kahn, do escritório de Comando & Controle do Departamento de Defesa dos Estados Unidos, conseguiu conectar vinte computadores ao vivo e em cores, "o ponto de inflexão que fez que a gente se desse conta de que a comunicação de pacotes era uma tecnologia real". Nasce ali a International Network Working Group (INWG), o primeiro grupo de trabalho da rede. Seu núcleo são Alex McKenzie, os britânicos Donald Davies e Roger Scantlebury e os franceses Louis Pouzin e Hubert Zimmermann. Não há nenhuma mulher e todos são da frente aliada. Seu primeiro presidente é um jovem matemático chamado Vint Cerf.

## O problema da internet

"No início de 1973, Bob [Kahn] chegou ao meu laboratório em Stanford e me disse: 'Tenho um problema' — disse Cerf. Perguntei-lhe qual problema, e ele me disse: 'Agora que a ARPANET funciona, estão pensando em como podemos introduzir esses computadores no [departamento de] Comando e Controle'."[29] Khan saiu muito prestigiado da Conferência de Washington, mas seus chefes não queriam apenas saber como iam construir uma estrutura de comunicação super-resistente para distribuir informação a diferentes cadeias de comando durante ou depois de um ataque ou desastre. Isso significava muitos tipos de objetos diferentes, através de métodos diferentes, em contextos diferentes. "Para considerar seriamente o uso de computadores — explicava Cerf —, era necessário que fosse possível colocá-los nos veículos em movimento, nos barcos que estavam em alto-mar e nos aviões, além das instalações fixas."

Nesse momento, toda a experiência que tínhamos era com as instalações fixas da ARPANET. Então, [Kahn] estava pensando em algo que chamou de "redes abertas" [*open networking*] e acreditava que isso permitiria otimizar as redes por rádio de forma diferente das redes via satélite para os barcos e também diferente da otimização das linhas de telefone dedicadas. Então, em sua teoria, teríamos vários tipos de redes, todas elas baseadas na comutação de pacotes, mas com características diferentes. Umas eram maiores, outras mais rápidas, outras perdiam mais pacotes, outras não. A questão era como fazer que todos os computadores, em cada uma dessas redes variadas, pensassem ser parte da mesma rede, com todas as suas variações e diversidades.

Denominaram-no "o problema da internet", porque o problema era interconectar todas as NETS entre si, que, a princípio, era como construir um universo de acordo com uma caixa de Legos, com uma pista de autorama, com um jogo de química e com uma casinha de bonecas. Mas esse não era seu único problema. Em setembro de 1973, o grupo voltou a se reunir na Universidade de Sussex. Os ânimos estavam exal-

---

[29] Ryan Singel, "Vint Cerf: Nós sabíamos o que estávamos desencadeando no Mundo", *Wired*, 23 de abril de 2012.

tados. Conseguiram demonstrar uma breve conexão, mista e transatlântica, entre Brighton e Virgínia, encadeando linhas telefônicas dos dois lados do oceano com o sinal de um satélite. Todos ficaram muito contentes. Mas quando Cerf e Kahn apresentaram sua solução ao "problema da internet", os europeus a bloquearam, não por motivos técnicos, mas políticos, especialmente para Pouzin:

Vint e Bob Kahn e provavelmente outros como Yogen Dalal tentaram usar essa estratégia: o pacote seria fragmentado pelo caminho em um número de pacotes que chegariam desordenados, mas usando a mesma janela [de conexão] para controlar a transmissão. Era tecnicamente complexo, e com isso quero dizer inteligente, mas a ideia não agradou. Primeiro, porque pareceu muito complexo implementar e difícil de vender para o mercado. E, segundo, porque misturava no mesmo protocolo duas coisas: as correspondentes à camada de transporte e as que diziam respeito ao protocolo de extremo a extremo. Essa dualidade era politicamente inaceitável, porque essas camadas de sistema deviam ser geridas por dois mundos: as operadoras e a computação. Por isso que não era aceitável em termos de sociologia técnica. Não era possível vender algo que envolvesse o consenso de dois mundos tão diferentes. Não parecia uma boa forma de organizar as coisas, ainda que tecnicamente fizesse sentido.

O problema inicial da internet podia ser resolvido, porque os objetos a serem conectados eram todos computadores programáveis. A principal característica de um computador como esse é que é possível programá-lo para que faça o mesmo que outro da mesma categoria, ainda que um seja um armário de seis portas e outro uma torre de meio metro com um ventilador. O novo problema da internet não era de hardware nem de software, mas de governo. Necessitavam de um código que servisse de ponto de articulação entre os distintos sistemas, mas que ainda mantivesse a separação de poderes entre os donos das infraestruturas e os nós interconectados

dos diferentes países. O TCP dava poder às operadoras sobre a gestão do tráfego. Na Europa, as operadoras eram monopolizadas pelo Estado. Era muito poder.

Pouzin não tinha que imaginar como seria uma internet controlada pelo governo porque na França já havia uma, chamada Minitel.[30] O Ministério dos Correios, Telégrafos e Telefonia Francês (PTT) havia implementado um sistema semelhante ao teletexto que sua própria rede tinha (TRANS-PAC), protocolo de comunicações (CEPT) e até sua própria plataforma de aplicativos externa chamada Kiosk, semelhante ao Google Play e à AppStore. Era um sistema absolutamente centralizado, em que o usuário operava a partir de ridículos terminais, sem capacidade de processamento e de memória. O protocolo era desenvolvido para impedir que os usuários se conectassem diretamente. Era tão barata que o governo a oferecia através da agência dos correios, e tinha programas para fazer a contabilidade, ler as notícias, comprar passagens de trem e preencher os formulários de impostos, um e-mail e um chat popular chamado Minitel Rose, todo armazenado e processado pela rede pública de dados em um único servidor central, propriedade do Estado. Também havia terminais nas bibliotecas, universidade e escolas. No fim dos anos 1980, a Minitel tinha 25 milhões de usuários e mais de 23 mil serviços.

O grupo discutiu sobre as duas versões opostas da comutação de pacotes. A solução Cerf-Kahn era deixar que a rota e a largura da banda da transmissão fossem predeterminadas pela operadora, como uma chamada telefônica. Esse modelo se chamava "circuito virtual". A solução Pouzin Davies era dividir essa responsabilidade entre os nós, que poderiam recalcular o caminho ideal de cada pacote em função do tráfico existente, a largura da banda disponível e o número de nós disponíveis no exato momento; além de ser distribuída, em teoria era muito mais eficiente. Para facilitar o processo, cada

---

[30] Ao ser privatizada, a PTT tornou-se duas companhias: La Poste e France Telecom.

fragmento ou pacote iria conter duas classes de informação: um cabeçalho com seu identificador, lugar de saída, destino e número de ordem e o fragmento da própria mensagem. Pouzin o chamou de "datagrama", um híbrido entre dado e telegrama.

    Cerf lembraria disso como uma guerra religiosa. A revolução informática, nas palavras do teórico Lev Manovich, foi "a substituição de cada constante por uma variável". Enfrentava-se o universo constante dos objetos dos engenheiros de telecomunicações com o mundo em constante mudança dos departamentos de informática. Era hardware *versus* software, uma mudança total de paradigma. O grupo de trabalho não sabia quais tecnologias iriam surgir, quais tipos de computadores haveria e para que iam usá-los no futuro. Tinha que poder evoluir sem estarem otimizadas para nenhum tipo de material, técnica, drivers ou metodologia específica, de forma que uma ou muitas de suas partes pudessem ser trocadas sem alterar sua estrutura fundamental. Os engenheiros das telefônicas estavam acostumados a desenvolver para objetos específicos e problemas concretos. Por exemplo, sustentar uma chamada telefônica intercontinental. Se a rede não estava otimizada para uma função concreta, sobre uma tecnologia concreta, e dependia de muitos fatores, nunca funcionaria bem. A AT&T era a única operadora interestatal nos Estados Unidos. Seu serviço era essencial. Como poderiam garantir o serviço se não podiam controlar todos os aspectos da transmissão, incluindo a gestão do tráfego que circulava por suas redes? Mas também, e principalmente, tudo era uma disputa cara a cara pelo domínio de um mercado emergente: para que iam desenvolver uma infraestrutura se depois não poderiam negociar serviços com as empresas que iam utilizá-la? A AT&T e as operadoras lutavam pelo modelo de circuito virtual, a IBM e o resto de tecnologias pelo modelo datagrama. Uns não queriam renunciar à soberania sobre sua própria infraestrutura e outros não pensavam em deixar passar a oportunidade. Depois de anos de debate, o grupo concordou com a necessidade de proteger o experimento dos interesses das empresas ou países que controlavam a infraestrutura e optaram pelo datagrama. Batizaram a criatura com um nome composto: Protocolo de controle de transmissão/Protocolo de Internet ou TCP/IP.

Para entender como esse protocolo nasceu, é importante saber que seus responsáveis eram um pequeno grupo internacional de cientistas trabalhando com dinheiro público e que seu objetivo era criar uma inteligência coletiva de laboratórios científicos em um momento de grande efervescência, depois da Segunda Guerra Mundial. O livro da moda era *A estrutura das revoluções científicas* de Thomas Kuhn, que argumenta que os laboratórios são os lugares onde se produz ciência "normal": os modelos são testados, as teorias são geradas e os paradigmas são estabelecidos; mas que a ciência extraordinária, os saltos quânticos da ciência ocorrem no atrito entre laboratórios, e dos paradigmas entre cientistas, especialmente quando têm diferentes especializações. "Nenhum processo histórico até agora descoberto pelo estudo do desenvolvimento científico em nada se parece com o estereótipo metodológico da demonstração da falsidade por meio da comparação direta com a natureza. Pelo contrário, é precisamente o incompleto e o imperfeito do ajuste entre a teoria e os dados o que define muitos dos enigmas que caracterizam a ciência normal." Com esse espírito recente da interdisciplinaridade, o grupo estava convencido de que interconectar todos os diferentes gênios de seus respectivos países seria tão significativo para a prosperidade e bem-estar da humanidade como uma ferrovia, a eletricidade ou os antibióticos. Pelo menos para o bloco aliado. A rede devia ser projetada à prova de monopólios, sem beneficiar um tipo de informação sobre a outra, ou de um usuário sobre o outro. Deveria ser também à prova de fascismo. A história mais recente havia demonstrado que não bastavam as boas intenções se elas não estivessem codificadas no design fundacional do sistema. Era preciso se planejar para o inimaginável e também para o pior. A solução Pouzin se apresentava como uma proteção contra as mudanças políticas, a vida e morte das grandes empresas e a passagem do tempo. O tráfego não seria gerenciado por apenas uma organização, nem teria apenas um ponto de acesso, nem dependeria de apenas uma legislação. Era pensado para ser à prova de fascismos e de revoluções. Em 1975, apresentaram seu protocolo perante a Comissão Consultiva Internacional Telefônica e Telegráfica que estabelecia os padrões internacionais. Seus especialistas eram todos engenheiros de telecomunicações das grandes telefônicas, e a instituição o recusou. Cerf ficou tão aborrecido que renunciou à presidência do grupo, foi embora de Stanford e começou a trabalhar para a ARPA. Pouzin reclamou tanto que perdeu o financiamento de CYCLADES. Hubert Zimmermann propôs à Comissão o desenvolvimento de outro protocolo. Assim nasceu o modelo de interconexão de sistemas abertos, mais conhecido como OSI. Os que antes tinham sido colaboradores se tornaram rivais.

Teoricamente, a internet deveria ter sido OSI. Tinha o apoio das operadoras, dinheiro público, a legislação, a Comissão de apoio. Tinha até mesmo o apoio do governo dos Estados Unidos, que preferiu encerrar a ARPANET a brigar com a AT&T. Tinha Charles Bachman como presidente, um gênio da gestão de bases de dados que tinha acabado de receber o prêmio Turing. Mas era preciso também que as operadoras, ministério e tecnológicas da Europa, América do Norte e Ásia chegassem a um acordo. Um galinheiro em que todos os galos queriam dominar o celeiro. Em 1984 publicaram o "Modelo de Referência para a Interconexão de Sistemas Abertos", e todo mundo começou a trabalhar. Nasceram a rede JANET na Inglaterra, DFN na Alemanha, SUNET na Suécia, SURFnet nos Países Baixos, ACOnet na Áustria e SWITCH na Suíça, seguidas da RedIRIS na Espanha e GARR na Itália. Depois o OSI começou a se atrasar. "Imagine ter que fazer concordarem entre si os representantes de dez grandes empresas de tecnologia que são concorrentes, dez grandes operadoras telefônicas e monopólios estatais e os especialistas de dez países diferentes?", lamentou-se Bachman em um congresso. No começo dos anos 1990, o desenvolvimento estava estagnado.

O protocolo X.25 para o qual todos os países tinham adaptado suas placas, máquinas e serviços era deficiente na transferência massiva de dados ou conexões remotas. Os programas eram ruins ou caros, os custos de conexão internacional eram extremamente altos.[31] Do outro lado do oceano, a ARPANET já tinha 160 mil redes e começava a transcender o entorno acadêmico-militar para se converter em um fenômeno social.

Tecnicamente, a internet nasceu na noite de fim do ano de 1983, ainda que todo mundo se lembre desse dia apenas como a noite em que Michael Jackson estreou *Thriller*. Nessa noite, a ARPA deixou o protocolo original ARPANET, obrigando o restante das redes a adotarem o TCP/IP ou ficarem fora do sistema. Podiam fazer o que quisessem. Tinham dinheiro do governo e não precisavam negociar com nenhum país ou empresa. Começaram com quinze redes. Três anos depois, eram quatrocentas. Os computadores usavam um sistema operacional chamado UNIX, que tinha sido criado por engenheiros da Bell Labs, mas um estudante do Departamento de Computação da Universidade de Berkeley, chamado Bill Joy, tinha criado sua própria distribuição, com a licença Berkeley Software Distribution, ou BSD. Para desenvolver a rede, a ARPA comprou a licença da Bell Labs, mas ficou com a distribuição da Berkeley, que logo se tornou um padrão na época. Em 1981, Cerf pediu a Joy que fizesse uma distribuição especial de UNIX, seu protocolo. Um ano depois, Joy fundava a Sun Microsystems. Sua primeira estação de trabalho foi um UNIX modificado para TCP/IP.

A ARPA financiou muitas instituições para que instalassem o UNIX modificado em seus equipamentos e entraram no sistema. Durante o processo, surgiram soluções duradouras para problemas futuros. ALOHANET, uma estrutura supercentralizada dos anos 1970 que conectava a Universidade do Havaí com as ilhas, não por cabo, mas por rádio, criou um

---

[31] Sobre essa guerra transatlântica, a referência mais completa está em Russel, *Open Standards and the Digital Age, op. cit.*

sistema inteligente de gerenciamento de colisões e meios compartilhados que logo se tornou o protocolo de Ethernet. Nem todo mundo podia estar na ARPANET, era preciso ser convidado. Como não foram convidados, os estudantes da Universidade de Duke criaram em 1979 a USENET, "a ARPANET dos pobres". "Partia-se do princípio de que para se unir à ARPANET era preciso ter conexões políticas e 100 mil dólares — explicava Stephen Daniel, programador da rede.[32]

Não sei se era verdade, mas estávamos tão distantes de ter conexões ou esse dinheiro que nem tentamos." No começo, era uma rede comunitária para entusiastas da UNIX. Para entrar, só era preciso ter acesso a um computador com UNIX e um discador automático de fabricação caseira. Fora do contexto militar, o ambiente era completamente diferente. "USENET era organizada em torno dos grupos de discussão, onde o receptor controla o que recebe — explica Daniel. ARPANET estava organizada em torno de listas de e-mails, onde há um controle central para cada lista que potencialmente controla para quem e qual material é transmitido. Ainda assim, prefiro o modelo centrado no leitor." Em seus grupos de notícias que foi compartilhado pela primeira vez o código-fonte de alguns dos pilares da rede, desde a World Wide Web ao kernel do Linux. Foi a inspiração para os canais IRC e dos primeiros movimentos sociais on-line. Comparada com o modelo OSI e TCP/IP, a USENET era a verdadeira rede aberta democrática e neutra. Isso se esquecermos por um momento que todos eram homens entre vinte e trinta anos, programadores brancos de classe média/alta com acesso a um computador e uma linha telefônica.

A questão do acesso estava perto de ser resolvida. Enquanto os loucos da computação resolviam o problema dos padrões e da interoperatividade, a indústria de computadores vivenciava seu próprio salto quântico. Gordon Moore havia

---

[32] Michael e Ronda Hauben, *Netizens: On the History and Impact of Usenet and the Internet*, prefácio de Thomas Truscott, John Wiley & Sons, 1997.

deixado a Fairchild Semiconductors para montar a Intel Corporation com Robert Noyce em 1968, prevendo que "a complexidade dos circuitos integrados se duplicaria a cada ano com uma mensurável redução de custos". Durante várias décadas, a Lei de Moore foi a única coisa estável em um mundo em constante aceleração. A Intel lançou o primeiro miniprocessador de quatro bits em 1971 para uma linha de calculadoras da empresa japonesa Busicom, o que reduziu consideravelmente o tamanho dos computadores. Em 1974, inaugura-se a era do computador pessoal com o Intel de 8 bits com o Altair 8800.

## IBM PC: construa seu próprio computador

O Altair 8800 foi a capa de janeiro da *Popular Electronics*, revista especializada para técnicos em eletrônica. Trazia o primeiro barramento de dados (S-100 bus), uma placa de circuito desenvolvida para conectar outros componentes do computador. Trazia também o Altair BASIC, desenvolvido por Bill Gates e Paul Allen. Gates gosta de contar que, quando viram aquele computador na capa da revista, correram para fundar a Microsoft. A Apple lançou seu primeiro computador de produção em massa em 1977. O Apple II tinha monitor em cores e um inovador software de planilha eletrônica chamado VisiCalc, e, apesar de seu preço, fez muito sucesso nos escritórios. Nas casas, imperava o Spectrum, o Amstrad e especialmente o Commodore 64, que até hoje é o modelo de computador mais vendido de todos os tempos, provavelmente porque trazia muitos jogos. Em 1981, enquanto Steve Jobs tentava produzir o primeiro computador com interface gráfica de usuário e mouse, a IBM estourou no mercado com um computador genérico, fabricado com peças produzidas por outros fabricantes em outros países. Era diferente de tudo. Foi chamado de IBM PC.

A Gigante Azul tinha sido durante décadas o maior monopólio tecnológico. Seus enormes computadores eram o padrão do mercado. "Ninguém é demitido por comprar um IBM", diziam. E era verdade. Durante seus setenta anos de vida, tinham exercido um controle absoluto sobre o produto, que ocupava cômodos inteiros, custava milhões de dólares e trazia dezenas de engenheiros da IBM dentro, porque ninguém mais sabia como operá-lo. Como explicava Pepe Cervera, "aqueles computadores usavam programas da IBM em um sistema operacional da IBM com formatos da IBM para realizar cálculos com algoritmos de propriedade da IBM através dos circuitos lógicos e de memória da IBM".[33] Fabricavam até o último parafuso do último móvel que armazenavam suas máquinas e escreviam até o último ponto e vírgula de cada linha do código. O IBM não era compatível com nada que não fosse IBM. Sua cultura empresarial girava em torno dos grandes projetos para os grandes clientes, como o Departamento de Defesa. A revolução dos microprocessadores os transformou em dinossauros da noite para o dia. De repente, eles eram muito lentos para competir com a Hewlett-Packard, com a Texas Instruments e a Data General. Os chefes esperavam que "a moda passasse". "Esperar que a IBM faça um computador pessoal é como ensinar um elefante a dançar", diziam. Bill Lowe, diretor de laboratório da IBM, convenceu a outros diretores que sim, podiam fazê-lo, mas não dentro da cultura da empresa. Deram-lhe um ano para produzir um protótipo. Lowe reuniu um grupo de engenheiros de Boca Ratón, onze homens e uma mulher.[34] Chamaram-no *The Dirty Dozen*.[35] Em um mês, tinham uma proposta: era preciso abrir o projeto a outros fabricantes e desenvolvedores. E, para isso, teriam que abrir sua própria arquitetura. Era um escândalo absoluto e ao mesmo tempo a única opção.

---

[33] José Cervera, "IBM PC: 35 anos de revolução informática", *eldiario.es*, 21 de agosto de 2016.

[34] Patty McHugh, a mãe das placas-mães.

[35] Em referência ao filme de 1967, *Os doze condenados*.

O "computador pessoal" era um Frankenstein composto por um processador central, um sistema operacional para reconhecer e inicializar o hardware (BIOS), uma memória sólida para o processamento da informação (ROM) e uma memória alternativa para armazenar informação (*floppy disk*). Tinha uma placa-base e um sistema operacional de software chamado QDOS. No lugar de fabricar cada uma das partes, deixariam que terceiros fizessem isso. O sistema operacional era da Microsoft rebatizado como PC-DOS e vendido separadamente posteriormente como MS-DOS. Também tinha programas de contabilidade, processador de texto e até um joguinho. O processador era um Intel 8088, como todos os chips de suporte da placa-mãe. Os chips de memória eram de terceiros, a placa de vídeo da Motorola, o monitor e o teclado eram reciclados de outros modelos da IBM. Junto com o computador, publicaram o Manual de Referência Técnica do IBM PC, com os diagramas esquemáticos dos circuitos, o código-fonte da BIOS e os detalhes técnicos de cada um dos seus componentes. As primeiras cópias demoraram menos de um ano para sair no mercado.

A IBM tinha exclusividade do design da BIOS, o código que serviria de articulação com o hardware dos outros fabricantes, cuja propriedade intelectual esperava explorar o novo mercado que tinha sido criado. Não calcularam quão fácil seria adivinhá-lo. Com todos os detalhes técnicos expostos, os concorrentes isolaram rapidamente as características principais de seu sistema central e as reproduziram sem pagar pelos direitos. Logo o PC era o padrão do mercado, e uma nova frota de fabricantes especializados começou a produzir software e periféricos para ele. Apesar das cópias, a IBM não se saiu tão mal. Em janeiro de 1983, em algum lugar do mundo, um PC era vendido por minuto. A Gigante Azul recuperou o domínio do mercado e os usuários ganharam acesso ao mundo da experimentação informática. Qualquer um poderia construir seu próprio equipamento, entender seu funcionamento, fazer reparos e modificações trocando peças de diferentes fabricantes para melhorar seu rendimento. Mas ninguém se beneficiou mais nesse processo do que a Microsoft.

A IBM havia encarregado a produção do sistema operacional a Bill Gates, para que pudessem se despreocupar completamente com o cliente de desktop. Tiveram problemas de propriedade intelectual com outros fabricantes de software e queriam se eximir completamente dessa responsabilidade. Quando o PC se tornou o padrão do mercado, a separação de poderes permitiu que a Microsoft vendesse o mesmo software a fabricantes diferentes, que resultou no que já sabemos. Até então, o monopólio da IBM tinha sido a baleia branca da Apple, mas seu arqui-inimigo havia se transformado em algo muito mais perigoso. Steve Jobs atacou a nova Hidra com seu famoso comercial *1984*, dirigido por Ridley Scott. Estava claro que a IBM era o *Big Brother* e o software genérico da Microsoft seus aprendizes. E a Apple era a bela atleta loura com o disruptivo martelo da revolução.

Celebramos hoje o primeiro glorioso aniversário das Diretrizes sobre a Purificação da Informação. Pela primeira vez na história, criamos um jardim com uma ideologia pura, onde cada trabalhador pode florescer, protegido das pragas originadas de pensamentos conflitantes. Nossa Unificação do Pensamento é uma arma mais poderosa do que qualquer frota ou exército na Terra. Somos um povo uma vontade, uma resolução, uma causa. Nossos inimigos discutirão até a morte, e nós vamos enterrá-los em sua própria confusão. Nós venceremos!

No comercial, a Apple conseguiria que 1984 não fosse como *1984*, mas o combo PC-Windows prevaleceu; e, com a chegada de centenas de milhares de equipamentos nas casas e escritórios de milhares de pessoas, a internet deixava de ser uma rede restrita a acadêmicos internacionais para ser a terra das oportunidades. Em janeiro de 1983, a "pessoa do ano" da revista *Time* foi o computador. "O eterno romance estadunidense com o carro e a televisão está se transformando em uma paixão vertiginosa pelo computador pessoal [...] o resultado de uma revolução tecnológica que está sendo preparada há décadas e que agora está, literalmente, desembarcando nos lares."

## A internet entra no mercado

Quando o primeiro protocolo foi apresentado, Vince Cerf pensava que a "ARPANET era um projeto de pesquisa e que provavelmente não passaria de 128 redes". No fim de 1985, já havia 2 mil computadores conectados por TCP/IP. Em 1987 eram 30 mil e em 1989, 159 mil. A divisão militar da ARPANET se separou do projeto em 1984, alegando questões de segurança. Nesse momento, a internet exigia um enorme e desproporcional investimento de dinheiro público para uma rede experimental entre departamentos de física e computação. Foi reconfigurada como National Science Foundation's Network (NSFNET), uma rede acadêmica em nível nacional que conectaria todas as universidades. O projeto custou 200 milhões de dólares pagos com dinheiro público. Foi criada uma estrutura com cinco nós nos cinco centros de supercomputação, a primeira *backbone* da internet. Mas a rede crescia e crescia além de suas possibilidades. Era preciso investir mais ou morreriam sem sucesso.

A política de uso aceitável que foi imposta à NSFNET limitava a rede a um uso estritamente acadêmico, educacional e científico. Teoricamente, não era possível terceirizar sua infraestrutura ou se conectar a nenhuma rede comercial. Quando surgiu uma tecnologia chamada fibra óptica, que em todos os aspectos é superior ao cobre, não puderam contratá-la nem implementá-la sem pedir muito mais dinheiro. Nem sequer puderam contratar empresas emergentes de serviços especializados que interconectassem umas redes com outras em espaços onde o aluguel e a luz são baratos. A política de uso aceitável não tinha muitas vantagens, e logo foi trocada pela High Perfomance Computing and Communication Act de 1991, assinada por George W. Bush, conhecida como Lei Gore, porque foi promovida principalmente pelo progressista democrata Al Gore. A lei destinaria 600 milhões de dólares para a criação de uma nova Rede Nacional de Pesquisa e Educação que uniria "indústria, academia e governo em um esforço conjunto para acelerar o desenvolvimento de uma rede de banda larga". A internet começava a sair do nicho acadêmico para estar a serviço da sociedade civil.

Anos mais tarde, em sua única campanha para a presidência em que competiu com George W. Bush, Al Gore chegou a dizer que ele havia criado a internet. Não foi um comentário muito feliz e ele recebeu muitas críticas, especialmente de seu rival. Mas Gore não queria dizer que ele havia inventado a comutação de pacotes nem a fibra óptica, mas que havia transformado a experiência acadêmica na "estrada da informação". Tinha se inspirado no trabalho de seu pai, que tinha desenvolvido a Lei Nacional de Estradas Interestaduais e de Defesa, de 1956. Daí a metáfora das "estradas" que dominou a primeira época da internet. Graças a Gore pai, Eisenhower destinou na época 26 milhões de dólares para construir estradas que conectassem os estados de forma eficiente e segura. O Modelo Ford T democratizou o acesso a carros, e, com a nova infraestrutura, o governo tinha democratizado o ato de dirigir. O IBM PC era o Modelo T da revolução informática e Gore Jr. queria democratizar a interconexão, mas a democratizou colocando dinheiro público nas mãos de operadoras privadas. O empresário William Schrader, que pediu empréstimos a prazo e vendeu seu carro para montar o primeiro provedor comercial regional de internet nos Estados Unidos, acusou a NSF de dar um parque nacional a Kmart.

Um ano depois, como vice-presidente do governo de Bill Clinton, Al Gore declarou na National Press Club que "as estradas da informação serão construídas, pagas e financiadas pelo setor privado". Nas 48 horas seguintes, o Comitê Nacional Democrata recebeu 15 mil dólares de Sprint; 70 mil da MCI, 10 mil da U.S West e 25 mil da NYNEX, as duas últimas partições da AT&T. O *backbone* da NSFNET sai dos centros de supercomputação e cai nas mãos de quatro empresas: a MAE-East, em Washington; a Sprint, em Nova Iorque e outras duas partições da AT&T: Ameritech, em Chicago, e a Pacific Bell, na Califórnia. A mudança foi significativa: existem quatro nós na nova rede que concentram muito mais poder que os outros. A comutação de pacotes continuava sendo distribuída, mas existiam quatro empresas que decidiam quem se conectaria, seguindo seus próprios interesses e parcerias. Em 1994, o Instituto Nacional de Padrões e Tecnologia aconselhou abandonar definitivamente o projeto OSI e se unir a Rede de redes unidas pelo TCP/IP. Em 1995, a NSFNET desapareceu e com ela o sonho dos anos 1960 de uma rede distribuída. Mas ela renasceria como internet.

Em 1996, ainda que a internet tenha deixado de ser o projeto de um grupo de cientistas para fazer do mundo um lugar melhor, ela permaneceu sendo uma rede de propósito geral. O detalhe não é banal. Foi o que permitiu a mudança do cobre da linha telefônica pelo cabo de fibra óptica sem precisar reconstruir a rede inteira. E, depois, mudar o protocolo de transmissão de dados por outro criptografado. Sua conhecida "abertura radical" permitiu a evolução dos conteúdos e os formatos, do e-mail à realidade virtual. Foi isso o que nos contou o cientista da computação David Clark, em 2016.

Nos primeiros anos, a internet era basicamente e-mail, e quando te perguntavam se você tinha internet, queriam saber se você tinha um endereço de e-mail. O e-mail é um aplicativo pouco exigente, e se a internet tivesse se dedicado muito a sustentá-lo (coisa que quase aconteceu), a [World Wide] web poderia não ter surgido. Mas a internet triunfou e sua posterior existência ao e-mail fez os engenheiros lembrarem a importância de ter um propósito geral. Mas esse ciclo se repete e o surgimento do áudio e vídeo por *streaming* no início dos anos 2000 pôs à prova o caráter genérico de uma internet que havia se recomposto com a presunção de que agora era a internet — e não o e-mail — o aplicativo estrela. Hoje o *streaming* de áudio e vídeo de alta qualidade são o motor que conduzem o constante recalcular da internet, e é tentador assumir mais uma vez que agora sabemos para que ela foi desenvolvida, e otimizá-la com esse propósito. O passado nos ensina que devemos estar sempre alertas para proteger o princípio da universalidade da internet, e dar lugar ao futuro, inclusive quando enfrentamos as necessidades do presente.[36]

Pouco antes da privatização da nova rede, um jovem físico britânico se frustrava tentando trabalhar com diferentes bases de dados concentradas no Laboratório Europeu de Física Nuclear de Genebra, o primeiro nó europeu da internet.

## Tim Berners-Lee: a internet é para todos

"As pessoas que vinham trabalhar na CERN vinham de universidades de todas as partes do mundo e com elas vinham todo tipo de computadores — conta Tim Berners-Lee. Não eram apenas Unix, Mac e PC; tinha todo tipo de computadores mainframes de médio porte executando todos os tipos de softwares. Era preciso fazer logon em computadores diferentes para acessá-lo e, às vezes, era preciso aprender um programa diferente em cada computador. Então, descobrir como as coisas funcionavam foi uma tarefa muito difícil."

Como seus outros colegas, Berners-Lee estava cansado de escrever programas para converter documentos de um programa para outro. Faltava uma nova camada que fosse comum

---

[36] David D. Clark, "The Contingent Internet", *Daedalu,* The MIT Press Journals, 145(1), janeiro de 2016, pp. 9-17.

a todos os sistemas, um "sistema de informação imaginário" que fosse nativo da nova rede e que todo mundo pudesse ler e escrever. Em resumo, era preciso ter uma biblioteca. Nos dois anos seguintes, tentando resolver o problema de uma vez por todas, ele criou de forma independente a arquitetura da rede que usamos agora. Primeiro, inventou uma linguagem de marcação chamada hipertexto (HTML), um sistema que permitiria organizar a informação para que fosse lida na tela através de rótulos descritivos, como se fosse a página de um livro. Mas como era uma página da web, o chamou de página web. Toda a informação da internet que quisesse ser compartilhada poderia ser convertida para HTML e depositada na memória de alguns computadores dedicados, como se fossem estantes. Esses repositórios cheios de páginas HTML seriam chamados de servidores web. Para a comunicação entre os servidores e o computador que quisesse acessar suas páginas, criou um protocolo de transferência de hipertexto (HTTP). Cada página web teria um endereço (Uniform Resource Locator) para poder encontrá-la, ainda que também fosse possível acessá-la a partir de qualquer outra página web, graças a um interlocutor interno chamado hiperlink. Assim, seria possível ir de uma página a outra e de servidor a servidor da mesma forma que um pesquisador passa de referência em referência e de livro em livro. Havia muitos servidores em muitas instituições em muitas partes do mundo, mas uma só biblioteca. Berners-Lee a apresentou em 6 de agosto de 1991 no grupo de discussão da USENET, chamado alt.hypertext. Pediu a colaboração da comunidade para colocá-la em funcionamento. Batizou-a de World Wide Web.

É impossível estimar o impacto desse momento. Antes da web, a internet era basicamente três coisas: e-mail, grupos de notícias[37] e uma forma de entrar de modo remoto em outros

---

[37] A USENET era um grupo de usuários (*users net*) que publicavam mensagens classificadas por categorias para gerar debates sobre temas concretos. Criado em 1979, é considerado o primeiro serviço de comunicação em massa da internet.

computadores para espiar as bases de dados das universidades e centros de pesquisa. Tudo era texto, linha de comandos e programas como o WAIS ou Gopher, um buscador pré-histórico baseado em um código de caracteres herdado da telegrafia chamado ASCII. A internet não era para todos; era somente para aqueles que sabiam usar um painel de texto e teclar os comandos adequados. Esse mundo foi criado por Tim em um verão, mas ele não o inventou sozinho. Os conceitos de hipertexto e hiperlink tinham sido desenvolvidos por Ted Nelson, Nicole Yankelovich, Andries van Dam e Douglas Engelbart, que também tinha criado uma interface que podia ser usada de forma simples graças a um mouse. O assunto estava tão quente que a Universidade da Carolina do Norte realizou um congresso chamado: Hypertext'87. Todos os participantes tinham lido o famoso ensaio que foi publicado por Vannevar Bush na *Atlantic* em julho de 1945, chamado "As we may think".

    O ensaio tratava da utilidade da ciência, e é ainda mais fascinante porque foi publicado apenas um mês antes do lançamento das bombas atômicas sobre Hiroshima e Nagasaki. Vannevar Bush era o chefe do Gabinete de Pesquisa e Desenvolvimento Científico e o primeiro responsável pelo projeto Manhattan. O texto não fala sobre a bomba, mas, entre os muitos inventos propostos, tem-se uma máquina chamada Memex, "uma espécie de biblioteca mecânica" onde seria possível guardar todos os seus livros, discos e comunicações, e que estaria "preparada para que as consultas fossem feitas da forma mais rápida e eficiente, como uma extensão íntima de sua memória". Parece que estamos falando do iPhone, mas logo depois fica parecendo *Minority Report, vintage edition*. "É como um escritório que pode funcionar à distância [...] na parte de cima existem telas translúcidas onde são projetados materiais para leitura. Tem um teclado e um jogo de botões e manivelas. No mais, parecia um escritório normal." Os materiais (livros, discos etc.) são comprados em microfilme e descarregados no escritório. "Se o usuário quer consultar algo, tecla o código no teclado e o livro aparece projetado diante de si." As manivelas servem para mover o texto como uma barra mecânica de deslocamento. Se movimentada para baixo, a página desce; se descermos e pressionarmos um pouco para a direita, mudamos de página. Quanto mais para a direita, mais páginas são passadas: dez páginas, cem páginas. A navegação do Memex já era melhor que a do Kindle. "Todos os livros que forem consultados podem ficar abertos na página que você quiser para serem lidos depois. É possível acrescentar anotações e comentários."

"Tudo isso é o básico", Bush dizia de forma modesta, à exceção das projeções/telas e principalmente o que ele chamava de *indexador associativo*, "onde qualquer objeto é suscetível de ser marcado para selecionar imediata e automaticamente outro objeto diferente". O autor considera que esse processo de vincular dois objetos é a verdadeira inovação do Memex. Essa parece ter sido a inspiração de Tim Berners-Lee e de praticamente tudo que aconteceu nas décadas seguintes, desde a blogosfera até o Twitter, passando pelo buscador mais popular do mundo. É quase possível dizer que o mundo ainda está tentando se atualizar com Vannevar Bush.

Suponhamos que o dono da Memex esteja interessado na origem e propriedades do arco e flecha. Especificamente, estuda o porquê de o arco curto dos turcos ser aparentemente superior ao arco longo dos britânicos nas batalhas das Cruzadas. Existem dezenas de livros e artigos potencialmente relevantes em seu Memex. Primeiro, revisa a enciclopédia, encontra um artigo interessante, mas superficial, e o deixa separado. Depois, em um [livro de] história, encontra outro artigo pertinente e os conecta. E assim vai construindo uma cadeia de objetos. Ocasionalmente insere algum comentário de suas coletas, linkando ao fio principal ou juntando-o como um novo fio associado a um dos objetos. Quando se torna evidente que a disponibilidade de material elástico tem muito a ver com o arco, se bifurca em um fio lateral que o leva através de livros sobre elasticidade e tabelas de constantes físicas. Insere sua própria análise escrita à mão sobre o assunto, construindo assim um fio com seus interesses que percorre o labirinto de material disponível.

No mesmo texto, Bush observa que muitas das maravilhas do mundo moderno já tinham sido inventadas. Por exemplo, o computador, nem Leibnitz nem Babbage puderam construir um porque não havia avanço tecnológico que permitisse isso, como o sistema de produção distribuído e a indústria de produção em massa que tornaram possível o Palácio de Cristal. "Se houvessem dado a um faraó as especificidades e o design exato de um carro, e ele conseguisse compreendê-los completamente, seria preciso todos os recursos de seu reino para construir as muitas partes de apenas um carro, e esse carro teria quebrado em sua primeira viagem a Gizé." Também acreditava que seu escritório indexador faria aparecer "novas formas de enciclopédias, cruzadas por vários fios associativos, prontas para serem incluídas no Memex e ampliadas".

Bush foi sem dúvida uma das mentes mais brilhantes de sua época, uma mente intuitiva e visionária. Quando ele tentou patentear uma versão anterior do Memex, chamada Rapid Selector, levou um balde de água fria do escritório de patentes: isso já havia sido inventado em 1927 por um cientista israelense chamado Emanuel Goldberg, que ainda por cima também tinha patenteado um buscador. E também era amigo de Paul Otlet, hoje considerado o pai das ciências da informação, inventor de uma rede internacional de bases de dados que permitiria a qualquer um navegar por um repositório de livros, artigos, fotografias, discos, exposições e filmes armazenados em um microfilme graças a "telescópios elétricos", como uma projeção em nível planetário que refletiria o mundo em tempo real, porque toda criação seria instantaneamente registrada e armazenada para ser compartilhada no mesmo momento em que fosse produzida. "À distância, todo mundo poderá ler textos, ampliados e limitados ao tema desejado, projetados em uma tela individual. Assim, qualquer um do seu próprio sofá poderá desfrutar a obra inteira ou suas partes." Inclusive poderia "participar, aplaudir, agradecer ou cantar em coro". Tudo isso foi publicado em 1935, em um livro chamado *Monde*.

Goldberg e Otlet não apenas se escreviam, mas também se encontravam em reuniões internacionais nas quais eram discutidas as novas tecnologias de transmissão de conhecimento. Em 1936, concordaram com H. G. Wells, que já imaginava uma espécie de inteligência coletiva em seu ensaio, *World Brain*. "Toda a memória humana pode ser, e provavelmente será dentro de pouco tempo, acessível a cada indivíduo. Pode ter ao mesmo tempo a concentração de um animal vertebrado e a vitalidade difusa de uma ameba." As ideias existem sempre em todas as partes e talvez por isso Tim Berners-Lee tenha decidido colocar sua invenção em domínio público, para benefício de todos. Como enfatizou nas duas décadas seguintes, a web era muito importante para ser deixada nas mãos do mercado. Em 30 de abril de 1993, o CERN publicou um comunicado dizendo que "a Word Wide Web, de agora em diante chamada W3, seria um sistema de informação global interconectado [...]. As webs podem ser independentes, ou podem ser um subconjunto de outras ou um superconjunto de muitas. Podem ser locais, regionais ou mundiais. Os documentos disponíveis em uma web podem estar hospedados em qualquer computador que faça parte dessa web". Ao mesmo tempo, o Centro Nacional de Softwares de Supercomputadores dos Estados Unidos lançou o Mosaic, um navegador gráfico para navegar com os cliques de mouse. A primeira versão para UNIX fez tanto sucesso que em dois meses lançaram outra para PC e Macintosh. Um dos seis principais programadores era um estagiário chamado Marc Andreessen, que no ano fundou sua própria empresa para lançar o Netscape Navigator, o primeiro navegador comercial.

Berners-Lee se mudou-se para o MIT em Massachusetts e fundou o World Wide Web Consortium (W3C), uma instituição dedicada a proteger os padrões abertos de sua criatura. Deixou conectado ao CERN um pequeno cubo de NeXT, a empresa criada por Steve Jobs quando foi demitido da Apple. Tinha um adesivo com um texto escrito em laranja brilhante: "Esta máquina é um servidor. NÃO DESLIGUE!!". Esse primeiro servidor web, que hoje está exposto no Museu de Ciência do CERN, é a semente de um dos fenômenos mais poderosos de nosso tempo: a nuvem.

## Quilômetros de fibra óptica para recolonizar o mundo

A Lei de Telecomunicações de 1996 libera radicalmente o mercado das telecomunicações nos Estados Unidos, eliminando toda restrição sobre fusões, aquisições, propriedades ou negócios cruzados. Elimina as fronteiras entre as emissoras de rádio e televisão, a TV a cabo, os serviços telefônicos, os serviços de internet e o desenvolvimento de infraestrutura. Todo mundo pode criar e vender o que quiser, ao mesmo tempo: serviço telefônico, cabo, espectro eletromagnético, todos contra todos. A lei foi aprovada no Congresso e no Senado por unanimidade. Depois de assinada, Bill Clinton prometeu que "estimulará o investimento, incentivará a competição e proverá o livre acesso de todos os cidadãos à Estrada da Informação". As grandes empresas iniciam um período de fusões e aquisições que as tornaria ainda maiores, o que consolidaria grandes monopólios; outras se endividariam até o pescoço ampliando suas infraestruturas. Foi a época do Oeste selvagem, e da Declaração de Independência do Ciberespaço escrita por John Perry Barlow, lida em Davos em 8 de fevereiro do mesmo ano. O documento fundacional do cypherpunk foi escrito para dizer ao FMI, ao Banco Mundial, à Organização Mundial do Comércio, ao Banco de Compensações Internacionais, às Nações Unidas, à OCDE e ao resto de participantes do Fórum Econômico Mundial que a rede não podia ser regulada. Que a rede era LIVRE. "Eu declaro um espaço social independente construído por nós, de natureza independente, da tirania que nos é imposta. Nenhum de vocês têm o direito moral de governar sobre nós, nem ferramentas para nos fazer temer." Pensavam verdadeiramente que iam ser os próprios programadores, os veteranos barbudos dos departamentos de computação, os hippies desalinhados de Berkeley e não os militares nem as telefônicas que iam colonizar esse novo espaço. Que surgiria uma nova classe de colono e que seria fiel ao espírito aberto e descentralizado da internet. Esse é o mito fundacional do Vale do Silício, a famosa cultura californiana que permeia todas as manifestações públicas das empresas mais poderosas do mundo. John Perry Barlow estava tão errado que passou o resto da sua vida brigando contra os colonos que conquistaram o mercado e monopolizaram o espaço com ferramentas que lhe deram muitos motivos para temer. Esse foi e ainda é o trabalho da Electronic Frontier Foundation, a organização fundada em 1990 e que continua sendo um dos pilares da luta pelos direitos civis on-line.

Em retrospectiva, o cabo parecia um investimento seguro. A internet ia mudar tudo e ter um pedaço de propriedade no novo império era crucial, custasse o que custasse. Várias empresas pediram empréstimos milionários para adaptarem o mundo com fibra óptica, incluindo os cabos submarinos que conectam os continentes. Pensavam que a demanda ia triplicar a cada ano e que logo pagariam suas dívidas e recuperariam seus investimentos. Mas uma das perversões do mercado é que todo mundo quer oferecer o mesmo serviço. "Todos decidiram estender um monte de cabos submarinos ao mesmo tempo, praticamente todos fazendo o mesmo caminho", explicou em uma conferência Tim Stronge, pesquisador da empresa de cartografia técnica TeleGeography. Ao mesmo tempo, foram liberando mais cabos do que o mercado podia absorver. Saturaram as grandes cidades enquanto as zonas com comunicação ruim tiveram sua primeira ruptura digital. Com o excesso de concorrência e a falta de demanda, os preços caíram e o mercado inteiro quebrou. Em 2001, quando a bolha estourou, apenas 5% da fibra instalada era usada. As grandes operadoras estatais e as grandes empresas viveram para contar e privatizar o espólio. A dívida combinada era de 3 bilhões de dólares.

Curiosamente, hoje em dia esse episódio é comemorado como o desperdício que tornou possível a era da informação. Embaixo das cidades existe um excesso monumental de fibra óptica subutilizada, o que se chama de fibra escura e que serve como infraestrutura disponível para quem possa pagá-la. De certa forma, aquela febre do ouro não foi muito diferente da do telégrafo ou da ferrovia. No capitalismo selvagem não existe revolução sem bolha. O mercado distribuiu a responsabilidade e os custos de seu desenvolvimento para em seguida centralizar novamente os benefícios. Muitos pagaram pela infraestrutura e poucos ficaram com ela depois. A rede ficou nas mãos de alguns monopólios e a dívida foi redistribuída entre os contribuintes e futuros usuários.

Quando foi constituída, a União Europeia estabeleceu janeiro de 1998 como data-limite para a desregulamentação das telecomunicações com prorrogações para Espanha, Portugal, Grécia e Irlanda, que foram os países mais afetados pela grave crise econômica de 1993. O famoso relatório de Martin Bangemann, comissário responsável pela área de Telecomunicações na Europa, garantia que privatizar era a única via para o progresso. As administrações públicas não podiam continuar pagando o desenvolvimento da tecnologia sem roubar recursos da cultura, da educação ou da saúde, afirmava o relatório. Também não podiam fazer sangrar a sociedade civil com novos impostos. Por outro lado, os países da União Europeia não podiam ficar na sarjeta da estrada da informação. Era preciso privatizar as operadoras estatais e fazer que elas competissem entre si, pelo bem do consumidor. Depois de assinar documento, no ano de 1997, Martin Bangemann passou a fazer parte do conselho de administração da Telefônica, que José María Aznar tinha acabado de privatizar sem passar pelo Congresso. Naquele momento, só restavam 20,9% da empresa pública para o Estado. Em 1995, Felipe González já tinha vendido a divisão de instalações de telecomunicações Sintel, com filiais na América Latina e África, para a família cubana-estadunidense Mas Canosa, dona da MasTec. Vendeu a máquina de instalar cabos por 4,9 milhões de pesetas um ano depois de ter investido 5 milhões de dinheiro público e na antessala da bolha do cabo. A companhia dos Mas Canosa está agora na lista dos 500 mais da *Fortune* e acaba de ganhar um contrato de 500 milhões de dólares para reconstruir a rede destruída pelos furacões de Porto Rico em 2017.

Após a "libertação", a Espanha foi dividida em quarenta demarcações provinciais, comunidades autônomas e uma municipal. A Telefônica Cable teve permissão automática para colocar cabo em todas as demarcações, e conseguiram em leilão uma licença por área para o resto dos concorrentes. Em pouco tempo, a Telefônica mudou sua licença para reciclar sua velha instalação de cobre para ADSL. As licenças regionais foram divididas em ONO, Menta, Supercabo, Able, Telecabo, R, Euskatel, Retena, Canarias Telecom, Retecal, Riorioja e Madritel. Cabearam as cidades com subsídios de bancos, caixas regionais e de companhias elétricas, deixando as zonas rurais escravas da ADSL. Com o tempo, todo o negócio da fibra óptica na Espanha, exceto Galícia, Astúrias e o País Basco, acabou nas mãos de uma empresa britânica: Vodafone, que, além de ser dona do cabo na Espanha, é também a segunda maior operadora de telefonia móvel do mundo, com 470 milhões de usuários em todo o mundo. A primeira é a China Mobile.

"Me dei conta de que a ideia de que a internet é um sistema de comunicação redundante e fortemente distribuída é um mito — dizia Douglas Barnes a seu amigo Neil Stephenson no famoso ensaio sobre cabos submarinos publicado na *Wired* em 1996. Virtualmente, todas as comunicações entre países passam por um pequeno número de gargalos, e a largura da banda que possuem não é exatamente bom." A coisa não havia mudado tanto desde então. Nesse momento, a metade do tráfego de rede passa pela MAE-East, num lugar a 48 quilômetros ao noroeste de Washington chamado Tysons Corner.

Com a explosão do cabo de fibra óptica, disparou a demanda de pontos de interconexão entre os diferentes serviços comerciais, espaços fronteiriços onde o cabo de uma companhia se transformava no de outra. Mas o *backbone* agora estava nas mãos de um pequeno grupo de operadoras, e funcionavam conforme seus próprios interesses. A única exceção era a MAE-East. O nó primordial da internet tinha nascido quando "vários fornecedores da Virgínia foram beber juntos e decidiram interconectar suas redes".[38] Por serem operadoras de cabo — principalmente a Metropolitan Fiber Systems e a UUNET —, não estavam ancoradas aos nós telefônicos urbanos do começo do século. Podiam escolher um lugar onde a eletricidade e o solo fossem baratos e tivessem lugar para se expandir, e o encontraram no quinto andar da 80100 da Boone Boulevard na Tysons Corner, ao norte da Virgínia. Quando o mercado começou a plantar novos pontos de intercâmbio "independente de operadores" para conectar as novas redes, fizeram em volta da MAE-East. A pioneira foi a Equinix, hoje maior provedora de interconexões e centro de dados do mundo. A Amazon escolheu o mesmo lugar para lançar seu serviço de nuvem, Amazon Web Services, em 2006.

No início, tudo estava dentro do normal. Era possível reconhecer quem era de quem e o que era o quê. Esse ponto conectava esses três serviços que se conectavam com outros quatro em outros pontos de transferência. Essa antena é da AT&T. Esse cabo conecta a Austrália com os Estados Unidos. Aquele é da Amazon. O outro é de um banco. Com a sobreposição de tecnologias, contratos, acordos sigilosos, serviços, sistemas e redundâncias, o diagrama da rede foi ficando mui-

---

[38] James Bamford, *The Shadow Factory: The Ultra-secret NSA from 9/11 to the Eavesdropping on America*, Anchor, 2009.

to complexo para ser cuidadosamente detalhado. Como conta James Bridle em *The New Dark Age*, um símbolo começou a substituir outros, como um parêntese capaz de conter um conjunto de coisas cujo conteúdo era irrelevante ou conhecido.

O que quer que o engenheiro estivesse fazendo, era possível conectar a nuvem e isso era tudo que era preciso saber. A outra nuvem podia ser um sistema elétrico de dados, outra rede de computadores ou o que fosse, não importava. A nuvem era uma forma de reduzir a complexidade: permitia a qualquer um se concentrar na tarefa principal e não se preocupar com o que pudesse estar acontecendo em outro lugar. Com o tempo, à medida que as redes cresceram e se interconectaram, a nuvem se transformou em algo ainda mais importante. Os sistemas menores eram definidos conforme a nuvem — o quão rápido podia trocar dados, o que podiam aproveitar dela. A nuvem passou a ter peso, a ser um recurso: a nuvem podia fazer de tudo. A nuvem podia ser poderosa e inteligente, tornou-se, em uma palavra, chave do negócio e uma estratégia de venda. Tornou-se muito mais do que um atalho de um engenheiro: tornou-se uma metáfora. Hoje, a nuvem é a metáfora central da internet: um sistema global de poder e energia que ainda mantém a aura de coisa fenomenológica e luminosa, algo quase impossível de compreender. Nos conectamos à nuvem, trabalhamos com ela, guardamos e tiramos coisas dela, pensamos com ela. Pagamos por ela e só sentimos falta quando ela falha. É algo que experimentamos o tempo todo sem entender o que é e como funciona. É algo em que nos acostumamos a confiar sem termos a menor ideia de em que estamos confiando e a quem.

A gestão do tráfego oferece duas classes de poder: o primeiro, o poder de ler a informação dos cabeçalhos dos pacotes, para comprovar que cumprem os requisitos do protocolo. O segundo, o de regular seu itinerário. A soma de toda essa informação se chama metadados e tem um valor enorme. Para que uma rede continue sendo descentralizada, é crucial que os metadados se espalhem. Agora mesmo, 70% do tráfego da internet passa pela Tysons Corner, uma nuvem tão opaca, intransponível, inseparável como um cofre que não só conduz uma grande parte do tráfego, mas que, para fazê-lo, tem que saber lê-lo. É preciso levantar estatísticas sobre esse tráfego cada vez maiores em computadores capazes de fazer cálculos cada vez mais complicados para otimizarem sua gestão. E utilizar algoritmos que analisam essas grandes quantidades de tráfego para encontrar padrões e prever seu comportamento, e com ele, o comportamento dos mercados, dos países, das pessoas, justamente o objetivo inicial da ARPANET. O vínculo não podia ser mais direto: a Tysons Corner era o coração dos serviços secretos durante a Guerra Fria.

Assim como tudo, era por conveniência. Estava suficientemente longe de Washington para sobreviver a um ataque nuclear, mas perto o bastante para continuar na capital a meio caminho do aeroporto. Os pioneiros da internet aproveitaram as antigas instalações para poupar alguns dólares. A verdade é que as grandes empresas da internet trabalham lado a lado com certos contratantes militares, perto do quartel-general da CIA. Ali fica uma das 23 torres de controle do programa SAGE, que em 1952 conectava Washington à rede secreta de bunkers da Guerra Fria desenvolvidos para proteger o presidente e outros membros do governo no caso de um ataque nuclear.

# VIGILÂNCIA

"O utópico, imanente e constantemente frustrado objetivo do Estado moderno é reduzir a caótica, desordenada e eternamente variável realidade social subjacente em algo que se pareça com o modelo administrativo de suas observações."

James C. Scott, *Seing Like a State*

Como em qualquer narrativa distópica, tudo começa com um bom motivo. Dois amigos e estudantes de doutorado chamados Lawrence Page e Sérguei Brin tentam melhorar o buscador da Biblioteca Digital do Departamento de Informática da Universidade de Standford. Querem implementar um sistema que "entenda exatamente o que está perguntando e responda exatamente o que você quer", estabelecendo uma hierarquia nos resultados de cada busca, priorizando os textos mais citados e os autores de maior renome. Não existe herói sem obstáculo. Em 1996, a capacidade dos discos rígidos era de quatro gigabytes, muito pouca capacidade para poderem testar seu algoritmo. Reza a lenda que construíram um servidor com blocos de Lego e encaixaram dez discos de quatro gigabytes em conjunto, com seus respectivos ventiladores. Aquele primeiro servidor colorido, a origem do universo Alphabet INC., é hoje parte da exposição permanente do Centro de Engenharia Jen-Hsun Huang de Standford, em frente à reconstrução da garagem onde William Hewlett e David Packard fundaram sua empresa em 1939. "Não tinham muito

— dizia a nota de Hewlett-Packard — pouco mais de quinhentos dólares e uma furadeira de segunda mão." Larry e Sérguei contaram com mais ajuda, especificamente com uma bolsa da NSF/DARPA, originária de um programa do Departamento de Inteligência estadunidense chamado Massive Digital Data Systems Project (MDDS).

O MDDS era capitaneado pela CIA e pela ANS, mas gerenciado pela National Science Foundation. Por intermédio da NSF, tinham dividido milhões de dólares para uma dezena de universidades de elite, entre elas Stanford, CalTech, MIT, Carnegie Melon e Harvard. "Não apenas as atividades [da agência] ficaram mais complexas — de acordo com o documento original do programa MDDS —, mas as novas necessidades requerem que a CI (comunidade de inteligência) processe diferentes tipos e grandes volumes de dados. Como consequência, a CI decidiu assumir um papel proativo estimulando a pesquisa na gestão de bases de dados massivas e se certificando de que as necessidades da CI possam ser incorporadas ou adaptadas aos produtos comerciais." As agências buscavam um sistema de reconhecimento de padrões que permitisse identificar pessoas "de interesse" na World Wide Web. Queriam rastrear as comunicações e movimentos de todos os usuários e registrar suas "impressões digitais" para poderem encontrar seus pares. Ao colocarmos, por exemplo, um terrorista ou dissidente, surgem determinados padrões e todas as pessoas com padrões semelhantes devem ser identificadas o quanto antes e vigiadas como potenciais terroristas. Financiando seu desenvolvimento, não garantiam apenas que essa tecnologia existisse, mas também que integrasse todas as suas necessidades. Hoje, a NSF financia 90% da pesquisa universitária de ciências da computação.

A Segunda Guerra Mundial foi o começo de um frutífero casamento entre a comunidade científica e a militar nos Estados Unidos. Primeiro, foi a corrida para decifrar as comunicações entre os alemães e japoneses; depois, para desenvolver a primeira bomba atômica. O esforço bélico construiu fortes laços econômicos entre o Departamento de Defesa e os laboratórios universitários, sem mencionar a quantidade de contratações ocasionadas pela imigração massiva de cientistas europeus. A origem da ARPA, a Agência de Projetos Avançados de Pesquisa que criou a ARPANET, tinha sido um sistema pioneiro de estações de radares computadorizados em tempo real desenvolvido pelo MIT para alertarem sobre um possível ataque soviético à distância, chamado SAGE (Semi Automatic Ground Enviroment). Participaram quatro empresas: a IBM foi responsável pelos sistemas de computação, a Burroughs pelas comunicações, a Western Eletric desenvolveu e construiu as 23 torres de controle e o Laboratório Lincoln cuidou da integração do sistema.

O desenvolvimento do SAGE foi concluído em 1963. Era um projeto de integração de sistemas extremamente ambicioso, custou mais que o projeto Manhattan e inspirou alguns dos filmes mais icônicos da época, *Dr. Fantástico*. Tinha 24 centros de comando e três centros de combate distribuídos nos Estados Unidos. Cada posto era conectado por linhas telefônicas a centenas de elementos de defesa aérea que interagiam entre si. Infelizmente, quando terminou de ser construído, já estava obsoleto. Sua única serventia era alertar a presença de bombardeios no espaço aéreo. Quando a União Soviética colocou em órbita o Sputnik 1, os Estados Unidos entenderam que seu modelo de vigilância remota tinha que englobar países inteiros, grupos políticos, manifestações e "insurgentes". O Pentágono queria ter olhos e ouvidos em todos os lugares. O mundo inteiro era uma zona de conflito a ser vigiada. A vitória da Revolução Cubana, com o apoio econômico e político da União Soviética, tinha contagiado o resto dos países latino-americanos. Some-se a isso o processo de independência das colônias do Sudeste asiático e seu lastimável papel no Vietnã. A nova tecnologia de vigilância remota tinha que ser capaz de observar todos esses "problemas" como processos mecânicos previsíveis, suscetíveis de serem identificados e corrigidos a tempo. "Parecia uma ideia progressista — explica Yasha Levine, autor de *Surveillance Valley. The Secret Military History of the Internet*. Era melhor que bombardear essas pessoas. Com uma quantidade suficiente de dados, era possível arrumar o mundo sem derramar sangue." O que não se deixasse corrigir podia ser destruído à distância, de forma rápida, limpa e eficaz.

O cérebro da ARPA era um *think tank* de 45 gênios oriundos das melhores universidades do país que se reuniam a cada seis semanas em La Jolla, Califórnia. Eram chamados os Jasões (em alusão ao Jasão e os Argonautas). Quase todos eram físicos, muitos oriundos do projeto Manhattan, e, ainda que formassem um grupo secreto, é quase certo que todos eram homens brancos. Deles foi a ideia de plantar uma rede distribuída de sensores sem fio na selva do Vietnã para identificar as rotas de fornecimento dos vietcongues e bombardeá-los antes que pudessem cumprir sua função. Batizaram-na de Barreira Eletrônica da Linha McNamara. Os sinais eram processados na base aérea de Nakhon Pathom, na Tailândia, em um centro de controle equipado com terminais IBM 360 que faziam os mapas para as tropas aéreas.[39] "Tínhamos cabeado a rota de Ho Chi Minh Trail como se fosse uma máquina de pinball — narrou um dos pilotos para o *Armed Forces Journal*. Nós a ligávamos todas as noites." Os videogames ainda não tinham sido inventados. A operação foi chamada de *Igloo White*.

A ideia era que fosse uma guerra sem baixas, desde o posto de controle. "Na guerra do futuro — declarava em seu discurso William Westmoreland, comandante-chefe das operações militares no Vietnã —, as forças inimigas serão localizadas, rastreadas e atingidas de forma quase instantânea através de links de dados, avaliação computadorizada e sistemas de disparo automáticos." A ideia já estava bem clara, mas a

---

[39] Yasha Levine, *Surveilance Valley: The Secret Military History of the Internet*, PublicAffairs, 2018.

tecnologia não. Os sensores só podiam se comunicar com o centro de controle através dos bombardeiros, que desempenhavam a função de roteador de dados e de executores. Os vietcongues aprenderam rápido a enganá-los com sinais falsos, fazendo-os lançar bombas onde não tinha nada. A bateria era bastante limitada, ainda que não fizesse diferença, porque a maioria dos sensores quebrava só de cair no chão. Mesmo assim, durante o processo, o departamento apoiou economicamente as universidades e as grandes tecnologias (Texas Instruments, Magnavox, General Electric, Western Electric) no desenvolvimento e fabricação de todo tipo de sensores: acústicos, sísmicos, químicos e de radiofrequência. Quando a guerra acabou, toda essa tecnologia foi reciclada como sistema de vigilância da fronteira com o México, e para controlar seus próprios insurgentes, os milhares de estadunidenses que se manifestavam contra a guerra do Vietnã e eram favoráveis aos direitos humanos dos vietnamitas. Ou no caso dos movimentos afro-americanos, de seus próprios direitos civis.

Temos aqui um padrão que se repetirá de forma regular e previsível: toda tecnologia desenvolvida para lutar contra o terrorismo e pela liberdade de outros países acabaria fazendo parte do aparato de vigilância doméstica com a mesma rapidez com que as latas desenvolvidas por Nicolás-François Appert para o exército de Napoleão acabariam em Paris, alimentado os civis. Todas as tecnologias de vigilância implementadas pelo serviço secreto ou com ajuda do governo federal são parte do aparato de vigilância do Estado, ainda que não pertençam à instituição. Se alguém pensou que a privatização da rede significava a desmilitarização de suas infraestruturas, pensou errado. Como disse o jornalista Mark Ames, "o Pentágono inventou a internet para ser a máquina perfeita de vigilância. A vigilância está gravada a ferro e fogo em seu DNA". O ataque às Torres Gêmeas em 11 de setembro de 2001 fundamentou importantes mudanças de legislação que formalizaram sua condição primordial. Seis meses depois do atentado, a Patriot Act colocou todas as infraestruturas de comunicações estadunidenses nas mãos das agências de inteligência, inclusive o emergente ramo de serviços on-line e seu enorme banco de dados. O Departamento de Defesa queria estender seus longos tentáculos até o último canto da vida do último usuário ativo da internet. Não tiveram que fazer muito esforço. Graças à rede social, tinham todo o trabalho pronto.

## O pecado original da internet

Em 1998, da garagem de Susan Wojcicki, em Menlo Park,[40] Larry Page e Serguéi Brin lançaram seu buscador. No fim daquele ano, já tinham indexado 2,5 milhões de sites. A simplicidade de sua página e sua habilidade para filtrar pornografia e spam de seus resultados acabou com os outros buscadores: Alta Vista, Lycos, Ask Jeeves e MSN Search, da Microsoft. Quando a bolha estourou, eles estavam tão bem que se mudaram para o bloco de edifícios de Mountain View, onde estão até hoje e que agora se chama Googleplex. Seu objetivo oficial tinha sido "organizar a informação do mundo e torná-la universalmente acessível e útil". Seu código deontológico: "*Don't do Evil*" (não faça o mal). Seu método: oferecer serviços grátis em troca de dados que são usados para melhorar o serviço. Sabendo quem são os usuários, é possível oferecer-lhes os melhores resultados e, naturalmente, as melhores propagandas.

Seu próximo grande sucesso depois dos buscadores seria o Gmail. Nos termos de uso, a Google se reserva o direito de escanear e armazenar o conteúdo dos e-mails inclusive depois que tenham sido eliminados pelos usuários. No mundo

---

[40] Futuramente, Wojcicki lideraria o departamento de publicidade e comércio onde conduziu projetos como o AdWords, AdsSense, DoubleClick e Google Analytics. Também administrou a compra do YouTube, sendo também sua presidente executiva. Em 2015, a revista *Time* a considerou como "a mulher mais poderosa da internet".

das plataformas digitais, nada morre ou desaparece, tudo é material. Quando lançaram seus primeiros aplicativos para a nuvem — Google Docs e Google Sheets —, os termos de serviço originais garantiam o direito eterno de exploração de todo o conteúdo fornecido pelos usuários, inclusive depois de as contas serem eliminadas. Em 2002, compraram a Pyra Labs, a empresa responsável pela Blogger, a plataforma que democratizou a blogosfera. Em 2003, em pleno auge blogosférico, a Google lançou o Adsense, uma plataforma de banners publicitários para sites que abrange milhares de páginas, desde os cabeçalhos de jornais internacionais até os blogs de poesia de adolescentes suecos. Os banners do Adsense são "grátis", não requerem agências de marketing nem programadores, basta colocar um pedacinho de HTML no código da página e começar a cobrar. Além disso, eles são inteligentes, o que significa que os anúncios mudavam em função do conteúdo que tinham à disposição. O fórum de carros anuncia coisas de carro; o blog de receitas, gadgets para cozinha etc. Para "analisar" o conteúdo, os Termos de uso da Google obtinham permissão para extrair os dados da página e de cada um de seus visitantes, incluindo seus IPs, navegadores, computadores e suas estatísticas da página, o que estão lendo e onde clicam. A maior parte dos visitantes tinha cookies da Google, um pedacinho de código que se "gruda" ao navegador quando se navega e que identifica o usuário de forma única. Graças à combinação de cookies e Adsense, a Google podia seguir o usuário de página em página e recolher informações sob uma identificação de usuário ou User Id. Os anúncios inteligentes já não mudariam apenas em função da web, mas também do que a Google sabia sobre o usuário, e a mesma coisa aconteceria com os resultados de busca do Google. Esse simples mecanismo é a origem do ecossistema que os acadêmicos, tecnólogos e analistas começaram a chamar de "economia da vigilância", "capitalismo de plataformas", e "feudalismo digital".

Serguéi Brin gosta de dizer que ficou rico ajudando milhares de pessoas a fazerem as coisas que queriam fazer, o que é completamente certo. Todos os serviços da empresa são excepcionais. São fúteis, fáceis de usar e oferecem uma nova relação com o mundo e o espaço. Também é certo que todos são desenvolvidos para a extração massiva de dados: tudo que é buscado, escrito, enviado, calculado, recebido, clicado, compartilhado, lido, apagado ou anexado pelo usuário é digerido pelos algoritmos da Google e armazenado em seus servidores para serem eternamente explorados. No começo de tudo existia o conceito de que essa informação não podia ser vinculada ao mundo real. O ID de usuário pertencia ao "mundo digital" da plataforma e não estava vinculado a uma pessoa real no mapa. Depois vieram Google Maps e Google Earth, um modelo da Terra criado a partir de uma colagem de imagens de satélites, fotografias aéreas e dados SIG, financiado pelo programa In-Q-Tel da CIA.[41] E, como complemento, um modelo literal da escala do mundo real chamado Google Street View.

Entre 2008 e 2010, os carros da Google saíram fotografando as ruas de mais de trinta países, incluindo as fachadas das casas. Alguns vizinhos se queixaram de que as câmeras invadiam sua intimidade, mostrando ao mundo o interior de suas casas, jardins e terraços sem terem permissão. A Google prontamente se ofereceu para corrigir aquelas invasões de intimidade acidentais com uma modesta pixelização. Era a desculpa perfeita, porque a verdadeira invasão estava acontecendo na esfera do invisível: os carros iam capturando todos os sinais wi-fi de todos os edifícios pelos quais passavam, incluindo os nomes das redes (ESSID), os IP, os endereços MAC dos dispositivos. Também embolsaram uma grande quantidade de e-mails particulares, senhas e todo tipo de transmissões emitidas por redes abertas e roteadores domésticos mal protegidos.

Quando foram descobertos pelas autoridades alemãs de proteção de dados, a Google declarou uma porção de coisas

---

[41] A semente do Google Earth é o programa Earth Viewer 3D da empresa Keyhole Inc, financiado pela Agência Central de Inteligência e adquirido pelo Google Inc em 2004.

que mais pareciam um roteiro de humor. Primeiro, disseram que nos Estados Unidos não era ilegal rastrear os pacotes de dados que flutuavam no espectro eletromagnético porque é espaço público e que outras empresas, como a Microsoft, faziam isso de forma rotineira. Depois, garantiu que a captura tinha sido um erro causado por um código experimental que tinha se infiltrado no projeto e que já tinha sido corrigido. Com o erro já contornado, chegaram a dizer que eles tinham prestado uma espécie de serviço público, porque o "acidente" tinha mostrado aos cidadãos o quão vulneráveis eram as redes sociais abertas e a importância de protegerem melhor os dados. Pagaram 7 milhões de multa, o que, para a Google, não é nada. Se o plano era conectar as identidades digitais que tinham em suas bases de dados com as pessoas reais do mapa, incluindo suas casas, seus carros e seus vizinhos, não saiu muito caro, mas esse dinheiro poderia ter sido economizado. A Google já não precisa bisbilhotar as ruas para saber os nomes, endereços, telefones e senhas das pessoas cujas casas e escritórios saem nos mapas. Para isso, existe o Android, um sistema operacional que vem pré-instalado em 74,92% dos celulares do mundo. Um dispositivo que o usuário mantém ligado o tempo todo, leva para cima e para baixo e tem duas câmeras, um microfone, aproximadamente catorze sensores e ao menos quatro sistemas de geolocalização.

Qualquer espião te dirá o mesmo: o dado mais valioso sobre uma pessoa não são seus e-mails, mas a sua localização geográfica. Sabendo onde você está em cada momento da sua vida, saberemos onde você vive, onde trabalha, quantas horas dorme, quando sai para correr, com quem se relaciona, para onde viaja, como se transporta de um lugar a outro, qual o seu bar preferido, quais vitrines você olha, em que supermercado faz compras, se faz reciclagem, se usa drogas, se toma anticoncepcionais ou se vai para a igreja. Se vai a shows ao ar livre ou prefere as festas, se come em restaurantes de comida rápida ou se é mais gourmet. Sabemos de quem você gosta e quem você prefere evitar, com quem você almoça e janta, quanto tempo passa com cada pessoa e aonde vai depois. Sabemos se você tem um amante, se finge estar doente, se aposta, se bebe. Sabemos coisas que a própria pessoa não sabe, como suas rotinas inconscientes e correlações sutis. Um smartphone conta todas essas coisas aos aplicativos instalados, uma mina de ouro sem fim para a indústria da atenção.

## Olhos no bolso

Todos os telefones são equipados com GPS (Global Positioning System) que se comunica com três satélites que triangulam o sinal para contar exatamente onde você está. Esse sistema não depende de internet, por isso podemos continuar vendo nosso pontinho no mapa ainda que não tenhamos conexão ou tenhamos ficado sem dados. O GPS é um sistema estadunidense e, desde o seu lançamento em 1973, foi operado pelas Forças Armadas dos Estados Unidos, que se reservam o direito de alterar sua precisão por motivo de segurança. Mas seu monopólio está prestes a acabar porque o mundo dos satélites está experimentando uma importante e silenciosa revolução. A Rússia tem sem próprio sistema, chamado GLONASS; a Europa está terminando Galileo com a Agência Espacial Europeia; A China tem o Compass/BeiDou2 e o Japão trabalha no sistema Quasi-Zenith. Dan Coats, atual diretor de Inteligência dos Estados Unidos, declarou para o Comitê de Inteligência do Senado que "A Rússia e a China sentem a necessidade de compensar qualquer vantagem que os Estados Unidos possam ter de seus sistemas espaciais militares, civis ou comerciais e estão considerando sistemas de ataque antissatélite como parte de sua doutrina de guerras futuras". Agora mesmo todo mundo quer pôr coisas em órbita. Segundo o Índice de Objetos Lançados ao Espaço Sideral, são 4.921 satélites orbitando, incluindo o conversível vermelho de Elon Musk.

O GPS não é o único sistema de geolocalização de um telefone, existem pelo menos mais três. O wi-fi tem duas classes de sistemas de posicionamento. O RSSI, ou indicador de intensidade de sinal recebido, mede a intensidade do sinal de um ambiente de rede sem fio e a compara com uma base de dados de redes wi-fi para se conectar com a mais próxima. O algoritmo de posicionamento mais utilizado é o Fingerprint, baseado em um mapa de conexões anteriores (redes wi-fi a que nos conectamos anteriormente). Depois temos o bluetooth, que emite sinais de rádio de curta frequência para se conectar a outros dispositivos sem o uso de cabos. Por exemplo, o rádio do carro, fones de ouvido sem fio ou um viva-voz inteligente. Quando está ativado, o bluetooth busca dispositivos aos quais pode se conectar. Quase todos os dispositivos da internet das coisas, desde um viva-voz até uma balança, passando por uma boneca falante, funcionam por bluetooth.

Se o telefone celular tem um chip SIM, ele está mandando constantemente um sinal para as antenas de telefonia móvel mais próximas para ficar em serviço. As operadoras podem calcular a qual distância está o usuário de diferentes sinais usando uma tecnologia chamada Cell ID. Quanto mais antenas tiver, maior a precisão. O alcance máximo de uma antena é de 35 quilômetros e registra tudo o que acontece em seu domínio. Às vezes, as autoridades pedem às operadoras a lista de todos os telefones que tenham passado pelas imediações de uma antena. Essa técnica se chama rastreio de torre (*cell tower dump*) e foi usada pelo governo ucraniano em janeiro de 2014 para identificar pessoas que se manifestavam contra as últimas decisões do presidente Viktor Yanukóvich para enviar mensagens que diziam "Prezado usuário, você foi registrado como participante em uma manifestação". Também é utilizado por empresas de marketing para determinar as zonas de trânsito comercial para cadeias de roupas e restaurantes. E por empresas como a Securus Technologies, que vendem serviços de monitoramento em tempo real de telefones e chamadas para empresas, pessoas e instituições. Em

2018, a empresa oferecia um pacote especial para as prisões dos Estados Unidos, que foi utilizado ao menos uma vez pelo diretor para vigiar os funcionários. Uma investigação posterior revelou que a Securus comprava os dados de uma empresa de geolocalização chamada 3Cinteractive, que por sua vez os comprava da LocationSmart, que os comprava diretamente das operadoras AT&T, Sprint, T-Mobile e Verizon.[42] Outra empresa chamada Microbilt vende o mesmo serviço a empresas de seguros, vendedores de carros e outros negócios de venda a crédito para encontrar os devedores. Outras empresas, ainda mais obscuras, usam o serviço para localizar esposas supostamente infiéis, ex-esposas e potenciais vítimas de violência de gênero. "Estão vendendo informação para as pessoas erradas", declarou um delator a Motherboard em 2019.[43] Um mercado obscuro de serviços que compra o mesmo tipo de acesso que a polícia ou o FBI tem sem ordem judicial, registro ou licença.

Outra técnica utilizada pelas autoridades se baseia em um dispositivo chamado StingRay ou IMSI-catcher, que se faz passar por uma antena para rastrear todos os celulares próximos.[44] É como um "ataque man-in-the-middle", uma técnica usada pelos hackers para interceptar informação desprotegida colocando-se entre um dispositivo e um roteador. A polícia é equipada com o dispositivo nos helicópteros e vans para identificar em tempo real quem está em uma manifestação, para encontrar uma pessoa dentro de um edifício ou saber quem está lá antes de entrar. Ainda que usá-los seja ilegal, um IMSR-catcher pode ser fabricado com componentes legais por menos de cem euros. Existem fóruns que oferecem maletas caseiras de escuta por trezentos euros e equipamentos profissionais da polícia por menos de 2 mil.

---

[42] Jennifer Valentino-DeVries, "Service Meant to Monitor Inmates' Calls Could Track You, Too", *New York Times*, junho de 2018.

[43] Joseph Cox, "I Gave a Bounty Hunter $300. Then He Located Our Phone", *Motherboard*, 8 de janeiro de 2019.

[44] "IMSI-catcher" ou "International mobile subscriber identity-catcher" significa "identidade internacional do assinante de celular".

Todos os aplicativos que usam GPS sabem onde você está o tempo todo, a todo momento. Se tiver cobertura, a sua operadora também. A maior parte dos serviços usa uma combinação das duas coisas para registrar as coordenadas com total precisão. Vários estudos realizados em 2017 demonstraram que desativar os serviços de localização das plataformas digitais não impede que as companhias continuem localizando o usuário e usando essa informação, só deixa o usuário sem funcionalidades, como encontrar um local no Google Maps, encontrar pessoas próximas no Tinder ou especificar o local da publicação da foto no Instagram. Tanto a Google como o Facebook e, consequentemente, os aplicativos de sua plataforma, continuam registrando sua localização. Quando ficam sem acesso ao GPS, continuam localizando o dispositivo graças ao wi-fi do endereço IP. Uma investigação do *New York Times* encontrou dezenas de empresas de marketing de localização extraindo dados de até 200 milhões de celulares a partir de diferentes aplicativos nos Estados Unidos, para depois vender a informação, direcioná-la para seus próprios anunciantes ou ambas as coisas.[45] Os três principais compradores são outras empresas de tecnologia, *data brokers* e consultoras políticas.

Houve um tempo em que a extração era feita com pleno conhecimento e até mesmo colaboração do usuário. Em 2010, batizado como "o ano da localização", milhões de usuários da Foursquare anunciavam deliberadamente sua chegada a cafés, restaurantes, festivais, centros comerciais, reuniões da empresa, museus, discotecas e até estações de trem com a intenção de manter sua agenda de contatos informada e fazer conexões "espontâneas". Muitos usavam as atualizações automáticas do Twitter e do Facebook. Quando o ano da localização virou a década da vigilância, o Foursquare perdeu a simpatia dos usuários e tanto eles como o resto das empresas optaram por extrair os mesmos dados de maneira mais sutil,

---

[45] Jennifer Valentino-DeVries, Natasha Singer, Michael H. Keller e Aaron Krolik, "Your Apps Know Where You Were Last Night, and They're Not Keeping It Secret", *New York Times,* 10 de dezembro de 2018.

através de outros tipos de aplicativos. Entre 2009 e 2015, o Twitter localizava de forma predefinida cada tuíte com coordenadas precisas de GPS que não eram visíveis para os usuários nem para seus seguidores, mas sim para os aplicativos da API, e aparentemente permanecem visíveis atualmente.[46] A IBM comprou os aplicativos da Weather Channel que muita gente usa em sua tela de início para saber se vai chover ou fazer sol. Entre os grandes financiadores do setor, estão gigantes das finanças como o grupo Goldman Sachs e prestadores de serviços para as Forças Armadas como Peter Thiel, cofundador do PayPal e dono da Palantir.

Além da geolocalização, os smartphones possuem uma imensa variedade de sensores: o giroscópio registra a posição e orientação do telefone. Sabe quando estamos pegando o celular para escrever e quando o colocamos na horizontal para jogar, ver um vídeo ou tirar uma foto. Sabe se está no bolso ou na bolsa. O sensor luminoso indica se estamos com a luz acesa ou apagada, e que tipo de luz é. O acelerômetro mede a velocidade e o sentido em que nos movemos: é o que conta os passos nos aplicativos de *fitness* e sabe se vamos de carro, de bicicleta ou de trem. Também é fundamental para caçar Pokémon e outros jogos de realidade aumentada. O magnetômetro mede os campos magnéticos e dá suporte às bússolas dos mapas e serve também como detector de metais. Alguns celulares, como o iPhone, por exemplo, são equipados com barômetros para detectar mudanças de pressão atmosférica e determinar a altitude. A frente superior do celular tem um sensor de proximidade com dois leds de infravermelho que informa ao sistema se o celular está na orelha, para apagar a tela. Do lado dele, o sensor de luz ambiente mede a luz para calibrar o brilho da tela. Os sensores são como os combos no Tekken: quando se usa os quatro de uma vez, valem muito mais que a soma de suas partes. Uma equipe de engenheiros da Universidade de Newcastle mostrou que apenas com os dados dos sensores é

---

[46] Issie Lapowsky, "Your Old Tweets Give Away More Location Data Than You Think", *Wired*, janeiro de 2019.

possível extrair até mesmo as senhas digitadas pelo usuário, tanto em aplicativos como no navegador. "Existem programas maliciosos que podem *escutar* os dados dos sensores e revelar todo tipo de informação delicada sobre você — explica Maryam Mehrnezhad, membro do laboratório de Segurança e Resistência de Sistemas, do Departamento de Informática—, como suas chamadas, suas atividades físicas e todas as suas interações táteis, PIN e senhas. O que é mais preocupante: existem navegadores que, quando uma página é aberta — por exemplo, a do seu banco — em um dispositivo que tenha sido instalado o software malicioso, é possível espionar todos os dados inseridos." De acordo com um estudo da Universidade de Oxford, 90% dos aplicativos do Google Play — a loja de aplicativos para telefones Android — compartilham com a Google os dados recolhidos, às vezes sem conhecimento dos desenvolvedores.[47] A metade dos aplicativos compartilha dez terços dos dados e cerca de 20% de aplicativos compartilham mais de vinte terços. Esses terços geralmente incluem o Facebook, Twitter, Microsoft e Amazon. Quase todos vendem os dados a um ou a vários *data brokers*.

A câmera e o microfone são os sensores mais valorizados pelos usuários e os que, com razão, causam mais preocupação. São os olhos e os ouvidos do telefone, e é impossível para o usuário saber quando estão funcionando e com o que estão se comunicando. "De vez em quando, fragmentos de áudio acabam nos servidores de um aplicativo, mas existe uma explicação oficial para que isso aconteça — contava em 2018 o consultor de segurança virtual Peter Hannay na *Vice Magazine*.[48] Não sabemos se acontece de tempos em tempos ou para algumas funções, mas os aplicativos estão usando o microfone e fazem isso periodicamente." Tampouco podemos fazer aná-

---

[47] Reuben Binns, Ulrik Lyngs, Max Van Kleek, Jun Zhao, Timothy Libert e Nigel Shadbolt, "Third Party Tracking in the Mobile Ecosystem", Departamento de Ciência da Computação, Universidade de Oxford, 2018.

[48] Sam Nichols, "Your Phone Is Listening and it's Not Paranoïa", *Vice Magazine*, 4 de junho de 2018.

lises sem a colaboração das empresas envolvidas, porque toda a informação que é enviada ao aplicativo é cifrada. Por outro lado, existem aplicativos cujo funcionamento envolve necessariamente um estado contínuo de escuta, como os assistentes virtuais que vêm integrados nos smartphones. Tanto o assistente da Google como seus concorrentes ocidentais Siri (da Apple) e Alexa (da Amazon) têm suas funções ativadas quando a palavra mágica é dita: "Ok Google", "E aí, Siri" e "Alexa", respectivamente. Mas, para escutar a palavra que os ativa, primeiramente eles precisam estar escutando. Amazon Echo, o "viva voz inteligente" da Amazon que funciona com Alexa, usa sete microfones para escutar tudo que acontece a seu redor, mas isso não significa que o aparelho seja especialmente bom separando a palavra mágica de qualquer outra.

Em maio de 2018, uma mulher do Oregon soube que seu Amazon Echo tinha gravado uma conversa particular entre ela e o marido e enviado sem permissão nem confirmação a um contato de sua agenda. Ela não soube pela empresa, e sim porque o contato era alguém próximo à família que logo ligou para avisar que eles tinham sido hackeados. A explicação da Amazon ao *Washington Post* foi digna de risos: disseram que o Echo acreditou ter ouvido a palavra Alexa e se ativou, que a conversa que tinha sido ouvida foi interpretada como uma mensagem a ser enviada e que, quando perguntado a quem, "a conversa de fundo foi interpretada como um nome da lista de contatos do usuário". Um usuário alemão que usou a regulamentação de proteção de dados europeia para pedir à Amazon todos os dados que tivesse sobre ele recebeu 1.700 arquivos de áudio de outra pessoa. A Amazon declarou que se tratava de um "infeliz caso de erro humano e um acidente isolado". Além de virem instalados por padrão nos dispositivos de suas respectivas empresas, como os iPhones, os Android, os Echo e os Dots, os gigantes agora brigam para colonizar com seus algoritmos o resto dos consoles, veículos, televisores, webcams, lâmpadas, tablets, eletrodomésticos e até aplicativos "inteligentes" de outras marcas. O da Google está integrado em câmeras de vídeo domésticas da Nest, telas da Lenovo, despertadores como o iHome, televisores da Philips, viva-voz da Onkyo, LG, Klipsch, Braven e JBL e até no assistente de estilo da gigante japonesa Uniqlo, que utiliza a tecnologia da Mountain View. A Alexa vem como padrão em pelo menos 150 produtos diferentes, incluindo estrelas do mercado como a Soundbar da Sonos Beam e os micro-ondas da Whirlpool. Naturalmente, a Tesla tem seu próprio assistente para seus carros. Logo será possível comprar tecnologias que não escutem o que fazemos em nossas casas, carros, escritórios, tudo que acontece a nosso redor e que enviem toda espécie de dados às mesmas cinco empresas sem que possamos saber para que e por quem são usados, nem durante quanto tempo. Como não temos acesso a seu código, temos que buscar nos lugares onde seus objetivos são declarados, como no escritório de patentes. A Google apresentou patentes para determinar o estado mental e físico do usuário usando dados do microfone, como o volume da voz, o ritmo da respiração ou o som de choro. A Amazon patenteou um algoritmo que analisa a voz em tempo real, buscando palavras e expressões que indiquem preferência, interesse ou rejeição por qualquer coisa que possa ser transformada em produtos ou serviços. São os planos de um modelo publicitário baseado em uma invasão extrema e uma manipulação sutil, da qual falaremos mais adiante. O importante aqui é o reconhecimento de um conjunto de dispositivos de escuta extremamente sofisticados em permanente estado de alerta que nos acompanham em todas as partes.

    Os smartphones têm pelo menos duas câmeras, uma na frente e outra atrás. Os aplicativos que têm acesso a câmera podem ligar e desligar qualquer uma das câmeras, fazer fotos e vídeos, enviá-los a um servidor e transmitir por *streaming*,[49] tudo sem permissão. Também podem enviar fotos e vídeos de um rosto ao servidor para que um algoritmo de reconhecimento facial faça comparações com outra base de dados, ou

---
[49] Felix Krause: FACTS.

para criar um modelo 3D desse rosto para criar uma base de dados de reconhecimento facial. Também pode fazer fotos das digitais que tocam as telas. Naturalmente, todas essas funções estão garantidas se usarmos nosso rosto, nossas digitais ou nossa voz para desbloquear o telefone. Todos os aplicativos de identificação biométrica coletam, analisam e armazenam nossos dados biométricos. São os dados mais protegidos pelas leis de proteção de dados porque, diferentemente de uma senha ou de um número de telefone, não podem ser mudados. Nos tornam reconhecíveis para o resto da nossa vida, pelo menos no mundo real.

Em 2014, a Google comprou uma empresa britânica de inteligência artificial chamada DeepMind por 520 milhões de dólares. Seu feito mais notável foi ter derrotado o melhor jogador do mundo em uma partida de Go, um jogo supostamente não programável. O mais preocupante foi ter usado sem permissão os dados de milhares de usuários da Previdência Social britânica para desenvolver algoritmos de detecção de doenças para a Google. É importante entender que toda essa informação acaba no mesmo lugar e é usada da mesma forma para coisas diferentes: o algoritmo capaz de identificar os sintomas de um enfisema é o mesmo que opera os sensores da maior parte dos celulares do mercado, e que usará o choro, as pulsações e a respiração do usuário para determinar seu estado de saúde. E é o mesmo que processa as 10 bilhões de perguntas diárias respondidas pelo buscador, incluindo consultas íntimas sobre doenças e condições mentais. A terceira pergunta mais popular de 2018 foi sobre endometriose. Aparentemente, é a doença que afeta o tecido do útero de Lena Dunham, autora da série *Girls*. A quarta foi por quanto tempo a marijuana fica detectável na urina. A quinta: quando vou morrer.

"Uma das coisas que acaba acontecendo é que já não é preciso digitar nada — gabava-se Eric Schmidt em 2010. Porque sabemos onde você está. Sabemos onde esteve. Podemos adivinhar mais ou menos o que você está pensando." Tempo depois, afirmou que "um dia, comentamos que poderíamos prever os mercados e decidimos que seria ilegal. Então, não fizemos". Mas não deixaram de fazer. Em 2015, a Google passou a ser filial da Alphabet Inc. com outras oito empresas, incluindo duas divisões financeiras: CapitalIG (fundo de capital de risco) e GV (investimento de capital de risco); dois laboratórios de pesquisas médicas, Calico (biotecnologia para a longevidade) e Verily (pesquisa genética e de patologias); três de infraestrutura de cabos (Google Fiber); dois de sensores (Nest) e Smart Cities (Sidewalk Labs), e, por fim, seu laboratório de pesquisa e desenvolvimentos secretos, a Google X. Na verdade, todas são secretas e todas fazem o que a Google fazia: oferecer serviços em troca de dados a usuários cada vez mais críticos: bancos, hospitais, administrações, sistemas de transporte, fábricas, escolas.

## Depois de Snowden

O primeiro vazamento de dados de Edward Snowden que foi publicado pela imprensa era sobre ligações. Em abril de 2013, o *The Guardian* publicou que "a Agência de Segurança Nacional — ASN está registrando as chamadas telefônicas de milhares de cidadãos estadunidenses usuários da Verizon". A Verizon foi o monstro que surgiu da liberalização de 1996. Era filha da Bell Atlantic Corp. e GTE Corp., a maior fusão da história dos Estados Unidos. Também era neta da AT&T. Em 1984, o governo tinha obrigado o fatiamento da companhia para acabar com o monopólio e a Bell Atlantic era uma das sete filhas regionais, chamada "Baby Bells". Quando, em abril de 2008, o FBI conseguiu que o Tribunal de Vigilância de Inteligência Estrangeira obrigasse a Verizon a entregar seus registros para a ASN, conseguiu de uma só vez o acesso a praticamente todas as chamadas telefônicas realizadas nos Estados Unidos. Conseguiu também os dados de localização de todos os clientes com nome, sobrenome e conta bancária. A centralização é um ímã para a vigilância.

A segunda entrega do arquivo Snowden, dois dias depois, documentava um projeto chamado PRISMA, com o qual o governo dos Estados Unidos mantinha um acesso direto aos servidores das principais empresas de tecnologia, incluídos Google, Facebook, Apple, Amazon e Microsoft desde pelo menos 2008, e que compartilhava seu acesso com outros países da chamada Aliança dos Cinco Olhos: Inglaterra, Austrália, Nova Zelândia e Canadá. O programa tinha sido legalizado pelo governo de Barack Obama graças a uma complexa rede de tribunais secretos e leis antiterrorismo. A seção 702 da Lei de Vigilância de Inteligência Estrangeira (*FISA*, em inglês) concedia à ANS o acesso a todas as comunicações particulares que transcendessem as fronteiras estadunidenses. A seção 215 da USA-Patriot Act autorizava a interferência do governo nos registros que estivessem nas mãos de terceiros, incluindo contas bancárias, bibliotecas, agências de viagem, aluguéis de vídeos, telefones, dados médicos, de igrejas, sinagogas, mesquitas e, claro, de plataformas digitais. Tudo isso acontecia com a autorização de um tribunal secreto, desenvolvido para assuntos secretos e sem o conhecimento ou consentimento das pessoas vigiadas. A Patriot Act também proibia expressamente que as empresas registradas informassem a seus próprios usuários que seus dados tinham sido comprometidos.

Em seu primeiro discurso pós-Snowden, o presidente Barack Obama tentou tranquilizar seus eleitores garantindo que a lei não permitia que as agências lessem o conteúdo das comunicações, apenas que registrassem os metadados, uma informação pública que não exigia uma ordem judicial para ser interceptada. Como chefe das Forças Armadas, ele tinha que saber que isso não era verdade. O conselheiro geral da ANS, Stewart Baker, admitiu que "os metadados te contam absolutamente tudo sobre a vida de alguém. Se você tem metadados suficientes, não precisa de conteúdo". "Nós matamos gente usando metadados", declarou o general Michael Hayden em um debate intitulado "Reavaliando a ANS".[50] Se você tiver metadados suficientes, eles te contam coisas que a pessoa vigiada não sabe. Na era do Big Data, o conteúdo é o que menos vale. Os metadados são os reis.

O diretor nacional de Inteligência, James Clapper, defendeu publicamente o projeto PRISMA como uma frente fundamental de inteligência antiterrorista. "As informações que conseguimos através desse programa é inteligência do mais alto valor e importância." Era o mesmo diretor que, três meses antes, jurou diante do comitê de Inteligência do Senado que a ANS não coletava nem armazenava dados de milhares de estadunidenses. Os outros protagonistas negaram friamente terem cooperado. "Nós fornecemos dados de usuários ao governo de acordo com a lei, e os casos são cuidadosamente verificados — dizia o comunicado da Google. [...] A Google não tem uma porta de trás pela qual o governo acessa os dados particulares dos usuários." Um porta-voz da Apple disse que nunca tinha ouvido falar do projeto PRISMA, contradizendo diretamente os documentos oficiais comprovados e publicados pelos principais meios do país. Mentiram como mentiu o chefe de Inteligência Nacional ao órgão constitucional de seu próprio governo. Nessas circunstâncias, não tem sentido a sociedade civil se perguntar se essas empresas e seus executivos são moralmente capazes de censurar, limitar as liberdades civis ou trair a confiança dos usuários. Como sabiam os arquitetos do TCP/IP, todas as discussões sobre a bondade ou a maldade das empresas são uma distração. Os diretores mudam ou são despedidos, ou mentem ou estão sujeitos a legislações e a governos que mudam ou mentem. A única questão relevante no debate é se desenvolveram tecnologias capazes de censurar, limitar as liberdades civis ou de trair a confiança dos usuários. Se o fizeram, é sempre um problema independentemente de suas intenções.

---

[50] The Price of Privacy: Re-Evaluating the NSA, The Johns Hopkins Foreign Affairs Symposium Presents, abril de 2014.

Os papéis de Edward Snowden eram escandalosos porque demonstraram que os cidadãos estadunidenses tinham sido espiados pelo seu próprio governo em sua própria casa, violando direitos fundamentais protegidos pela Constituição. O aparato de espionagem governamental tinha sido usado anteriormente para desprestigiar movimentos civis através de seus líderes. Durante seu reinado como diretor do FBI, J. Edgar Hoover manteve um forte aparato de espionagem em volta de Martin Luther King, especialmente após o Departamento ter sido acusado de ser "completamente ineficaz na resolução da contínua violência e brutalidade infligida sobre a comunidade negra no extremo sul". O programa de contrainteligência organizou um dossiê onde o acusava de manter relações ilícitas com pelo menos quatro mulheres (entre elas a cantora Joan Baez) e de participar de orgias regadas a álcool e prostitutas (brancas e negras). Também o acusavam de ter laços com o Partido Comunista e de desviar impostos da sua organização. O presidente era Lyndon B. Johnson, que ocupava o cargo em substituição a John Kennedy, assassinado em 1963. Hoje, o presidente é Donald Trump. No momento em que estas linhas são escritas, o presidente mantém sequestradas todas as funções do governo até que o Congresso aprove um orçamento de 5 bilhões de dólares para construir um muro na fronteira com o México. "Se não conseguirmos o que queremos, fecharei o governo", disse à presidenta da Câmara do Congresso Nancy Pelosi e ao líder da minoria democrata Chuck Schumer, em 2 de dezembro de 2018. No final de janeiro, todos os trabalhadores cujos pagamentos dependiam do Estado, desde os funcionários das administrações até os varredores de rua, continuavam sem receber. Todas as instituições que dependiam de recursos do governo, como os tribunais, os serviços sociais e os parques nacionais estão desmoronando. A maior máquina de espionagem da história está nas mãos de um líder desonesto, rancoroso e vingativo. Vários relatórios oficiais afirmam que Donald Trump ocupa o posto graças ao abuso coordenado do aparato de vigilância e à manipulação comercial das plataformas digitais. É pouco provável que use o poder com mais responsabilidade que os outros.

Snowden tinha denunciado o abuso de poder em solo estadunidense, mas os cidadãos do resto do mundo são espionados legalmente pelas agências de inteligência dos Estados Unidos. Não temos direitos civis em solo americano, nossos dados são abertos para qualquer agência de inteligência estrangeira, com uma única exceção: a Câmara de Comércio dos Estados Unidos, que tinha um pacto de cavalheiros com a União Europeia. A Legislação europeia para proteção de dados de 1995 foi projetada para proteger os cidadãos europeus das empresas que pegavam os dados para oferecer serviço aos clientes, como as companhias telefônicas, os bancos, serviços de transporte, fornecedores de gás, eletricidade, água etc. Todas as empresas europeias faziam parte dessa legislação, e, portanto, havia livre circulação de dados entre elas, mas a exportação de dados a jurisdições de fora da Europa, como os Estados Unidos, era proibida. Com a globalização e a chegada da internet, milhares de europeus começaram a usar serviços e plataformas de comunicação estadunidenses: e-mails do Yahoo e do Gmail, contas no Facebook, MySpace, Twitter, aplicativos para celular como o WhatsApp, 4Square etc. Todas essas contas de usuário ficavam armazenadas em servidores e bases de dados fora da Europa. No ano 2000, a Comissão Europeia assinou uma exceção desenvolvida pelo Departamento de Comércio dos Estados Unidos, segundo a qual as empresas se comprometiam a manter os princípios da diretiva 95/46/CE para todos os dados procedentes da Europa, chamado Safe Harbour (porto seguro), mas os meios para garantir que as empresas cumprissem o pacto não foram estabelecidos. E as empresas não cumpriam, como descobriu um jovem austríaco chamado Max Schrems.

Schrems estava cursando um semestre de Direito na Universidade de Santa Clara no Vale do Silício, quando um de seus professores trouxe Ed Palmieri, advogado do Facebook especializado em privacidade, para fazer uma palestra. Max ficou surpreso com o pouco que sabia sobre legislação europeia em matéria de proteção de dados, e decidiu que seu trabalho para aquela aula seria uma pesquisa sobre o Facebook no contexto das legislações empresariais. Enquanto pesquisava, descobriu que o Facebook não só possuía vários dossiês de seus usuários como também cruzava o Atlântico sem respeitar o acordo de Safe Harbour. Como quase todos os gigantes da tecnologia, o Facebook tinha sua sede europeia na Irlanda. "Isso significa que todos os usuários europeus têm um contrato com o escritório de Dublin, o que os torna sujeitos à lei de proteção de dados na Irlanda", explicou Schrems.[51] Um desses direitos era o de saber quais dados pessoais uma dada companhia possuía.

Schrems encontrou a página onde poderia pedir os dados enterrada nas profundezas do Facebook. Deu andamento à sua solicitação e recebeu um CD com um documento de 1.200 páginas, onde encontrou um relatório contendo todas as vezes que ele tinha logado, de onde, durante quanto tempo e com que tipo de computador, quem tinha se logado dos mesmos lugares, todas as pessoas que tinham sido marcadas como amigos e também as que foram desmarcadas, com data e duração de todas, todos os endereços de e-mail de amigos, todas as pessoas que foram cutucadas e todas as mensagens e chats enviados e recebidos, incluindo os que foram apagados, todas as fotos que foram visualizadas, todas as coisas que foram lidas, todos os links que foram acessados. Max não era nenhuma pessoa conhecida nem relevante para a empresa, o registro era automático, parte do algoritmo. Isso significa que todos e cada um dos usuários do Facebook têm um relatório parecido, e que a falta de controle se estendia a todas as empresas estrangeiras que guardavam dados de cidadãos europeus, incluindo Google, Apple, Twitter, Dropbox, Amazon e Microsoft.

---

[51] Kashmir Hill, "Max Schrems: The Austrian Thorn In Facebook's Side", *Forbes*, 2012.

Schrems criou uma página chamada Europa-v-Facebook, onde publicava os dados sobre sua pesquisa. Quando seu relatório foi publicado, a imprensa divulgou a notícia e centenas de pessoas pediram ao Facebook seus dados. Quando foram pedir ao Reddit, muitos estadunidenses descobriram que não tinham o mesmo direito. A Europa tinha uma lei de proteção de dados, os Estados Unidos não, e não bastava ser europeu.

Apesar dos inúmeros processos abertos por Schrems na Irlanda, o Facebook se negou a entregar os dados biométricos (obtidos a partir de seu rosto), argumentando que a tecnologia para criá-los era segredo industrial. "Eu não sou nada além de um cara normal que teve um Facebook por três anos — escreveu Schrems. Pense nisso em dez anos: cada manifestação a que fui, minhas tendências políticas, minhas conversas particulares, minhas doenças." Quando o *Guardian* publicou os documentos do projeto PRISMA, não foi preciso que Schrems provasse que o Facebook espionava seus usuários europeus, descumprindo o acordo de Safe Harbour: o caso foi levado ao Tribunal de Justiça europeu com os documentos de Snowden e a causa foi ganha. O acordo de transferência de dados entre a União Europeia e os Estados Unidos foi anulado. Cinco meses depois, a Comissão apresentou um novo acordo transatlântico para a troca comercial de dados chamado Privacy Shield (escudo de privacidade). "A ANS guarda um registro de tudo que é feito por um cidadão europeu, independentemente de ser algo bom ou ruim — me disse Edward Snowden em 2016 —, e esse registro pode ser acessado e todos os arquivos serem examinados sem que haja um mandado. A única diferença é como isso passa a ser tratado depois de ser investigado." O Facebook tinha então um total de 845 milhões de usuários; três anos depois, alcançou 220 milhões de pessoas, sem contar as outras empresas que lhe pertencem, como o Instagram e o WhatsApp.

A estreita relação entre as plataformas e a administração não se limita ao governo estadunidense. Os contratos governamentais são os mais ambiciosos, inclusive se são governos autoritários em franca oposição aos supostos valores da empresa. Em 2018, 4 mil funcionários da Alphabet assinaram uma petição no Medium para que a empresa abandonasse o projeto Dragonfly, um buscador censurado com uma lista de proibições de páginas sobre direitos humanos, democracia, religião, ativismo, vigilância e outros conteúdos indesejáveis para o governo chinês. "Muitos de nós aceitamos trabalhar para a Google tendo em mente os valores da empresa, incluindo sua postura anterior a respeito da censura e da vigilância chinesa, e dando como certo que a Google era uma empresa disposta a colocar seus valores acima de seus benefícios." Meses mais tarde, 3.100 funcionários publicaram uma carta para o executivo da Google, Sundar Pichai, no *The New York Times*. Queriam que abandonassem o desenvolvimento de inteligência artificial para melhorar o processamento de vídeo e a orientação dos ataques dos drones do exército estadunidense. Assim começa a carta: "Acreditamos que a Google não deveria estar no negócio da guerra"; mas a empresa é parte do negócio da guerra, como todas as grandes empresas de tecnologia estadunidenses. Eric Schmidt é conselheiro do Departamento de Defesa, Vint Cerf foi contratado como "evangelista chefe" da Google, embaixador perfeito entre a empresa e o Pentágono. Em 2004, a Google desenvolveu um buscador especial para a CIA no qual todos os arquivos de Inteligência foram escaneados. Pediram para mudar um dos "O" da logo pelo símbolo da agência e a Google impôs uma condição. "Dissemos ao nosso departamento de vendas que dessem ok se prometessem não contar a ninguém — conta Douglas Edwards em seu livro de memórias *I'm Feeling Lucky*. Não queríamos espantar os ativistas da privacidade." Em 2007 trabalharam com a Lockheed Martin, empresa-chave do complexo industrial-militar estadunidense, para desenvolver um sistema de inteligência visual para a Agência de Inteligência Geoespacial com as bases militares que tinham no Iraque e no Afeganistão. O sistema indicava os bairros de população xiita e sunita que estavam sendo dizimados em uma campanha de limpeza étnica. Era o tipo de projeto para o qual o Google Earth foi criado. Quando o furacão Katrina destruiu o Golfo do México, a Google deu suporte aos helicópteros de resgate e à guarda costeira na localização de vítimas sobrepondo à sua imagem habitual do globo terrestre uma camada atualizada em tempo real, oriunda de seus fornecedores habituais, o Instituto Nacional Oceânico e Atmosférico e o operador civil de sensoriamento remoto DigitalGlobe. Em 2010, levou um contrato sem concorrência de 27 milhões de dólares para desenvolver o novo Serviço de Visualização GEOINT (GVS) para oferecer visão do globo em tempo real a soldados estadunidenses com camadas classificadas de dados. "O GVS foi construído para oferecer uma versão do Google Earth para as camadas classificadas como secretas e altamente secretas para visualizar informação classificada de forma geoespacial e temporal em uma imagem compartilhada pela missão", explicava o coronel das Forças Armadas Mike Russel. A tecnologia é integrada nas miras telescópicas de Comandos de Combate de Defesa, mas também é utilizada pelo FBI, pela CIA, NRO, ASN e a Agência Federal de Gestão de Emergências. Ironicamente, sua atuação em momentos de crise nos abre uma janela à sua gama de habilidades.

## Sentinelas celestes

Os sistemas de imagem via satélite são parte de um circuito fechado de vigilância em nível mundial nas mãos de um punhado de empresas que trabalham para diferentes governos. Seus grandes olhos rotativos não apenas vigiam o que acontece dentro de suas fronteiras, mas também registram tudo que acontece na superfície da Terra, incluindo movimentos oceânicos, produção agrícola e agropecuária, extração de petróleo e minerais, infraestruturas, cidades, fábricas, transportes, refúgios, pessoas. Cada minuto do planeta é localizável no espaço e no tempo, e acessível com ajuda de um buscador.

É o buscador da Google, mas no lugar de "organizar a informação do mundo e torná-la acessível e útil para todos os usuários", o que fazem é organizar a informação do planeta e torná-la disponível para seus clientes e parceiros. Muita gente pensa que esses dados são usados principalmente para previsão do tempo ou para detectar queimadas e inundações, mas na verdade o que as empresas de análises por satélite fazem é contar. Contam o número de carros nos estacionamentos, um serviço que é usado por ao menos 250 mil garagens dos Estados Unidos para informar aos supermercados e shoppings sobre a expectativa de venda para cada minuto do dia. Também informam sobre a quantidade de painéis solares que são instalados em cada região ou os barris de petróleo que circulam no mercado. A empresa de análise geoespacial Orbital Insight faz regulares denúncias de que a China tem muito mais petróleo do que diz ter, e que está acumulando reservas em uma velocidade preocupante. De acordo com James Crawford, presidente executivo da Orbital, "isso representa a capacidade da China de se aproveitar de qualquer alteração de preço no mercado".

As empresas compram informações via satélite para calcular quantas toneladas de cereais, legumes ou grãos serão colhidos por temporada, e para saber a quantidade de cabeças de gado. "O mais genial dessas técnicas é que, tradicionalmente, seria preciso falar com um monte de fazendeiros para conseguir uma estimativa como a do Departamento de Agricultura — explicava Mark Johnson, chefe da *startup* de previsão via satélite Descartes Lab para *The Verge*. Com *machine learning*, nós vemos cada pixel dos satélites e sabemos de todas as expansões." Suas previsões são melhores que as do Departamento de Agricultura porque o governo pode saber o que foi semeado, mas não necessariamente o que será colhido. Os satélites vigiam a colheita minuto a minuto e têm visão espectral que mede, entre outras coisas, os níveis de clorofila. Sabem o que qualquer agricultor está plantando e podem somar esse dado ao resto dos dados de todas as colheitas no Brasil, Argentina, China, no Mar Negro e na União Europeia. Possuem dados oficiais para compará-los com um século de colheitas anteriores e cruzá-los com as previsões meteorológicas e outras medições relevantes sobre o estado da terra (minerais, umidade, população de insetos, contaminação das áreas adjacentes) para prever o comportamento do mercado. Os agricultores independentes não podem se negar a fornecer os dados sobre o que ocorre em suas propriedades porque são vigiados do alto pelo olho sem pálpebras de destemidas máquinas. Mas as empresas que registram toda essa informação podem ocultar seu algoritmo, seus objetivos e até seus clientes porque "as pessoas que vendem insumos ao mercado agrícola têm muito ciúme de suas fontes de informação".[52] Crawford trabalhou para o projeto da Google na NASA, antes de fundar o Orbital Insight em 2013.

A União Europeia usa satélites para controlar a forma como os agricultores usam os auxílios da Política Agrícola Comum (PAC), vigiando, por exemplo, para que os agricultores cumpram as medidas estabelecidas, como a rotação de culturas, a manutenção de terras e que não trabalhem terras sem declives. O Ministério da Agricultura espanhol utiliza os satélites para fazer previsões meteorológicas, avaliar danos, monitorar auxílios e fazer mapas detalhados de cultivos e extrações na Espanha. A verdade é que não se pode plantar um carvalho sequer sem que o Estado saiba, independentemente de receber auxílio ou não. É um fato historicamente aceito que a agricultura é o princípio fundacional das nações estado e que nossa fixação por grãos é mais relacionada à receita e ao controle das colheitas do que à facilidade de adaptação ao solo

---

[52] Alex Brokaw, "This Startup Uses Machine Learning and Satellite Imagery to Predict Crop Yields", *The Verge*, 4 de agosto de 2016.

de determinada semente ou à nossa natural tendência para seu consumo. Os últimos estudos osteológicos indicam que os *Homo sapiens* que dependiam de grãos eram mais fracos e estavam mais mal alimentados que os caçadores nômades, e também ficavam doentes com mais frequência; mas tinham mais filhos e tinham mais apoio da comunidade, o que facilitou sua sobrevivência. Em seu fascinante ensaio *Against the Grain*, James C. Scott estabelece a escolha do grão como principal fonte de alimentação por ser uma matéria-prima de fácil taxação pelo governo. O camponês não conseguiria escolher uma plantação que cresce acima do solo e que precisa ser colhida e processada em épocas específicas do ano. As comunidades que plantavam batatas, inhame e outros tubérculos que crescem debaixo da terra podem ser coletados por etapas de acordo com a necessidade, ofereciam menos facilidades.

Vigiar grãos é como vigiar o camponês. Scott estabelece o ritual da colheita como o princípio do longo e demorado processo de automatização do homem pelo homem. Uma rotina de execução primitiva e bastante extensa:

A domesticação das plantas acabou sendo finalmente representada como a plantação de um terreno fixo [...] que nos pega por um conjunto de rotinas anuais que organizam nossa vida profissional, nossos padrões de povoamento, nossas estruturas sociais. [...] A colheita estabelece outro conjunto de rotinas: no caso dos cereais, é preciso separar em fardos, debulhar, tirar a palha, peneirar, secar, escolher... grande parte desse trabalho ficou estabelecido como funções femininas. No momento em que nós, *Homo sapiens*, tomamos a decisão fatal de sermos agricultores, nossa espécie se fechou em um monastério cujo trabalho consiste fundamentalmente no exigente horário genético de um punhado de plantas.

Em um mundo dominado pelos dados de satélite, não é difícil imaginar certo favoritismo pelas colheitas favoráveis à tecnologia. "Os campos de milho são muito bons para a resolução dos satélites — diz Johnson — porque são grandes, o milho cresce devagar e não se movimenta."

Os grãos e o gado podem ser contabilizados, assim como as pessoas. A DigitalGlobe tem um projeto coletivo para contar as focas que ficam no mar de Weddell, na Antártida, assim como ajuda o Facebook a localizar milhares de pessoas desconectadas da rede. Os satélites estão equipados com diferentes tecnologias e radares especialmente desenvolvidos para distinguir pequenos objetos em grandes extensões de água. O Marine Traffic é o serviço on-line mais popular de rastreamento de barcos, mas ele usa o Sistema de Identificação Automático (AIS, em inglês), pelo qual o satélite manda um "ping" para o barco e este devolve com a sua localização. Nem todos os barcos respondem; o barco que pesca de forma ilegal na China ou transporta imigrantes ilegais pode deixar seu transmissor em casa, mas é impossível que se esconda no espaço. Até o menor barco é localizável pelos radares de satélite como o VIIRS (Visible Infrared Imaging Radiometer Suite) da Raytheon, um dos maiores fornecedores de defesa militar dos Estados Unidos, que detecta luzes na água. Ou pelo sistema SAR (Synthctic Aperture Radar), que detecta qualquer pedaço de metal que tenha mais de seis metros de extensão.

A SpaceKnow faz índices econômicos baseados em uma combinação de dados de satélites. Durante a primavera de 2018, vigiou as atividades de 6 mil instalações industriais na China para avaliar sua produção. O vice-presidente Hugh Norton-Smith afirmou que seu plano era indexar o desestruturado e caótico mundo físico em uma plataforma digital em tempo real. Dentro do contexto da crise climática. A soberania das infraestruturas e o controle e gestão de recursos valiosos como grãos, gado e água são tão cruciais quanto a capacidade de traçar a rota das pessoas. Os satélites são apenas uma parte dessa grande infraestrutura, além de um elemento crucial na super-rede de vigilância que os consórcios batizaram como 5G. Em 2015, a Agência Geoespacial moveu o GVA para a nuvem da Amazon, a AWS.

## O Estado soberano da nuvem

A Amazon detém a metade do negócio mundial de nuvem. É o negócio mais lucrativo e poderoso de Jeff Bezos, ainda que muita gente pense que ele tenha se tornado o homem mais rico do planeta gerenciando uma loja de livros on-line. De todos os gigantes tecnológicos, a Amazon sem dúvida tem sido a mais discreta. Não tem slogan nem lema, não diz que vai fazer do mundo um lugar melhor ou mais conectado, mas no seu servidor está armazenado mais de um terço da internet. Claro que a Amazon oferece muito mais que armazenamento. A AWS vende serviços de software e infraestrutura que permitem que qualquer empresa ofereça um serviço de vanguarda a seus clientes com a maior segurança, sem que precisem comprar sua própria tecnologia. A Netflix usa a AWS para garantir que seus conteúdos cheguem em perfeito *streaming* a todos os lugares e dispositivos do planeta; a Unilever usa para manter 1.700 lojas on-line; o WeTransfer, para manter os envios de grandes pacotes de dados; impérios midiáticos como o Guardian News & Media ou a Hearst Corporation, para manter os cabeçalhos das páginas web; a Ticketmaster, para vender entradas; o Centro Internacional de Pesquisa de Radioastronomia, para manter um espaço colaborativo onde são trocadas, literalmente, quantidades astronômicas de dados. O mesmo acontece com Dow Jones, NASDAQ, as plataformas Airbnb, Slack, Pinterest, Coursera, Soundcloud, The Weather Company e o Laboratório de Propulsão da NASA. Mesmo o serviço de mensagem criptografada Signal, recomendado por Snowden e usado por ativistas de privacidade no mundo todo.

O poder horizontal da Amazon se expande pelo mercado de serviços oferecendo um acesso ilimitado aos dados que são gerados. Seu domínio vigilante não afeta apenas os usuários de cada um desses aplicativos, mas também as próprias empresas, porque a Amazon pode estudar seus modelos de negócio como se fossem testes de laboratório para depois destruí-los com preços imbatíveis. A AWS é a rainha inconquistável do negócio, mas ela não está sozinha, sendo seguida — com grande distância — pela Microsoft Azure, Google Cloud e IBM Cloud. Seu único concorrente verdadeiro é a Alibaba, que domina o continente asiático e nos últimos dois anos começou uma agressiva expansão. Se a internet se dividisse em vários blocos, como sugerido pelo fundador da Google, essas duas nuvens seriam os continentes principais.

Desde um ponto de vista materialista, já são reinos autogerenciados com as necessidades de um país mediano. Contra o que seu transparente nome sugere, a nuvem é uma aglomeração de silício, cabos e metais pesados que se concentra em lugares bem concretos e consome uma porcentagem absurda de eletricidade. Em 2008 já produzia 2% das emissões globais de $CO_2$, e se espera que em 2020 essa marca seja duplicada, se é que já não aconteceu. Dizem que uma das suas principais causas são os "poluentes adormecidos". A cada dia são gerados 2,5 quintilhões de dados, em parte enviando coletivamente 187 milhões de e-mails e meio milhão de tuítes, assistindo a 266 mil horas de Netflix, fazendo 3,7 milhões de buscas no Google ou descartando 1,1 milhão de caras no Tinder. Mas muitos dos dados são gerados involuntariamente por pessoas desprevenidas cujas ações e movimentos são minuciosamente registrados por câmeras, microfones e sensores sem que saibam disso. Uns e outros vão se acumulando em triplo em servidores de um setor que não apaga nada, e que exige refrigeração constante para não superaquecer os equipamentos. A Cisco calcula que em 2021 o volume aumentará em 75%, quando a internet das coisas e as Smart Cities tenham colocado todos os itens na rede.

Tanto a Google como a Apple garantem que seus centros funcionam com energias renováveis desde 2017; a Microsoft e a Amazon dizem que caminham na mesma direção, mas é difícil comprovar, especialmente nos países onde a lei de transparência não funciona. A verdade é que a nuvem se concentrou em lugares onde a eletricidade é barata e a administração é generosa com as reduções fiscais, a disponibilidade de mão de obra barata e a ausência de proteção de dados. De acordo com Arman Shehabi, pesquisador do Laboratório Nacional Berkeley, somente os servidores do iCloud e da Google usam 1,8% do consumo total nos Estados Unidos. Um estudo do Japão, o segundo maior país em termos de consumo da Amazon, adverte que em 2030 a rede terá excedido todos seus recursos energéticos. No futuro, os japoneses terão que escolher entre o ar-condicionado e a mensagem instantânea, entre a luz com sensor de presença e a retroiluminação do teclado. Os centros de dados dedicados aos bitcoins merecem um capítulo à parte. Dois pesquisadores da Secretaria de Pesquisa e Desenvolvimento da Agência de Proteção Ambiental dos Estados Unidos calcularam que entre 2016 e 2018 apenas a "mineração" produziu entre 3 e 13 milhões de toneladas de dióxido de carbono, o equivalente ao que é produzido por 1 milhão de carros.[53] Em dezembro de 2018, vários departamentos financeiros anunciaram que o preço de minerar bitcoin havia superado o valor da própria moeda. "Agora mesmo, os únicos lugares onde dão lucro são China e Islândia – contava o diretor de estratégia da Meraglim, James Rickards, para o *New York Post*. Os dois têm eletricidade muito barata e a Islândia tem a vantagem das baixas temperaturas para esfriar os computadores."

A nuvem devora recursos valiosos em tempos de escassez, mas as cidades brigam por ela. De acordo com os sociólogos David Logan e Harvey Molotch, o estranho fenômeno responde a um modelo de cidade como "máquina de crescimento",

---

[53] Max J. Krause e Thabet Tolaymat, "Quantification of Energy and Carbon Costs for Mining Cryptocurrencies", *Nature*, novembro de 2018.

no qual as administrações oferecem incentivos à indústria que teoricamente fomentam o crescimento econômico, ainda que tenham que sacrificar recursos locais e piorem o nível de vida dos setores mais vulneráveis da população.[54] O condado no qual se encontra a Tysons Corner, Virgínia, onde o grande nó da internet gerou a maior concentração de nuvens do mundo, tornou-se o mais rico dos Estados Unidos, com uma renda média anual de 134.464 dólares por domicílio. "Este ano [...] vamos ter 250 milhões de dólares em receitas fiscais somente dos centros de dados", afirmava o chefe de desenvolvimento econômico do condado, Buddy Rizer. A Amazon Web Services chegou ali em 2006 e opera agora em 38 fábricas. Conta também com oito centros em San Francisco, oito em Seattle e sete ao noroeste do Oregon. Na Europa, são sete em Dublin, quatro na Alemanha, três em Luxemburgo. No Pacífico, são dois centros no Japão, nove na China, seis em Singapura e oito na Austrália. Na América Latina são apenas seis centros e todos estão no Brasil. A nuvem solitária mais faminta e volumosa é a que a ANS mantém no deserto de Utah, a primeira capaz de armazenar um yottabyte de informação. Visto do alto, não é possível diferenciá-la de um Centro de Detenção de Imigrantes: grandes construções sem janelas rodeadas de camadas de segurança de vários tipos: fechaduras biométricas, controles marcados com arame farpado e homens armados com metralhadoras, muros e leis federais de proteção de sigilo e de propriedade intelectual. Os centros de dados de Inteligência estão legalmente apagados dos mapas por razões de segurança. O fotógrafo Trevor Paglen dedicou anos de sua vida a fotografar esse tipo de lugar, usando lentes de longo alcance e uma lista de lugares secretos. Quando saíram os documentos de Snowden, percebeu-se que "quase todos falavam de infraestrutura e que traziam endereços".[55]

---

[54] Harvey Molotoch, "The City as a Growth Machine: Toward a Political Economy of Place", *American Journal of Sociology*, 82(2), setembro de 1976.

[55] Tim Adams, "Trevor Paglen: Art in the Age of Mass Surveillance", *Guardian*, novembro de 2017.

Há tempos que a nuvem é mais que um armazém da World Wide Web. A sementinha plantada por Tim Berners--Lee em seu escritório da CERN foi devorada por um sistema complexo de processamento de dados em que está em curso a grande corrida armamentista do século XXI: o desenvolvimento de inteligência artificial. Entre as principais funções está a de armazenar bases gigantescas de dados e processá-las com algoritmos de autoaprendizagem (*machine learning*) e profundo (*deep learning*) para terceiros. "A Amazon.com criou a AWS para permitir que outras empresas desfrutassem da mesma infraestrutura — conforme anuncia a web — com agilidade e benefícios de custos, e agora continua democratizando as tecnologias ML colocando-as ao alcance de todas as empresas." Quanto mais processa outras informações, mais poderoso e inteligente fica o algoritmo da Amazon.

No mundo da inteligência artificial, a quantidade de dados processados é essencial, mas existem materiais especialmente valiosos. Os governos oferecem informações especialmente detalhadas e úteis, entre elas os poderosos arquivos confidenciais das agências de inteligência e seus extensos sistemas de vigilância. A Microsoft Azure tem um serviço de nuvem especial que vende "flexibilidade e inovação sem precedentes para as agências governamentais dos Estados Unidos e seus aliados", classificado como Altamente Sigiloso e com "capacidade cognitiva, inteligência artificial e análises preditivas". Centenas de trabalhadores se mobilizaram para exigir que Bill Gates abrisse mão de seu contrato de 19,4 milhões de dólares para processar dados e imagens para o serviço de Imigração e Controle de Aduanas dos Estados Unidos, depois de ver que ajudavam a separar as famílias de imigrantes de seus filhos. A empresa declarou que "a Microsoft não está trabalhando com o Departamento de Imigração ou com a patrulha da fronteira em nenhum projeto que *acarrete separação de crianças e suas famílias na fronteira* e, contrariamente aos rumores, não temos conhecimento de que a Azure ou seus serviços estejam sendo utilizados com essa finalidade". Mas não garante nem prova nem se compromete a renunciar à sua relação com o Pentágono, porque a sinergia entre as tecnologias e as agências federais funciona nas duas direções: ainda que a empresa não possa legalmente utilizar os dados classificados de forma direta, o processamento desses dados fornece novos níveis de precisão a seus algoritmos comerciais, que afinam suas habilidades de previsão para outros clientes.

Entre 2014 e 2016, a Amazon ganhou vários contratos com a CIA e com a ASN para desenvolver um "ambiente de fusão de Big Data" chamado Intelligence Community GovCloud. Um dos filhos de sua relação com a comunidade de inteligência e as autoridades foi Rekognition, um software de reconhecimento facial automático capaz de identificar milhares de pessoas com apenas uma imagem. Os executivos de Bezos já disseram a seus funcionários que não perdessem tempo protestando por prestarem um serviço a Trump. "A AWS está numa disputa acirrada por um contrato de 10 milhões com o Departamento de Defesa e não é por acaso que uma das suas sedes está a um quilômetro e meio do Pentágono — declarou Andy Jassy, gerente da AWS. Não vamos deixar esse negócio por causa das insatisfações de nenhum funcionário." Referia-se ao projeto JEDI (Joint Enterprise Defense Iniciative), uma infraestrutura que centraliza todos os poderes do Departamento de Defesa em apenas uma nuvem-ilha. Isso não significa que a Amazon não tenha um código. Em 2010, a AWS tirou a Wikileaks de seus servidores por "descumprir os termos de uso ao publicar conteúdo que não era próprio", mas não tiveram o mesmo problema para trabalhar com a empresa mais polêmica do Vale do Silício: Palantir.

## Palantir, a curiosa

Peter Thiel era membro da Máfia PayPal, o "clã" de ex-alunos de Stanford e da Universidade de Illinois que fundaram ou trabalharam no PayPal e acabaram fundando algumas das empresas mais poderosas do Vale: Tesla, LinkedIn, Palantir Technologies, SpaceX, YouTube, Yelp.[56] E também tinha sido investidor do Facebook, tornando-se o mentor de Mark Zuckerberg e importante membro de seu conselho executivo. Em 2004, Thiel colocou 30 milhões de dólares para fundar uma empresa chamada Palantir Technologies Inc. Outro grande investidor foi a CIA, que pôs 2 milhões por meio da In-Q-Tel, seu fundo de capital de risco para tecnologias que possam ser úteis. Seu objetivo era minerar dados para o controle da população.

Um palantir é uma pedra legendária que permite observar pessoas e épocas distantes no tempo e no espaço. Através dela, Sauron, no *Senhor dos Anéis*, vigia seus inimigos, vê coisas que já aconteceram e enlouquece suas vítimas com vozes fantasmagóricas. A pedra está conectada ao anel, que a "chama" quando alguém o usa. Seguindo a analogia, todo dispositivo conectado à internet está conectado a palantir. Seu primeiro trabalho para a ANS foi o XKEYSCORE, um buscador capaz de atravessar e-mails, chats, históricos de navegação, fotos, documentos, webcams, análise de tráfego, registros de teclados, chaves de acesso ao sistema com nomes de usuários e senhas interceptadas, túneis de sistemas, redes P2P, sessões do Skype, mensagens de texto, conteúdo multimídia e geolocalização. Serve para monitorar à distância qualquer pessoa, organização ou sistema a partir de qualquer dado: um nome, um lugar, um número de telefone, uma placa de carro, um cartão. Seguindo o padrão conhecido, a tecnologia foi criada para

---

[56] Em 2007, o grupo posou para a revista *Fortune*, vestidos de mafiosos, confirmando o apelido. Os membros mais notórios são Peter Thiel e Elon Musk.

vigiar "insurgentes" e "inimigos do mundo livre" no Iraque e no Afeganistão, sendo rapidamente implementada nos estados federais para vigiar os próprios cidadãos, especialmente em lugares onde a maioria é afro-americana e nos locais mais castigados pela pobreza ou pelos furacões, como Detroit ou Nova Orleans.

Na década seguinte, a Palantir conseguiu mais de 200 milhões em contratos com a Marinha, a Agência de Inteligência da Defesa, West Point, o FBI, a CIA, a ANS e os departamentos de Justiça, da Fazenda, da Imigração e de Segurança Nacional. Inclusive o Medicaid tinha um projeto piloto conjunto para pesquisar as chamas de emergência e outro para identificar serviços médicos ilegais no Sul. Isso durante a administração Obama. Depois, Donald Trump ganhou as eleições com o apoio político, técnico e financeiro de duas pessoas: Peter Thiel e Robert Mercer, donos da Palantir e da Cambridge Analytica, respectivamente. Hoje, a Palantir é conhecida como o Departamento pré-crime de Trump, porque sua tecnologia de previsões é usada pela polícia para detectar "zonas de calor" onde a violência poderia estourar. Também detecta grupos ou pessoas "de interesse", que tenham participado de manifestações, greves, que tenham amigos no Greenpeace, que usem tecnologias de criptografia ou que tenham apoiado outros ativistas nas redes sociais. A Palantir tem acesso a digitais e outros dados biométricos, arquivos médicos, histórico de compras com cartão, registro de viagens, conversas telefônicas, impostos, cadastro de menores, e fica com todos os dados que processa para usá-los com outros clientes como as agências de inteligência da Inglaterra, Austrália, Nova Zelândia e Canadá. Na Europa, é utilizado por pelo menos dois governos, o britânico e o dinamarquês. Mas tornou-se principalmente um brinquedo de Trump para a detenção e deportação massiva de imigrantes sem antecedentes criminais. Tudo está hospedado no Amazon Web Services, que também usa o Rekognition, seu algoritmo de reconhecimento facial.

## A banalização da vigilância

Em maio de 2018, Taylor Swift montou uma tenda de fotos e vídeos para os fãs no estádio Rose Bowl de Los Angeles, onde daria um show. Meses depois, a revista *Rolling Stone* publicou que o espaço estava secretamente equipado com um software de reconhecimento facial que tirava fotos dos admiradores e as enviava para um servidor em Nashville, para compará-las com uma base de dados de pessoas suspeitas de assediar a cantora. Essas pessoas poderiam ser "o número de homens que temos registrados por terem aparecido na minha casa, na casa da minha mãe, ou os que me ameaçaram de morte, de sequestro ou que queriam se casar comigo", conforme mencionado pela artista em uma entrevista,[57] ou qualquer outra base de dados de qualquer outra empresa ou instituição. Não temos como saber, mas insere uma nova carga poética no nome de sua turnê: "Veja o que me fez fazer".

Os algoritmos de reconhecimento facial são o trecho de código mais valioso do mundo e o mais perigoso. Oferecem um sistema de reconhecimento involuntário e invisível, projetado para identificar pessoas sem que elas saibam, sem permissão e sem que possam oferecer resistência, porque são traídas pelas características irrenunciáveis e inalteráveis de seu físico. Ainda que a regulamentação desse tipo de dados varie muito de um país a outro, seu uso estourou em todos os mercados porque o acesso é simples e imediato. "Amazon Rekognition facilita a incorporação da análise de imagens e vídeos a seus aplicativos, bastando apenas fornecer uma imagem ou vídeo ao API do Rekognition e o serviço identificará objetos, pessoas, textos, cenas e atividades." Os primeiros mil minutos de vídeo são gratuitos! A mesma tecnologia usada pelo exército para encontrar terroristas e vigiar zonas de conflito com um drone,

---

[57] Sopan Deb e Natasha Singer, "Taylor Swift Said to Use Facial Recognition to Identify Stalkers, *New York Times*, 2018.

ou as autoridades aeroportuárias nos aeroportos, está disponível para lojas, shoppings, bancos, estacionamentos, festivais de música, postos de gasolina, escolas e parques temáticos. C-SPAN, o canal que retransmite ao vivo tudo que acontece no Congresso dos Estados Unidos, usa o Amazon Rekognition para identificar os parlamentares automaticamente; Sky News usou para identificar os convidados do casamento entre o príncipe Harry e Meghan Markle, sobrevoando a capela de St. George com uma frota de drones. Madison Square Garden, o estádio de Manhattan com capacidade para 22 mil pessoas, onde os Knicks jogam, Billy Joel toca e onde todos os anos acontece a cerimônia de entrega do Grammy, o utiliza como parte de seu protocolo básico de segurança. Cada novo usuário põe um novo olho na rede de vigilância da Amazon, que estende seus domínios e aperfeiçoa suas habilidades para colocá-las a serviço de seus valiosos clientes, como a Palantir.

Até recentemente, o melhor algoritmo de reconhecimento facial era o do Facebook. O DeepFace tem uma porcentagem de acerto de 97,47% graças ao empenho dos usuários. Em janeiro de 2011, antes que o sistema começasse a sugerir nomes, um usuário normal era marcado em aproximadamente 53 fotos, uma dezena a mais das que são necessárias para que o algoritmo gere um modelo. Em 2016 "liberou" seus algoritmos de detecção, reconhecimento e classificação de fotografia Deep Mask, SharpMask e MultiPathNet para que todo mundo pudesse usá-los em plataformas como Flickr, acrescentando habilmente novas bases de dados à sua ampla coleção. Para contextualizar, o algoritmo desenvolvido pelo FBI acerta só 85% e o olho humano nao passa de 97,65%. Uma das suas funções é reconhecer e marcar pessoas que saem em uma imagem, inclusive qualquer pessoa fazendo qualquer coisa quando não está conectada, na vida real.

Em 2015, um fotógrafo russo chamado Egor Tsevtkov começou a fazer fotos de pessoas que via no metrô e conectá-las com seus perfis em VKontakte, o Facebook russo, usando um aplicativo gratuito chamado FindFace. De fato, não era mais que uma cópia do Face Finder do Facebook que permite encontrar amigos através de fotos, mas que estava restringido àqueles que já eram do seu círculo. Seu projeto "Tua cara é Big Data" demonstrou que estar nas redes sociais na era do reconhecimento facial significa que qualquer pessoa que tire uma foto sua na rua poderá saber exatamente quem você é e te contatar. Se quiser ir mais longe, pode comprar a informação de um *data broker* e saber tudo sobre você. A Google lançou o FaceNet em 2015. Tanto Android como iPhone oferecem sistemas de reconhecimento facial para desbloquear o telefone, mas, tecnicamente, qualquer aplicativo que use a câmera pode acrescentar dados a um software de reconhecimento facial. O projeto chamou a atenção do Kremlin, que financiou generosamente seu jovem programador, Alexander Kabakov e sua empresa, a Ntechlab, para que continuasse desenvolvendo o projeto. Hoje, a Ntechlab é uma das principais empresas internacionais do ramo.

De fato, os aplicativos de realidade aumentada são a forma mais fácil de mapear os rostos dos usuários, o Foursquare da identificação invisível. Os populares filtros do Snapchat e do Instagram, de orelhinhas de coelho, fundos de animação ou pele de porcelana fazem isso. Em 2017, a Apple lançou um filtro semelhante chamado Clipps. Na Ásia, o rei é o Face++, filtro embelezador que todo mundo usa antes de enviar, compartilhar ou publicar uma foto. Cada vez que usamos esses aplicativos ou subimos fotos para a nuvem, estamos treinando os mesmos algoritmos que as empresas usam para que as portas se abram para os funcionários, que os sistemas de transportes usam para cobrar uma viagem ou que os caixas automáticos usam como identificação para sacar dinheiro ou pagar uma conta no restaurante, e que nos identificam ainda que não queiramos, mesmo que saibamos ou não. "Não é apenas possível pagar as coisas assim, mas também para os funcionários do café poderem recebê-lo chamando-o pelo seu nome", explica o professor dos programadores do Face++

para a revista do MIT.[58] Também faz parte da densa rede de vigilância do governo chinês, onde não é possível dar um passo sequer sem que se ganhe ou se perca pontos de crédito social.

## China, 2020: a primeira ditadura digital

Em Beijing, um cidadão que passa o sinal vermelho pode ser multado diretamente em sua conta bancária. Também pode ser visto imortalizado em um vídeo que passará em *looping* nas paradas de ônibus, para escárnio próprio e de sua família. Se cometer mais infrações, como estacionar errado, criticar o governo em uma conversa privada com sua mãe ou comprar mais álcool que fraldas, correria o risco de perder o emprego, o seguro médico, até chegar ao ponto de não conseguir mais outro emprego, nem mesmo poder pegar um avião. É assim que funcionará o novo sistema de crédito social chinês, programado para entrar completamente em vigor em 2020. Seu lema é "os bons cidadãos caminharão livre sob o sol, já os maus não poderão dar um passo".

No sistema de crédito social, também conhecido como Sesame Credit, todos os cidadãos começam com a mesma pontuação, mas depois vão aumentando ou diminuindo em função de como se comportam. Entre as muitas coisas que fazem a pontuação baixar estão roubar, comer no metrô, começar uma briga, fazer xixi na rua e não pagar as contas. Também falar mal do governo em um chat privado com um amigo, se reunir com intenções sindicais, participar de manifestações políticas, entrar em uma mesquita (ainda que seja em outro país) ou ler livros inapropriados. Trapacear em videogames (usando bots) tira muitos pontos. Também se relacionar com pessoas com pontuação muito baixa, ainda que sejam os membros mais próximos da família. À medida que

---
[58] Will Knight, "Paying with Your Face", *MIT Technology Review*, 2017.

se vai perdendo crédito, o mau cidadão perde acesso a serviços, trabalhos, casas, promoções, hipotecas, o direito a pegar o trem ou assistir a um concerto. Em junho de 2018, um total de 169 pessoas foram expulsas do sistema ferroviário e também perderam permissão para voar. Seus delitos, que foram publicados pelo governo com seus nomes e seus rostos, incluíram dívidas, brigas e, pelo menos em um caso, uma tentativa de passar pelo detector de metais do aeroporto com um isqueiro no bolso. Também existem coisas que dão pontos: tirar boas notas, doar sangue, trabalhar como voluntário ou participar nas atividades organizadas pelo governo local e fazer horas extras no trabalho. Os cidadãos com muitos pontos podem furar a fila do hospital, recebem descontos especiais, promoções no trabalho e até cinco páginas de contatos para conseguir encontros com boas garotas. Recebem créditos para comprar casas nos melhores bairros e matrículas para seus filhos nas melhores escolas. Zhenai.com, o Tinder chinês, oferece visibilidade para os homens com pontuação mais alta. Todo mundo conhece o crédito atualizado de todos, todos têm que saber com quem se relacionam.

O sistema de crédito chinês depende de mais de 400 milhões de câmeras que vigiam permanentemente a população, todas conectadas a servidores com sistemas de reconhecimento facial em tempo real. Faz parte de um programa chamado Sharp Eye, mas na verdade qualquer câmera, microfone ou sensor de qualquer dispositivo chinês em qualquer lugar é parte do sistema de vigilância do governo, incluídos os telefones celulares. A nova Lei de Segurança Cibernética, aprovada em 2017, exige soberania nacional sobre o ciberespaço e obriga as empresas de tecnologia a vigiar os usuários, compartilhar com as autoridades os códigos-fonte de todos os seus programas e abrir seus servidores para revisões de segurança. Além de sacar dinheiro usando o rosto no lugar do cartão, a maior parte da população ganha, empresta e gasta através de aplicativos como o We Chat Pay e Alipay. A digitalização total das transações é fundamental para registro e controle do governo. Como diz a protagonista em *O conto da aia*, o salto da democracia para a ditadura é mais fácil quando todo o dinheiro é digital. Todo o projeto se sustenta graças a um ecossistema de empresas tecnológicas dominado por três gigantes: Baidu, Tencent e Alibaba. Houve um tempo em que não eram mais que cópias sem personalidade das páginas populares estadunidenses. Tudo isso acabou no dia em que o presidente da República Popular da China, Xi Jinping, viu como uma inteligência artificial estrangeira derrotava o Go.

# ALGORITMO

A máquina de xadrez que ganhou de Kasparov usava a força bruta, que não é exatamente o mesmo que pensar. Essa "inteligência" é baseada em sua capacidade de entender a lógica do jogo e calcular de antemão todas as permutações possíveis para escolher as que têm mais possibilidades de ganhar. Posteriormente, isso se chamaria inteligência da velha guarda,[59] mas até então era a única inteligência artificial disponível e era perfeita para resolver problemas com base lógica de forma eficiente e com um alto grau de precisão, o tipo de coisa que os humanos não dão conta. Seu desenvolvimento estava baseado na representação lógica e abstrata dos processos cognitivos: circuitos que imitam o que os humanos fazem. Com a rede dos anos 1980 chega um cara novo no bairro, chamado conectivismo. E a aposta dos conectivistas é que a única forma de imitar o que o cérebro faz é imitando exatamente o que ele é. Não de forma simbólica, mas literal, simulando neurônios. E não ensiná-lo de forma semântica, programando a lógica das estruturas do pensamento como se programa uma máquina, mas a partir de exemplos, como se ensina a uma criança ou a um animal. A máquina de jogar xadrez já não aprenderia as regras de cada peça para calcular todas as permutações possíveis e escolher a que projetasse o melhor resultado. Em vez disso, estudaria uma base de dados com todas as jogadas que conseguiram mais vantagens em partidas anteriores e as aplicaria no contexto apropriado, aprendendo

---
[59] GOFAI: *Good Old Fashioned A.I.*

com seus próprios erros e acertos, refinando o jogo até chegar a uma imbatível perfeição.

Quando o famoso autômato Turco de Von Kempelen começou a ganhar partidas dos grandes mestres europeus no século XVIII, os intelectuais da época o acusaram de fraude com o argumento de que nenhuma máquina podia pensar, e naquela época eles tinham razão. Quando o Deep Blue derrotou Kasparov em 1997, disseram que podia calcular um número finito de possibilidades sujeito a um número finito de regras, mas que nunca poderia fazer o mesmo com o Go, porque o Go é natureza, não regras. Nem os melhores jogadores do mundo sabem exatamente como ganham as partidas. E a escala é muito diferente. O xadrez é jogado num tabuleiro 8 x 8 e a ordem de permutações é maior que 64, enquanto no Go cada movimento tem uma ordem de quatrocentas permutações, e cada jogada calculada antecipadamente abre uma brecha exponencial. Inclusive, se fosse possível programá-lo, o tipo de algoritmo que venceu Kasparov precisaria de meses para decidir cada jogada. A única forma de jogar é fazendo como fazem os grandes jogadores intuitivamente, olhando as marcas no tabuleiro e adivinhando quais tinham sentido e quais não.

Os engenheiros da AlphaGo combinaram três algoritmos diferentes. Primeiro, um algoritmo de aprendizagem profunda capaz de identificar, a partir de um histórico de partidas reais, quais combinações de jogadas conduziam à vitória e quais não. Uma máquina pode imitar o raciocínio dos melhores jogadores reconhecendo os padrões que escapam à sensibilidade humana (e por isso chamamos de intuição). O segundo algoritmo, chamado "Reinforcement Learning", fazia a máquina praticar o que aprendeu jogando milhões de vezes contra si mesma, melhorando seu entendimento e domínio do jogo, como no final da partida de jogo da velha no filme *Jogos de guerra*, mas muito mais rápido. Finalmente, aplicaram um Monte Carlo Tree Search (MTCS), que permite fazer uma busca eficiente de soluções sem ter que calcular todas as permutações possíveis em cada jogada, mas somente as mais pertinentes. E assim foram jogar.

 A história é bem conhecida, O sul-coreano Lee Sedol, dezoito vezes campeão do mundo, foi derrotado pelo AlphaGo em março de 2016, ainda que Lee tenha conseguido ganhar uma partida (apenas uma) da máquina. A Associação Baduk da Coreia concedeu ao algoritmo a categoria 9 dan, a máxima que pode receber um jogador profissional. Um ano depois, o chinês Ke Jie, considerado o melhor jogador da história do Go, perdeu de forma gloriosa contra a mesma máquina na cúpula Future of Go em Wuzhen, China. Entre uma partida e outra, o salto qualitativo dado pela máquina jogando contra si mesma foi tão significativo que passou da categoria 9 dan para 20 dan. Em apenas um ano, abriu-se uma lacuna intransponível entre sua habilidade e a de um jogador de carne e osso. Nem um número infinito de chineses com um número infinito de partidas poderá ganhar uma única vez do AlphaGo. Durante mais de 2 mil anos, todos os mestres de Go tentaram jogar a partida perfeita com um oponente perfeito, um encontro em que cada uma das jogadas fosse a jogada perfeita. Chamavam-na "a mão de Deus". Agora, existe uma máquina que só sabe fazer jogadas perfeitas e nem sequer é chinesa. AlphaGo é o produto mais famoso da DeepMind Technologies, uma empresa britânica de inteligência artificial, adquirida pela Google em 2010.

 Kai Fu-Lee, pioneiro do *machine learning* e autor de *AI Superpowers*, garante que foi o momento Sputnik da China, um exemplo do pedaço de realidade que os Estados Unidos tiveram ao ver que a Rússia tinha colocado um objeto em órbita. Naquele momento, o governo acionou um programa para o desenvolvimento da inteligência artificial que, em dois anos, os transformou em uma potência mundial. Além de contar com um grupo de empresas líderes no desenvolvimento de algoritmos, havia duas grandes vantagens competitivas em comparação com o Ocidente: um governo totalitário e um quarto da população mundial. Uma das vantagens de ter um governo totalitário é que não é preciso se preocupar com os direitos civis de ninguém. Os cidadãos chineses há anos treinam as mesmas tecnologias que agora são usadas para vigiá-los, e agora essas tecnologias treinam os cidadãos com um sistema de sanções e recompensas semelhante a um videogame. O partido garante que seus cidadãos entendem o sistema, e que no resto do mundo também existe um sistema de crédito, mas ninguém sabe quais são as regras, como os cidadãos são afetados e o que pode ser feito para melhorar sua própria pontuação.

As revoluções industriais sempre trazem consigo um período de expansão e racionalismo tecnocrático, uma visão otimista das capacidades da tecnologia para superar todos os obstáculos e otimizar os recursos com métodos baseados em um cálculo exato das condições e a aplicação de precisas fórmulas matemáticas. É a mesma história da carochinha: se damos a fórmula certa, podemos acabar com a fome e com as doenças, acabar com a maldade, multiplicar os pães e os peixes, viver para sempre, avançar para estados evolutivos superiores e fazer do mundo um lugar melhor antes de colonizar outros planetas sem cometer erros. Uma das fantasias derivadas dessa forma de ver o mundo é que, no fim, poderemos tomar as decisões perfeitas, ter "a mão de Deus". A outra, é que as implementações tecnológicas são intrinsecamente melhores do que as feitas pelos humanos, porque nós humanos somos criaturas mesquinhas tomadas pelo sentimentalismo e condenadas a uma execução defeituosa até mesmo nas tarefas mais simples. Por outro lado, a máquina é imaculada e digna de confiança, eficiente e discreta. Sempre executa as ordens do mesmo jeito, não se cansa, não se distrai e nem perde a motivação. É isenta de julgamento, não diferencia se o jovem usa um brinco na orelha ou se alguém tem sobrepeso. Teoricamente, é sem pecados. Com essa perspectiva, as instituições e empresas começaram a delegar trabalho às máquinas, não apenas tarefas pesadas e repetitivas que não requerem deliberação, mas também o trabalho sujo, usando algoritmos como fachada para tomar decisões "politicamente responsáveis", dando a entender que as máquinas tomarão decisões justas e racionais baseadas nos princípios da eficiência, mas sem abrir o código responsável para auditoria, porque ele está protegido por propriedade intelectual. Essa prática é tão habitual que até tem um nome: lavar com algoritmos, ou *mathwashing*.

Um algoritmo é um conjunto de instruções desenvolvidas para resolver um problema concreto. Mas quando os algoritmos são opacos, já não sabemos qual problema eles tentam resolver. Em abril de 2017, no aeroporto de Chicago, a United Airlines tirou à força um passageiro de um de seus aviões. O passageiro, um pneumologista chamado David Dao, havia pagado por sua passagem, passado pelos controles de segurança, tinha todos os documentos em ordem e estava sentado no assento que lhe havia sido designado esperando a decolagem quando as aeromoças pediram que ele saísse do avião. Diante de sua negativa, chegaram dois seguranças e o tiraram à força, diante do horror e protestos dos demais passageiros. Duas pessoas que viajavam ao seu lado fizeram vídeos com o celular e compartilharam nas redes sociais. Em um dos vídeos, Dao sangrava pela boca. Em poucas horas, a história estava na capa de todos os jornais e até Donald Trump considerou o incidente "horrível". No dia seguinte, o presidente executivo da empresa, Oscar Muñoz, deu algumas explicações: a empresa precisou reacomodar alguns passageiros, a tripulação tinha seguido o protocolo adequado e Dao estava "perturbado" e "agressivo". Mas os passageiros garantiram que Dao tinha sido perfeitamente educado, e os vídeos mostravam que a única coisa que ele tinha feito era resistir a abandonar o avião. E ele foi tirado não por algo que havia feito, mas por algo que a companhia tinha feito: *overbooking*. A empresa tinha vendido mais passagens do que assentos disponíveis no avião. Quando ficaram sem voluntários para esperar o voo seguinte, usaram o famoso algoritmo para que escolhesse quem seria o contemplado. E o algoritmo escolheu Dao. Assim, Muñoz explicou, como se a mão de Deus tivesse descido das nuvens e tivesse sinalizado o escolhido. É exatamente isso que significa *mathwashing*: higienizar uma conduta discriminatória e vexatória com a mão limpa do código. Porque não é preciso um algoritmo para escolher um número de forma aleatória, e o *overbooking* não é um "erro". Se a United Airlines tem um algoritmo para indicar passageiros é porque costuma vender mais assentos do que dispõe. De fato, existe outro algoritmo usado pelas companhias aéreas e que calcula quantos passageiros perderão o avião ou mudarão a passagem no último minuto. É claro que às vezes acontece um erro, mas a empresa não pode deixar que um membro da tripulação indique passageiros e corra o risco de ser processado por discriminação, tampouco pode se arriscar a tirar um passageiro importante. Apontando o algoritmo, Muñoz dava a entender que Dao havia sido escolhido de forma aleatória, como numa loteria aérea, quando na verdade ele havia sido escolhido por ser o passageiro menos valioso do avião.

"Não querem cometer o erro de tirar um membro da [Aliança] Global ou um passageiro com 10 milhões de milhas — dizia Paul Touw, o presidente executivo da Stellar Aero, ao *USA Today*. É preciso garantir que serão tiradas pessoas que nunca voaram pela United e não clientes que são realmente importantes." Se você voa pouco, compra passagens baratas, não tem cartão de passageiro frequente, não trabalha em uma empresa importante que compra muitas passagens ou mora em outro país, a linha aérea pode te tirar do voo sem perder muita coisa. Essa categoria de algoritmos está em todas as partes, até na secretária eletrônica dos serviços de atendimento ao cliente. Quando você liga para sua operadora telefônica para mudar o contrato, pedir um reembolso ou reclamar de uma conta, tem um algoritmo que reconhece seu número e avalia sua ordem de prioridade no atendimento. Se você precisa esperar muito para que um atendente fale com você, é sinal de que o algoritmo não te considera importante. Na verdade, é um algoritmo que decide o preço de sua passagem, um sistema de requalificação de preços em tempo real baseado em medições, estatísticas e, claro, seu histórico de compras anteriores. É uma matemática com preconceitos que avaliam quanto você precisa, quanto você pode pagar e quanto o mercado te oferece, buscando seu número mágico. Assim como a máquina de jogar Go, cada vez que acerta, aprende algo. Depois de quinze anos de experimentos com milhares de pessoas, se tornaram máquinas de ganhar a preço justo.

Dizem que o preço fixo foi inventado pelos Quakers, que achavam que todo mundo era igual perante Deus e que deviam pagar o mesmo preço pelo mesmo produto em vez de serem submetidos à astúcia e malandragem de vendedores sem escrúpulos. O slogan da Grand Depot, a primeira loja que implementou a política de preço fixo nos Estados Unidos, era "Preços fixos, sem favoritismo!". Mas sempre existe nos mercados uma variação de preços que atende à produção, demanda e consumidor, cuja fidelização é trabalhada através de ofertas, descontos e presentes especiais ("faço por quinze euros e coloco mais dois quilos desse outro para que você prove"). As grandes lojas fidelizam com cupons, descontos e cartões de crédito (ironicamente uma fonte de informação para o mercado de dados). Mas com esses algoritmos, o cliente não tem chance de negociar. Sua única forma de negociar os preços é tentando burlar o algoritmo em seu próprio jogo, uma missão na qual existem tantas possibilidades de sucesso como um medalhista olímpico no auge de sua carreira de ganhar uma maratona. Isso não impede que a rede se encha de receitas para encontrar o preço mais baixo, desde buscadores até um proxy anônimo, passando por redes privadas virtuais (VPN) para que se possa comprar de países pobres do terceiro mundo pagando menos.

Tudo começou no ano 2000, quando as plataformas começaram a contratar economistas para calcular a curva da demanda: o maior denominador comum que as pessoas estão dispostas a pagar por um produto em diferentes contextos e épocas do ano. A Google contratou Hal Varian, um economista de Berkeley que tinha feito sucesso com seu livro *Information Rules*, para trabalhar no projeto AdWords. "O eBay era a Disneylândia — de acordo com Steve Taledis, outro economista de Berkeley que hoje trabalha para a Amazon. Você sabe: preços, pessoas, comportamento, reputação [e] a oportunidade de experimentar proporções inigualáveis."[60] Descobriram que as pessoas pagam mais de manhã do que à noite, que gastam mais no escritório do que em casa. Com a explosão do Big Data, cresceu a ambição. Tinham o histórico de compras de cada pessoa e os dados do seu perfil. Tinham os dados de seus cartões de crédito, do plano de saúde, das preferências televisivas. Sabiam quem comprava compulsivamente às duas da manhã, quem preparava seu casamento cuidadosamente e quem acabava de perder um voo numa cidade que não era a sua. Podiam calcular qual era o máximo que podiam tirar de cada pessoa. Esse algoritmo de preços dinâmicos nunca joga a favor do consumidor. É completamente oportunista e não tem sentimentos.

    As companhias aéreas foram as primeiras a usar o sistema. Quem não percebeu que a oferta que acabara de ser encontrada tinha mudado de preço antes que fosse possível finalizar a compra? Ou que a passagem vista havia pouco tempo duplicou seu preço quando foi ser comprada? Ou que uma viagem nacional de três horas está mais cara que um voo internacional de doze horas? Assim como aconteceu com a bolha da TV a cabo, a liberalização do espaço aéreo provocou uma bolha de companhias aéreas cuja concorrência fez os preços cairem com a conhecida fase de absorções, fusões e resgates. Hoje, a metade do mercado europeu se concentra em cinco grupos: Ryanair, Lufthansa Group, AIG, Easy Jet e Air France-KLM. Nos Estados Unidos são a Southwest Airlines, American Airlines, Delta Airlines, United Airlines e Air Canada. O preço de uma passagem já não depende tanto do preço do combustível, do número de passageiros ou da distância do

---

[60] Jerry Useem, "How Online Shopping Makes Suckers of Us All", *The Atlantic*, maio de 2017.

trajeto; depende principalmente da oferta e da demanda. As rotas nas quais opera uma só companhia podem negociar um preço máximo muito alto: competem com trens, carros e com a pressa. Se uma companhia fecha para reforma, acidente ou greve, o resto subirá seus preços. Se um destino turístico sofre um atentado e muitos voos são cancelados, os preços baixarão. Quando o furacão Irma estava próximo da Flórida, declarando estado de emergência, os preços dos voos dispararam 600%. Uma tuiteira chamada Leigh Dow os acusou de estarem sendo oportunistas. "Que vergonha @delta. Subir de 547 dólares para mais de 3.200 quando as pessoas tentam evacuar a área de forma ordenada?" "Ontem comprei uma passagem para minha filha vir na terça-feira com o mesmo itinerário — tuitou John Lyons, de Connecticut. E agora, com a ameaça do furacão, American [Airlines] está cobrando cerca de mil dólares por pessoa, e a filha do meu amigo está presa porque não pode pagar." As companhias garantiram que não tinham feito nada para alterar os preços e que tinha sido culpa do algoritmo. "Isso acontece quando muita gente tenta comprar ao mesmo tempo", eximiram-se. Era simplesmente desenvolvido para tirar a maior quantidade de dinheiro de qualquer um que quisesse uma passagem, ainda que a demanda fosse provocada por uma crise emergencial humanitária. Em meio ao escândalo, a Jet Blue e a American fixaram suas tarifas em 99 dólares. "Queremos que aqueles que estão tentando sair antes que chegue o furacão consigam se concentrar em uma evacuação segura e não nos preços dos voos", declarou o porta-voz da Jet Blue. A United afirmou que "não haviam mudado os preços de seus voos a partir da Flórida", mas que haviam reduzido as passagens restantes a "menos de um voo normal de uma hora". No momento dessas declarações o preço era de 1.142 dólares, muito acima de sua tarifa habitual. Essa dinâmica oportunista de preços é a mesma para os medicamentos, os alimentos e outros produtos de primeira necessidade, que aumentam diante das crises. Quando a Amazon acaba com todos os fornecedores de uma área — com sua irresistível política de conveniência, preços baixos, envio imediato e um atendimento ao cliente sem igual —, não apenas garante o poder de fixar os preços da forma que mais convir, mas também assegura o controle da crise.

Os algoritmos comerciais são opacos e invisíveis, mas temos que acreditar que fazem o que as empresas dizem que fazem, isso quando sabemos para que estão sendo utilizados. Existem algoritmos intervindo no mundo de mil maneiras possíveis, e a maior parte do tempo não sabemos que existem e muito menos quem os fez e nem onde estão. Alguns são alterados de forma constante e sutil, como um ladrão de bancos que só leva um centavo de cada conta por décadas. Em 2013, pesquisadores da Universidade de West Virginia descobriram por acidente que os carros da Volkswagen emitiam entre 10 e 35 vezes mais $NO_2$ do que as porcentagens registradas durante a prova de homologação. Os engenheiros da fabricante alemã tinham criado um algoritmo capaz de detectar as condições das provas oficiais e alterar o comportamento do carro para se ajustar aos limites legais. Graças ao pequeno código, havia 11 milhões de carros em circulação emitindo quarenta vezes mais do que o nível permitido.

A princípio, os executivos da Volkswagen tentaram convencer as autoridades de que se tratava de um erro do sistema. Depois, publicaram uma pesquisa interna que culpava um grupo de engenheiros que usaram o algoritmo para esconder a incapacidade de resolver o problema das emissões, mentindo para o seu superior. A caixa-preta do código permite preencher as incógnitas com erros informáticos, hackers e bodes expiatórios, mas o código funcionava exatamente como havia sido desenvolvido por ordem da diretoria e nem sequer era o único.[61] A armadilha teria passado despercebida durante anos se não fossem pelas provas de Albuquerque serem diferentes das oficiais, causando discrepâncias. Algumas vezes, os algo-

---

[61] A Nissan declarou seu próprio *dieselgate* em 2018, que afetou cinco fábricas no Japão.

ritmos cometem erros, revelando aspectos de si mesmos que gostariam que não soubéssemos, erros na Matrix, poderíamos dizer. Um dos mais notáveis ocorreu em 2011, quando uma guerra de preços entre dois algoritmos que ninguém ligava muito colocou um livro sobre a evolução genética da mosca *Drosophila melanogaster* a um preço de 23,6 milhões de dólares, mais 3,99 de frete.

Claro, não parecia tão valioso. Era uma edição de bolso de *The Making of a Fly* do professor Peter A. Lawrence, um ensaio fora de catálogo que não era uma primeira edição nem estava autografado por nenhum prêmio Nobel. Se estivesse, continuaria sendo um desconhecido. A única cópia do Códice Leicester, de Leonardo da Vinci, uma compilação de textos e desenhos do gênio feitos entre 1508 e 1510, custou 30,8 milhões em um leilão. E não era o único exemplar disponível! Na mesma Amazon tinham outros dezessete exemplares, vendidos por particulares, a preço de livros normais sobre moscas, e, ainda assim, havia duas cópias de diferentes vendedores que custavam o mesmo que uma pequena paisagem de Van Gogh. Um biólogo chamado Michael Eisen descobriu a anomalia por acaso enquanto buscava um título e, por curiosidade, observou as mudanças durante uns dias até que encontrou um padrão. Uma vez ao dia, um dos algoritmos revisava o preço para que seu livro fosse exatamente 0,9983 dólar mais caro do que o do outro. O aumento do preço fazia o valor geral do título subir, fazendo que o primeiro algoritmo subisse e assim sucessivamente, até o infinito e além. Eisen descobriu a fórmula, mas não entendia completamente a lógica. Não faria mais sentido que estivesse 0,99 centavos abaixo do preço da concorrência se o que queria era vendê-lo antes? "Minha explicação favorita é que eles não têm o livro. Viram que alguém colocou uma cópia à venda e eles também subiram o preço, confiando que sua melhor pontuação de clientes atrairia compradores. Mas, se alguém o comprasse, era preciso consegui-lo; dessa forma, era preciso colocar um preço significativamente maior do que o preço que pagariam para comprá-lo em outro lugar." Os erros trazem à tona as pequenas perversões do sistema, como cadáveres que boiam no rio até que alguém os encontre. Na maioria das vezes, as provas do crime são retiradas de noite, sem que ninguém as veja. Outras, seu impacto é muito grande para passar despercebido, como a queda da bolsa em maio de 2010, quando 9% do mercado financeiro desapareceu sem explicação, perdendo 3 bilhões de dólares em menos de cinco minutos, em uma cadeia de acontecimentos que foi batizada como Flash Crash.

Primeiro, descartaram a possibilidade de um ataque cibernético. O mercado se recuperou bem ao longo do dia e fechou com 3% abaixo do dia anterior, o que teria sido um desastre em qualquer outra circunstância, mas que, depois da queda livre, foi celebrado com suspiros de alívio. O estresse pós-traumático se estendeu durante cinco meses de incerteza, até que o relatório da Comissão da Bolsa de Valores, junto com a Comissão de Comércio de Mercados de Futuros, apontou o culpado. Tudo havia começado às 14h45 com a compra de um fundo de investimento estadunidense chamado Waddell & Reed. No comando, havia um corredor de alta frequência, que é o sofisticado nome dado aos algoritmos na bolsa. O volume da compra era bem grande para alterar a posição de todos os investidores, o que ativou outros negociadores, incluídos os de alta frequência. O efeito dominó fez que começassem a comprar e a vender a preços "irracionais", baixando até um centavo e subindo até 100 mil dólares, até que tudo parou de repente às quinze horas. A anomalia era parecida com a do livro das moscas, mas com dois agravantes: os terminais tinham movimentado 56 bilhões de dólares em ações sem que ninguém houvesse pedido e ninguém sabia o motivo.

A inteligência artificial da velha escola era pensada para fazer as coisas que sabemos fazer, mas melhores e mais rápidos. O *machine learning* é usado para automatizar coisas que não sabemos exatamente como funcionam, as que fazemos por "instinto", como jogar Go. Os algoritmos coletam padrões invisíveis que nos escapam, as camadas mais profundas do nosso comportamento, os lugares aos quais não podemos chegar e onde não podemos segui-los. No verão de 2017, o Facebook colocou duas inteligências artificiais para negociarem. A tarefa era trocar uma série de objetos com um valor predeterminado: chapéus, bolas, livros. Seus programadores queriam ver se eram capazes de melhorar suas táticas de negociação sem que ninguém ensinasse como fazer isso. Antes que J. F. Sebastian pudesse perceber, os dois *i-brokers* estavam debruçados em uma discussão incompreensível; não porque não tinha sentido, mas porque, enquanto tentavam concordar cada vez mais rápido, tinham conseguido "evoluir" seu inglês original a um dialeto criado por eles mesmos, ininteligível inclusive para os humanos que os desenvolveram. Os corretores de alta frequência são essa classe de *brokers*. Não são inteligência de velha escola, programados para seguirem raciocínios lógicos. São redes neuronais treinadas com *machine learning* que "jogam" em um mercado que nós não entendemos, e jogam com dinheiro de verdade. Jogam com os fundos de pensão de milhares de pessoas e com suas aposentadorias, mas são caixas-pretas até para seus próprios programadores, que naquele dia só puderam contemplar como a bolsa caía diante de suas telas sem saberem como parar o algoritmo, não compreendendo como tudo aconteceu. São a mesma categoria de algoritmos que começaram a se integrar nos processos de decisão das coisas que queremos: um trabalho, crédito, bolsas de estudo, uma licença, um transplante. Estamos desenvolvendo nosso próprio sistema de crédito social, mas o nosso é secreto. Ninguém pode saber quantos pontos têm nem como os perdeu.

Em seu conhecido livro *Algoritmos de destruição em massa*, Cathy O'Neil explora os algoritmos de avaliação de reincidência que ajudam os juízes a decidirem sobre multas, fianças, condenações e a possibilidade de redução de penas ou liberdade condicional. Estudando os resultados, a União Americana de Liberdades Civis descobriu que as sentenças aplicadas sobre pessoas negras nos Estados Unidos eram 20% maiores do que as penas de pessoas brancas que tinham cometido o mesmo crime. Uma pesquisa da agência independente de notícias ProPublica revelou que o software mais utilizado para a avaliação de risco previa que os negros eram duas vezes mais propensos a reincidir no futuro, ou que as pessoas brancas eram propensas pela metade a fazê-lo. Outros estudos apontam que os juízes atendidos pelo algoritmo eram mais propensos a pedirem a pena capital quando o crime havia sido cometido por pessoas negras, ou a aplicarem sanções claramente desproporcionais. A saturação nos tribunais e o clima de confiança cega na solução tecnológica origina casos como o de Eric Loomis, condenado a seis anos de cadeia em 2013 por dirigir um veículo sem documentos e fugir da polícia. Nenhum dos delitos é punido com prisão, mas o sobrecarregado juiz de Wisconsin que cuidou do caso foi auxiliado por um software de "Assistência e gerenciamento de decisões para tribunais, advogados e Agentes de classificação e supervisão de presos" chamado COMPAS, da empresa Equivant. O programa classificou Loomis como caso de "alto risco" para a comunidade, e por isso o juiz o sentenciou a uma pena de onze anos de prisão, seis em reclusão e os outros cinco sob supervisão policial.[62] Quando Loomis exigiu uma auditoria no programa para entender quais fatores tinham contribuído para uma condenação que não correspondia aos delitos cometidos, o Supremo indeferiu sua solicitação. É outro software particular, protegido por Propriedade Intelectual, que sem ser submetido a auditoria ou demonstrar sua integridade inviolável diante de um tribunal pode mandar pessoas para a prisão.

 O algoritmo imita o preconceito implícito do sistema ao qual serve porque foi treinado em seus valores morais e reproduz os erros do passado. Em 2015, a Amazon detectou que seu algoritmo de contratação de funcionários suprimia os currículos que tinham a palavra "mulher", o que incluía o

---

[62] Ellora Thadaney Israni, "When an Algorithm Helps Send You to Prison", *New York Times,* outubro de 2017.

pertencimento a grupos de mulheres, dados como "campeã de tênis feminino" ou ter estudado em um colégio de moças. Ele tinha sido treinado com a base de dados de contratações da empresa, e um dos padrões observados pelo algoritmo é que as mulheres raramente eram contratadas pela Amazon, independentemente de suas qualificações. Ao substituir o juiz ou o gerente em uma estrutura com problemas raciais — como o sistema judicial norte-americano — ou de gênero — como a indústria tecnológica —, os algoritmos só servem para mecanizar e higienizar o racismo e o sexismo das bases de dados com as quais são treinados. É um problema que permeia todos os sistemas destinados a automatizar as decisões institucionais, incluindo os sistemas mais justos e as estruturas mais democráticas. Um estudo do MIT sobre o desenvolvimento "natural" de preconceitos na inteligência artificial realizado com algoritmos genéticos demonstrou como grupos de máquinas independentes adotam vieses preconceituosos identificando, copiando e aprendendo o comportamento de outras máquinas. "Nossas simulações mostram que o preconceito é uma poderosa força da natureza, e, diante da evolução, pode ser facilmente incentivado em populações virtuais, em detrimento de uma conectividade mais ampla com os demais", explica Roger Whitaker, professor da Universidade de Cardiff e coautor do estudo. As boas intenções não são suficientes. "A proteção contra grupos preconceituosos pode levar, inadvertidamente, a que outros idênticos grupos preconceituosos sejam formados, gerando uma população dividida. Uma vez, com esse preconceito generalizado, será difícil revertê-lo. É factível que as máquinas autônomas, com a capacidade de identificar-se com discriminação e copiando outras, possam futuramente ser suscetíveis aos fenômenos preconceituosos que vemos na população humana." E, contudo, a implementação de inteligências artificiais em processos de decisão é cada vez maior. Não apenas porque servem de fachada para higienizar a discriminação, mas porque são incontestáveis. Um exemplo perfeito são os protocolos de contratação "baseados em análises" das grandes empresas de recursos humanos.

Os pesquisadores Nathan Kuncel, Deniz Ones e David Klieger escreveram na *Harvard Business Review*, em sua edição de maio de 2014, que a contratação de gerentes é dificultada por coisas que podem ser pouco relevantes e que as informações são usadas de forma inconsistente — diz a página da HCMFront, uma multinacional que se dedica à "gestão de pessoas". Obviamente, podem se orientar a partir de dados sem importância, como elogios dos candidatos ou observações de temas aleatórios. Para melhorar os resultados, os autores recomendam que as organizações usem primeiro algoritmos baseados em um grande número de dados que reduzam o número de candidatos, e que usem também o critério humano para a escolha dos finalistas.

A pergunta é: que dados são esses? Quais dados são manipulados? O princípio da não discriminação protege os candidatos a um emprego de serem descartados por razões de raça, sexo, idade, classe socioeconômica ou qualquer outro aspecto que não esteja vinculado ao cargo vago. Mas, como sabemos que o algoritmo avaliou nossas notas, experiência, rendimento acadêmico e as observações de empregos anteriores e não o bairro do qual viemos, o carro que dirigimos ou as marcas de roupas que vestimos? As empresas de recursos humanos são clientes habituais dos *data brokers* e os dados acadêmicos e trabalhistas são públicos. Entram os testes de personalidade que fazemos inocentemente no Facebook? Os tuítes de apoio a movimentos sindicais ou de crítica a uma multinacional? Ou a prova de DNA que fizemos para conhecer a origem de nossos ancestrais e que indica predisposição a alguma doença? Ou um histórico de buscas ou compras que revela a possibilidade de uma gravidez futura ou de um tratamento contra depressão? Na China, o Ministério do Trabalho tornou-se o Ministério de Recursos Humanos e Previdência Social, unindo a instituição criada para proteger a integridade do mercado de trabalho e os serviços públicos com a entidade desenvolvida especificamente para destruí-los. No Ocidente, o mercado da "gestão de pessoas" é privado, e se esconde na obscuridade dos algoritmos para ocultar a discriminação da produção industrial.

A possibilidade de tirar os preconceitos dos sistemas de Inteligência Artificial desenvolvidos com *machine learning* é tão difícil como tirá-los da cultura popular, porque sua forma de aprender o mundo é imitando os padrões sutis na linguagem e no comportamento, e não diferencia entre as manifestações públicas (como um artigo) e as privadas (como um e-mail ou uma busca). Nós, humanos, dizemos em particular coisas que não diríamos em público, mas alguns algoritmos não estão treinados para entender a diferença, nem estão equipados com mecanismos de vergonha ou de medo ao ostracismo social.

Em 2015, um programador negro chamado Jacky Alciné descobriu que o sistema de reconhecimento de imagem do Google Fotos o havia marcado como um "gorila". Não era um acidente, nem preconceito do Google. A palavra "gorila" é usada frequentemente para se referir de forma pejorativa a homens afrodescendentes. Usando um software parecido, o Flickr marcou outro homem negro como "macaco" e uma foto do campo de concentração de Dachau como "parquinho". Esse é o mundo em que vivemos. A única solução encontrada pela empresa que desenvolveu a máquina que venceu o melhor jogador de Go de todos os tempos foi eliminar a palavra "gorila" do sistema, além de outras semelhantes como "macaco" ou "chimpanzé". Desde então, nem o Google Fotos nem o Google Lens são capazes de reconhecer primatas, ainda que o Assistente do Google e o Google Cloud Vision, o serviço de reconhecimento de imagens para empresas, permaneçam inalterados.

Os mesmos erros aparecem na delicada intersecção entre sistemas de "gestão de pessoas" e algoritmos de reconhecimento facial. Em 2017, a União Estadunidense para as Liberdades Civis (ACLU) processou o rosto dos 535 membros do Congresso dos Estados Unidos com o Amazon Rekognition e o sistema confundiu 28 congressistas com delinquentes com fichas criminais. Previsivelmente, o número de delinquentes negros era desproporcional. Se os veneráveis representantes democráticos do primeiro país do mundo não estão a salvo de tornar-se um falso positivo, quais chances têm os outros?

Principalmente os imigrantes. A maior concentração dessas tecnologias pode ser encontrada nas zonas portuárias do mundo todo, incluindo a Europa. A polícia holandesa as usa para prever ou identificar condutas potencialmente criminosas dos passageiros nos aeroportos e turistas na rua. Também existe um projeto piloto europeu para instalar na fronteira da União Europeia avatares virtuais que "interroguem" passageiros e analisem com biomarcadores se as pessoas mentem ou não. Chamam-se BorderCtrl.

Em *A guerra na era das máquinas inteligentes*, publicado em 1992, Manuel de Landa advertia que a indústria militar estava desenvolvendo sistemas para higienizar as contrariedades morais derivadas de sua atividade habitual (racismo, prisões ilegais, assassinato). No processo, estavam criando máquinas autônomas carregadas de preconceitos, olhos que veem mal. Um quarto de século depois, temos sistemas de reconhecimento facial montados sobre drones armados capazes de tomar decisões como, por exemplo, disparar do ar contra "insurgentes", observando soldados de vinte anos em lugares como o Afeganistão. Esses operadores assistem à retransmissão em vídeo de múltiplos drones em suas telas planas, e suas decisões são tão mediadas pela tecnologia como a dos juízes auxiliados pelo COMPAS. "Nos dias bons, quando os fatores ambientais, humanos e tecnológicos estão do nosso lado, temos uma ideia bem clara do que estamos procurando — diz Christopher Aron, um dos operadores, ao *New York Times*. Nos dias ruins, temos que adivinhar tudo." E produzem novo material que estudam os algoritmos para "aprenderem" a diferenciar um terrorista de um cidadão antes de decidir se ele deve ser abatido. Homens jovens e sem experiência, que não falam o idioma das zonas ocupadas e nem têm nenhuma relação prévia com elas e cuja percepção do ambiente está mediada por interfaces deliberadamente desenvolvidas para parecerem videogames, criando uma sensação de irrealidade que debilita sua empatia com os humanos pixelizados na imagem. *Collateral Murder*, o vídeo do ataque aéreo em Bagdá publicado pela Wikileaks em 2010, oferece um retrato do efeito dessas tecnologias sobre as decisões dos oficiais estadunidenses. Barack Obama autorizou mais de quinhentos ataques com drones fora das zonas de conflito, dez vezes mais que George W. Bush. Donald Trump autorizou cinco vezes mais ataques letais com drones em seus últimos seis meses de governo. No ano passado, triplicaram os ataques no Iêmen e na Somália, ignorando acordos internacionais sobre o uso de drones em zonas fora de conflito. O uso de drones como veículo para operações letais é cada vez mais comum e mais sigiloso.

Em 2017, 116 fundadores das principais empresas de robótica e de inteligência artificial de 26 países diferentes, entre eles Elon Musk e Mustafa Suleyman, fundador da DeepMind, publicaram uma carta às Nações Unidas pedindo que fosse proibido o desenvolvimento dessas tecnologias. "As armas letais autônomas ameaçam tornar-se na terceira revolução na guerra. Uma vez desenvolvidas, permitirão a luta armada em uma escala sem precedentes, e a uma velocidade muitas vezes superior à capacidade de assimilação humana. Podem ser armas de terror, armas que déspotas e que terroristas podem usar contra populações inocentes, e que poderão ser hackeadas para se comportarem de maneira indesejada." Todas as tecnologias desenvolvidas para a guerra e o terrorismo são implementadas por governos cada vez mais autoritários para controlar as fronteiras, às vezes disfarçada de bondade. No momento em que terminava este livro, o Programa Mundial de Alimentos da Organização das Nações Unidas, cuja função é distribuir alimentos para refugiados, imigrantes, vítimas de crises e desastres naturais, havia fechado um acordo com a Palantir para analisar dados. Noventa milhões de refugiados que servirão de treinamento para prever e controlar os próprios movimentos, graças à cooperação das instituições que tinham sido criadas para protegê-los. Serão o principal mecanismo de gestão e proteção de recursos quando as mudanças climáticas obriguem 140 milhões de pessoas a se deslocarem para sobreviver, de acordo com os cálculos do Banco Mundial.

# REVOLUÇÃO

"O Napster foi o começo da rede social-pessoas, não páginas. Para mim, foi o momento *eureca*, porque demonstrou que a internet podia ser esse sistema P2P distribuído. Que podíamos desintermediar todas essas multinacionais midiáticas e nos conectar diretamente."

Mark Pincus, investidor fundador do Facebook, Napster, Friendster, Snapchat, Xiaomi e Twitter, fundador da Zynga e da Tribe.net

"Desenvolva um programa que prometa a salvação, torne-o 'estruturado' ou 'virtual' ou 'abstrato', 'distribuído' ou de 'primeira ordem' ou 'aplicativo' e tenha a certeza de ter dado início a um novo culto."

E.W. Dijkstra, *My Hopes Computing Science*, 1979

"Toda a internet poderia ser remodelada como uma estrutura tipo Napster."

Andy Grove, presidente da Intel para a *Fortune*, sobre a grande ideia do ano 2000

A bolha havia sido estourada em março do ano 2000, e tinha levado com ela 1 bilhão de dólares em ações. O naufrágio deixou milhões de quilômetros de fibra óptica, antenas e cabos de submarinos. A exuberância irracional da década passada tinha se transformado em racionamento espartano: ninguém queria investir em nada que acabasse em pontocom.[63] O sonho tinha acabado, não havia sido como deveria ser e não seria mais agora. Não havia mais dinheiro a ser dividido na Baía de San Francisco, mas sobrava muita coisa: metros quadrados, servidores, programadores e bases de dados. "Passamos das pontocom a pessoas que adivinham o futuro", lamentava-se para o *Times* um locador de escritórios na Baía de San Francisco, cujo aluguel havia despencado. No mesmo parágrafo, Craig Newmark oferecia uma leitura mais otimista do assunto: "Isso significa que a Baía está se tornando algo mais saudável".

Desgraça para uns, alegria para outros. Ou, quem sabe, duas formas de entender a economia. Newmark não tinha um local para especular nem havia gastado centenas de milhares de dólares para alugar um lugar e enchê-lo com engenheiros de vinte anos com salários estratosféricos para construir uma plataforma de produtos para animais de estimação.[64] O que tinha era uma pequena seção de classificados para trocar, vender, comprar ou encontrar apartamento, trabalho, móveis baratos de segunda mão, amigos, viagens compartilhadas e encontros casuais. Havia também uma parte dedicada às reclamações, onde as pessoas se queixavam da situação do metrô ou compartilhavam elogios aos sorvetes de um quiosque. Não havia fotos nem links, muito menos publicidade. Os únicos que pagavam para anunciar nos classificados eram empresas

---

[63] "Exuberância irracional" é a combinação de palavras eleitas pelo antigo presidente da Reserva Federal dos Estados Unidos e ex-membro do círculo de Ayn Rand, Alan Greenspan, em seu agora famoso discurso de alerta no American Enterprise Institute for Public Policy Research (AEI) em dezembro de 1996.

[64] Pets.com (1998-2000).

como a Google, que estavam contratando engenheiros. Craig tinha publicado na página 1995 porque estava cansado de seus amigos perguntando o que tinha para fazer em San Francisco, onde comer os melhores burritos e se sabia de alguém que estava alugando um quarto. Pôs o nome de Craiglist, "a lista de Craig". Ficou tão popular que Craig decidiu abri-la para colaboradores externos, pois quanto mais mãos, melhor.

Craiglist não apenas sobreviveu ao apocalipse como floresceu graças a ele. A primeira versão da lista contava com um mercadinho virtual para a troca de objetos de segunda mão e uma seção com ofertas de emprego. Centenas de milhares de pessoas que tinham ficado desempregadas e que tinham que deixar seus apartamentos, vender seus móveis e compartilhar recursos da forma mais indolor possível encontraram a solução para quase todos os problemas. O Ebay também tinha sobrevivido e pelo mesmo motivo: oferecia uma plataforma de compra e venda de objetos de segunda mão em um momento de necessidade. Mas o processo não poderia ser mais diferente: para fazer uma conta de usuário, era preciso fornecer um nome e um endereço reais à empresa, que enviava uma carta ao domicílio com os dados necessários para comprar e vender coisas, e permitia fazer negócios à distância, mediante um sistema de pagamento fechado da própria página. Craiglist colocava frente a frente pessoas com necessidades afins, sem exigir contas de usuário, cartões de crédito, intermediários, esperas, autenticações ou taxas, nem mesmo um nome real. Também usava exclusivamente um software livre. Depois de todo o gasto, a exuberância e o delírio da bolha, era o clima perfeito para um projeto comunitário, genuinamente anticapitalista e local. Também era o momento de milhões de desconhecidos de todo o planeta se unirem para deixar os gananciosos produtores e gestores da indústria cultural de joelhos. Porque, na internet, a informação queria ser livre. Esse era o primeiro espírito que a rede havia herdado de sua primeira e utópica encarnação.

Shawn Fanning e Sean Parker lançaram o Napster em junho de 1999. Foi o primeiro sistema P2P para troca de arquivos em grandes quantidades. Também foi o primeiro a ser processado, em 7 de dezembro de 1999, pela Recording Industry Association of America (RIAA) por violação em massa de copyright. O Napster já era popular, mas o processo o ajudou a viralizar. Ao longo do ano 2000, o Napster passou de 20 milhões para 70 milhões de usuários, em uma internet que não tinha ao todo mais de 300 milhões de usuários. A pressão judicial conseguiu fechar a plataforma em 3 de setembro de 2002. Entre os dois anos que separaram a ação judicial do encerramento de suas atividades, o mundo passou por acontecimentos que mudaram nossa forma de entender a sociedade, de participar na vida pública e de acessar os mecanismos que a regulam: as manifestações de Seattle, a explosão do software livre, o renascimento da Apple, o ataque às Torres Gêmeas, os Creative Commons, a blogosfera, a rede social.

Os usuários do Napster queriam apenas trocar programas, jogos e músicas grátis, não pôr de joelhos a indústria do entretenimento. Tecnicamente, aquilo foi um acidente; durante o processo, criaram a ferramenta mais perigosa e revolucionária de seu tempo, porque a batalha pelo acesso e a democratização do conhecimento começa com o Napster e a primeira grande guerra do copyright. Mas a única coisa que queriam era usar a rede para o que a rede havia sido desenvolvida, de acordo com a declaração de Hank Barry, presidente executivo do Napster, quando depôs diante do Comitê Judicial do Senado em Washington, em 12 de julho de 2000:

Como sabem, a internet começa com uma rede de comunicação redundante para pesquisadores envolvidos em estudos para a defesa militar. Eles precisavam compartilhar informação de forma segura para que fosse distribuída por todo o sistema. O uso comercial da internet como veículo midiático abandonou essa estrutura. Em seu lugar, as empresas de internet adotaram o modelo de radiodifusão, com grandes computadores centralizados "fornecendo" informação aos computadores dos consumidores como se fosse um receptor de televisão. Fornecer, não compartilhar, tornou-se a estratégia dominante. Shawn Fanning começou uma revolução que está levando a internet de volta às suas raízes. O Napster é um aplicativo que permite aos usuários conhecer os gostos dos outros e compartilhar seus arquivos mp3. Se os usuários escolhem compartilhar seus arquivos, o aplicativo faz uma lista desses arquivos, envia a lista e apenas ela para que se torne parte da pasta central do Napster. A pasta central do Napster é, portanto, uma lista temporal e em constante mudança de todos os arquivos que todos os membros da comunidade querem compartilhar. Os usuários podem fazer buscas nessa lista, comentar sobre os arquivos de outras pessoas, ver o que elas gostam e conversar. Fazem isso sem ganhar dinheiro, sem esperar nada em troca, de pessoa para pessoa. Isso é tudo.

E isso era tudo. O P2P, abreviatura de *peer-to-peer* ou redes par a par, propunha que os usuários compartilhassem o conteúdo de seus discos rígidos e sua largura de banda de forma direta com desconhecidos. Na era pós-Snowden, o conceito provoca a mesma mistura de raiva e inveja que as famosas orgias dos anos 1970 antes da chegada do HIV. Na era pós-ARPANET, conectar pessoas diretamente a outras pessoas era o espírito original da internet. Era o que faziam os acadêmicos ao se conectarem de forma remota em computadores de outras instituições, e o que faziam centenas de milhares de usuários da USENET. Mas os usuários do Napster não eram acadêmicos lidando com outros acadêmicos nem com membros de instituições militares, muito menos estudantes de qualquer outra respeitada comunidade onde laços de confiança tivessem sido estabelecidos. Eram pessoas que tinham baixado o servidor-cliente[65] em qualquer parte do mundo e tinham um computador conectado à rede, nada mais. Nem sequer tinham nome, somente um *nick*. Eram completos desconhecidos compartilhando o conteúdo de seus discos rígidos. A aplicação transformava o computador de cada usuário em um servidor do sistema; a única infraestrutura que o Napster tinha era um servidor central onde mantinham uma lista atualizada de todos os arquivos disponíveis para compartilhar em cada momento e um buscador. Como tentou explicar Harry Bank ao comitê do Senado, as gravadoras não podiam acusá-lo de roubar ou distribuir músicas porque o servidor do Napster não tinha as músicas, somente os nomes delas. Quando um usuário queria uma música, o cliente o colocava em contato com outro usuário que a tivesse e o arquivo passava diretamente de um computador a outro. Era crime pôr em contato duas pessoas para que emprestassem músicas? Não era exatamente esse o espírito aberto e distribuidor da rede?

Devia ser, porque em menos de dois anos um terço dos usuários da internet estava trocando arquivos no Napster. Sem pensar muito, eles formaram a primeira rede social massiva da história, uma comunidade internacional, entusiasta e anárquica que crescia de forma desenfreada sem o controle de ninguém, sem grandes investidores e com um potencial sem precedentes, sem preconceitos e sem filtros. O Napster conectava trabalhadores com yuppies, donas de casa com alunos de Yale, advogados com entregadores, fãs de música eletrônica com fãs de metal. "Até o Napster, a maior parte do desenvolvimento da rede era relacionada com o armazenamento e recuperação da informação — conta Sean Parker, outro fundador da rede. Ninguém estava pensando em conectar pessoas a outras pessoas."[66] Quando falamos de conceitos como bolha de filtro, a polarização política e a desinformação como pro-

---

[65] Servidor-cliente é a aplicação que permite aos computadores do sistema de troca comunicarem-se entre si e com o servidor.

[66] Sean Parker conta a história em *Downloaded*, o documentário de 2013 de Alex Winter sobre o Napster.

blemas inerentes às sociedades digitais, é importante lembrar o quão diferente era tudo quando a ferramenta era a rede de pares e não uma com estrutura opaca e centralizada nas mãos de uma multinacional.

O Napster foi a semente inesperada da luta pelos direitos civis on-line, não pela sua intenção, mas sim pela sua arquitetura. A tecnologia distribuída que criaram estava desenhada para trocar arquivos de forma eficiente, e não para controlar a informação nem vigiar os interlocutores. A política estava no design, exatamente como descrito por Lawrence Lessig em *O código 2.0*:

> Anonimato relativo, distribuição descentralizada, múltiplos pontos de acesso, ausência de necessidade de laços geográficos, inexistência de um sistema simples para identificar conteúdos, ferramentas criptográficas, todos esses atributos e consequências do protocolo da internet dificultam o controle da expressão no espaço cibernético. A estrutura no espaço cibernético é a verdadeira protetora da expressão; constitui a "Primeira Emenda no espaço cibernético".

Lessing falava da internet e não de sua nova encarnação, e o Napster era filho da rede distribuída dos anos 1970. Sua estrutura era a verdadeira protetora da liberdade dos usuários. Apenas mais tarde sua relevância política se manifestou, com a instauração do processo das gravadoras e das autoridades. Levaram dois anos e meio para derrubá-lo, e, nesse processo, ele viralizou.

## O software livre: a liberdade nos tornará livres

O Napster tinha nascido em um canal do IRC, uma mistura de fórum e classificados que triunfava na USENET. Era popular porque nele era possível encontrar todo tipo de assunto, e qualquer um podia criar canais ou participar deles. Bastava descarregar um servidor-cliente, encontrar um canal e começar a falar. Diferentemente dos grupos de notícias, tudo acontecia em tempo real. Mas não era um programa de mensagens como o ICQ, centrado no usuário e propriedade do AOL; o centro eram os canais e sua estrutura aberta e descentralizada o tinha transformado no local de encontro preferido dos desenvolvedores e fãs da *Unreal* até que, no verão de 1991, oito oficiais russos comandados pelo chefe da KGB orquestraram a tentativa de golpe de Estado que acelerou o fim da União Soviética.

A história é inacreditável e, olhando em perspectiva, bem cômica. O grupo tinha decidido sequestrar o chefe do governo, Mikhail S. Gorbatchov, em sua casa de férias na Crimeia para obrigá-lo a renunciar ou a abrir mão de um tratado recente que acarretaria uma descentralização da República. O plano de dominação do mundo começou a falhar rapidamente, quando Gorbatchov negou-se a assinar qualquer coisa. Os golpistas haviam dado ordens aos meios de comunicação russos para que suas reivindicações fossem lidas e logo após deveria ser transmitido continuamente apenas um sinal: o *Lago dos cisnes*. Durante dois longos dias, os russos escutaram a bela composição de Tchaikovsky, enquanto os meios internacionais reproduziam imagens de Boris Yeltsin em cima de um tanque, insultando os golpistas no Kremlin. Ekho Moskvy, a única rádio política independente do país, tinha sido desconectada com várias outras emissoras. A maior parte dos 291 milhões de russos não chegaram nem a saber, por muitos dias, da tentativa de golpe. Apenas um grupo seleto de pessoas estava ciente dos acontecimentos. Quando a NSFNET deixou de ser uma rede acadêmica, revogou também seu veto ao bloco do Leste, e as notícias da imprensa internacional foram transmitidas pelos canais não vigiados do IRC.[67] Quando a censura se repetiu no Kuwait durante a Primeira Guerra do Golfo, o IRC evoluiu de *partyline* ao ativismo, tornando-se um sistema de distribuição de informação anônima e fora do âmbito da vigilância e da censura do poder. Naturalmente, logo começaram a correr cópias piratas de programas de software, música e jogos. A informação queria ser livre, mas o entretenimento queria ser mais ainda.

O problema era que o IRC não tinha sido desenvolvido para a troca de arquivos. Não existia um sistema central que indexasse os arquivos grandes e as transferências eram cortadas todas as vezes que a conexão falhava, o que acontecia o tempo todo. "Se queríamos música, íamos a algum canal do IRC e instalávamos um bot para descarregá-la — explicou em uma entrevista o desenvolvedor do Napster, Jordan Ritter. Era uma dor de cabeça." Em novembro de 1998, em um canal de entusiastas do código chamado *woowoo*, Shawn Fanning contou que estava pensando em um programa de troca de arquivos mais eficiente. Ritter (*nick*: nocarrier) se ofereceu para ajudá-lo no projeto, que até então se chamava MusicNet. O Napster era o *nick* do próprio Fanning, um apelido dado nas quadras de basquete que se referia a seu cabelo raspado. Sean Parker era conhecido como "manowar". Todos se encontravam havia anos no canal, mas nunca tinham se visto pessoalmente. Em perspectiva, esse momento é mais significativo para a história da música do que o show dos Sex Pistols no Manchester Lesser Free Trade Hall em junho de 1976, mas ninguém sabia. Não sabiam nada de propriedade intelectual, só queriam compartilhar de uma forma mais eficiente música e um código.

---

[67] "Durante a tentativa de golpe de Estado soviético (19-21 de agosto de 1991), o IRC desempenhou papel fundamental na circulação da informação dentro da União Soviética e mais além", Kerric Harvey (ed.), *Encyclopedia de Social Media and Politcs*, Sage, 2014.

O IRC foi a grande universidade dos hackers. Nem todo mundo podia ir para Stanford, Yale ou MIT. No final dos anos 1990, milhares de adolescentes com inclinações tecnológicas se divertiam tirando, colocando e alterando linhas de código dos programas e jogos da época, só para ver o que acontecia. Quando algo dava errado, iam ao canal pedir ajuda; quando acontecia algo interessante, compartilhavam com os demais. Para essa geração de usuários, mudar códigos, músicas ou jogos era tão natural como aprender a jogar basquete ou andar de skate. Não distinguiam entre o código feito por eles e o que pegavam dos outros. Os códigos eram de todos, ou pelo menos de todos que soubessem lê-lo e executá-lo com um computador. Não estavam pensando em propriedade intelectual, não achavam que estavam roubando ou se apropriando de nada que não fosse deles porque não faziam para vender a ninguém, mas sim para aprender e compartilhar o aprendizado. Depois, tinha Richard Matthew Stallman, gênio da programação e pai de uma licença de propriedade intelectual chamada Licença Pública Geral, ou GPL.

Stallman chegou em Harvard em 1971 para estudar física, mas logo no começo descobriu o laboratório de inteligência artificial do Instituto Tecnológico de Massachussetts, onde foi contratado como programador de sistemas. Tinha dezoito anos, uma personalidade forte e claros sintomas de autismo, mas tinha encontrado um lugar no mundo onde ele era julgado apenas pela sua habilidade de escrever códigos. E Stallman era um gênio do código, uma máquina de programar. A espécie de felicidade que Stallman encontrou no MIT era completamente nova, e ele não gostaria de estar em nenhum outro lugar. Diferentemente de Harvard (onde graduou-se *magna cum laude* em todas as disciplinas), no laboratório "não havia obstáculos artificiais, o tipo de coisa que tem que ser feita e que não deixam que ninguém faça: coisas como a burocracia, a segurança ou não deixarem que compartilhe seu trabalho com os outros". Era a espécie de anarquia produtiva que havia caracterizado os primeiros anos da revolução informática e que o ensaísta Steven Levy caracterizou como os princípios da ética hacker, que são seis:

O acesso a computadores e a qualquer coisa que possa ensinar algo sobre a forma que funciona o mundo deve ser pleno e ilimitado;

Toda informação deve ser livre;

Tenha cuidado com o poder, promova a descentralização;

Os hackers devem ser julgados pela sua capacidade e não pelos seus títulos, idade, raça, sexo ou posição;

É possível criar arte e beleza em um computador;

Os computadores podem mudar sua vida para melhor.[68]

Para aquela geração de programadores, o código era o latim de uma nova era. Proteger o código para explorá-lo academicamente ou comercialmente era equivalente ao monopólio da leitura por parte dos ricos e do clero, como haviam feito a Igreja e os tiranos. Não era possível proibir que a população aprendesse a ler. Essa era a filosofia que dominava os canais do IRC. Stallman concordava com esses princípios com devoção religiosa. "A sociedade estadunidense já é uma selva onde é olho por olho, dente por dente – escreveu Stallman sobre aquela época – e tem regras que a mantém assim. Nós, [os hackers] queremos mudar essas regras focando na cooperação construtiva." Na década seguinte, seu amado laboratório de inteligência artificial veio abaixo por causa de uma briga interna e desigual pela comercialização e privatização do software que tinha sido criado pelos próprios pesquisadores do

---

[68] Steven Levy, *Hackers: Heroes of the Computer Revolution*, O'Reilly, 1984.

MIT.⁶⁹ Aqueles que antes tinham colaborado e compartilhado descobertas sequer se falavam mais. Ninguém mais aparecia nos laboratórios. "As máquinas começaram a quebrar e não havia ninguém para repará-las; às vezes só limpavam a sujeira — lembra Stallman, anos mais tarde. Não era possível fazer as mudanças necessárias no software. Os não hackers reagiram comprando sistemas [operacionais] comerciais que traziam consigo o fascismo e os contratos de licença." Quando não pôde mais e abandonou o MIT, foi escrever um sistema operacional diferente do UNIX, o padrão nas universidades propriedade da AT&T. Seu Sistema Operacional livre se chamaria GNU. É um acrônimo repetido, onde a primeira letra se refere ao próprio acrônimo: GNU's Not Unix.

Stallman queria continuar trabalhando com computadores sem trair os princípios de seu amado laboratório e ajudar a criar novos espaços onde pessoas como ele pudessem seguir desenvolvendo sem serem destruídos pelas lógicas do capitalismo. Mas para ele não bastava trocar linhas de código nos cantos obscuros do IRC, queria também garantir que poderia, e que qualquer um poderia seguir trabalhando de acordo com essas condições em qualquer lugar, em qualquer contexto. E soube que a única forma de fazê-lo era tendo seu próprio sistema operacional e protegê-lo com as mesmas armas que os monopólios como a IBM ou AT&T ou empresas de software como a Microsoft protegiam as suas: uma licença de propriedade intelectual. De todas as contribuições de Richard Stallman à sociedade na qual vivemos, a GPL é a mais importante. É um texto crucial de nosso tempo, porque propõe uma economia baseada na proteção do bem comum independentemente da intenção do criador, do usuário, do governo e da indústria. Como uma capa mágica de invulnerabilidade contra o capitalismo, um objeto imodificável, como o espanhol, o chinês ou o francês. E é simples. Para um software ser livre, o

---

⁶⁹ A Lisp Machines Inc. foi criada por Richard Greenblatt em 1979 e a Symbolics Inc., constituída por Robert P. Adams, Russell Noftsker e Andrew Engedorf em 1980.

código tem que poder ser usado, estudado, modificado e distribuído. A GPL é tão rigorosa quanto a licença tradicional de copyright em que todos os direitos estão reservados, mas é exatamente seu oposto: não uma licença desenvolvida para conservar monopólios, mas sim para evitá-los. Não é uma ferramenta desenvolvida para controlar o código, mas sim para garantir sua liberdade.

Ao se concentrar no código em vez dos usuários, não permite que sua liberdade dependa do propósito, das intenções, da filiação política ou do poder das pessoas, empresas ou instituições que o utilizam. Todo mundo pode usar um software livre para qualquer coisa, menos para transformá-lo em qualquer coisa que não seja um software livre. Ninguém poderia fazer o que havia sido feito no laboratório: fechá-lo e enriquecer às custas do trabalho dos outros. Nenhum dos quatro pontos é negociável. Como disse Stallman, a GPL "is not Mr. Nice Guy".

Diga NÃO a algumas coisas que as pessoas queiram fazer. Tem usuários que pensam que isso é um erro, que a GPL "exclui" alguns desenvolvedores de software, que "eles precisam ser acolhidos na comunidade do software livre". Mas eles não são excluídos, foram eles que decidiram não fazer parte. A decisão de produzir software privado é uma decisão de ficar fora de nossa comunidade. Ser parte de nossa comunidade significa trabalhar em cooperação com a gente; não podemos "trazer para a nossa comunidade" pessoas que não queiram vir. A GNU GPL foi desenvolvida para incentivar a partir do mesmo software: "Se você fizer o seu software livre, esse código pode ser usado". Claro, não será possível convencer a todos, mas funciona de vez em quando.

O software livre "não é livre como um open bar, mas livre como a liberdade de expressão".[70] Permite que sejam

---

70 Uma famosa frase do próprio Stallman para diferenciar "livre" de "grátis", que em inglês são homônimos: *free*.

distribuídos e vendidos se alguém quiser comprá-lo. Permite que uma estrutura hierárquica de atualizações seja criada, se outros quiserem, podem participar. Permite quase qualquer coisa menos uma: mudar a licença e fechar o acesso ao código. Tudo que for resultado do uso do software livre tem que ser também software livre. Exceções técnicas, políticas ou morais não são admitidas. A transparência radical do código é uma garantia contra a vigilância, a censura e o abuso de poder. O próprio Stallman disse claramente, uma década antes do que entendermos o que é a ASN.

Se os usuários não têm total liberdade, então não podem controlar completamente o programa — o que significa que é o programa que controla o usuário, e o dono que controla o programa. Portanto, esse programa é um instrumento que dá a seu dono poder sobre os usuários. Por isso o software privado é uma injustiça, e esse poder é uma constante tentação para os desenvolvedores. Hoje em dia, os padrões éticos dos desenvolvedores de softwares privados estão no nível mais baixo, e é prática-padrão fazer software privado para espionar os usuários, impedindo-os deliberadamente de fazerem as coisas que queiram fazer. Isso se chama DRM, Digital Restrictions Management;[71] e também existem *backdoors* que aceitam ordens de outros que não do usuário. E existem softwares privados que são plataformas de censura.

Garantindo a liberdade do software, todos se beneficiam sem se estagnar, se amordaçar, sem vigiar, discriminar ou se aproveitar uns dos outros. De acordo com a famosa fórmula do matemático italiano Carlo Cipolla, obriga todo mundo a ser inteligente, ou seja, a trabalhar em benefício próprio sem deixar de fazê-lo para os demais.

Em seu ensaio, *As leis fundamentais da estupidez humana*, Cipolla determina quatro tipos de indivíduos, classifi-

---

[71] Os DRM, ou gestão de direitos digitais, são sistemas de proteção anticópia para impedir a duplicação ilegal de arquivos protegidos por copyright.

cando-os sob um único parâmetro. De um lado, se suas ações beneficiam ou prejudicam a si mesmo; de outro, se beneficiam ou prejudicam os demais. Cipolla propõe um universo de quatro eixos quadrantes, dois positivos e dois negativos. O que se beneficia às custas de prejudicar outras pessoas é mau; o que se prejudica para beneficiar os outros é ingênuo. Para Cipolla, os verdadeiros estúpidos são os que prejudicam a si e os demais. Suas leis básicas são que a estupidez humana é independente de outras características, que subestimamos a quantidade de estúpidos que existem no mundo, e que são as pessoas mais perigosas do planeta porque, além de serem destrutivos, são imprevisíveis. São capazes de se sacrificar para prejudicar alguém. São, definitivamente, o que há de pior.

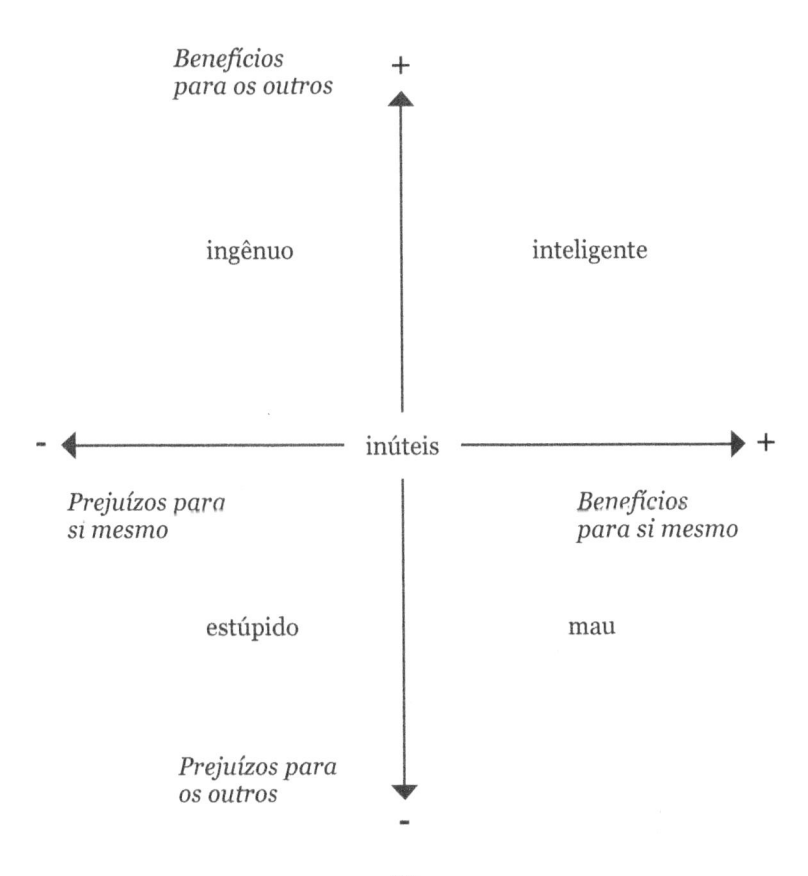

```
                 Benefícios        +
                 para os outros    ↑
                                   |
                                   |
              ingênuo              |       inteligente
                                   |
                                   |
   - ←———————————————————— inúteis ————————————————————→ +
                                   |
   Prejuízos para                  |       Benefícios
   si mesmo                        |       para si mesmo
                                   |
              estúpido             |       mau
                                   |
                                   |
                 Prejuízos para    |
                 os outros         ↓
                                   -
```

O oposto de um ingênuo é uma pessoa inteligente, aquela que trabalha para conseguir um benefício próprio ao mesmo tempo que beneficia os demais. Esse é o único quadrante no qual a GPL trabalha. Sem saber, Stallman criou uma lei que obrigava todo mundo a se comportar de maneira inteligente — pelo menos no universo cipollano —, independentemente de seus valores, intenções ou características pessoais. A GPL é o gene que catalisa uma evolução darwinista do código, que deve ser egoísta sempre, mas sem prejudicar os demais.

Stallman não tinha ouvido falar de Cipolla quando desenvolveu a GPL. Estava pensando em seus antigos companheiros de laboratório bloqueando o trabalho que tinha sido desenvolvido em equipe para benefício de todos que quisessem usá-lo, com a esperança de que alguém o fizesse crescer. Mas é a confirmação da tese de Cipolla, porque o software livre se espalhou pelo mundo como um incêndio. Nenhuma publicidade além do acesso ao código, nenhuma outra satisfação além de aprender, buscar soluções, fazer jogos e programas e compartilhá-los com pessoas em comum.

A transparência fomenta a meritocracia: ninguém quer compartilhar um código ruim e ser taxado de medíocre. E o acesso fomenta a colaboração. É mais fácil modificar um projeto que já existe para adaptá-lo às suas necessidades do que começar um novo. As modificações favoreceram a biodiversidade do código, o que mais para a frente seria uma fortaleza contra vírus e ataques. No final dos anos 1990 e graças às contribuições dos departamentos de Tecnologia da Informação de instituições públicas e privadas e de milhares de entusiastas (por exemplo, o kernel de Linus Torvalds), o software livre havia sido integrado em todos os projetos, instituições e infraestruturas do Ocidente, incluindo-se centros de pesquisas, universidades, laboratórios, empresas e principalmente a internet. O servidor de domínios mais popular da rede era um software livre, uma grande maioria de servidores da rede usava o Apache. Stallman não era "o último hacker de verdade", como Steven Levy o havia chamado, e sua comunidade não era uma centena de bobos rodeados de teclados e sacos de batatas fritas em um sótão sujo. O software livre era um movimento perigoso, uma máquina de produção descentralizada, colaborativa e aberta, capaz de assustar o inquestionável líder do mercado de softwares. E quem dizia isso era Steve Ballmer, presidente da Microsoft. "O Linux é um forte concorrente — disse em um congresso de analistas financeiros em Seattle no ano 2000. Porque não existe uma empresa chamada Linux, nem sequer existem em uma localização física. É como se saísse diretamente da terra. E tem, como já se sabe, as características do comunismo que as pessoas tanto gostam. Quero dizer, é de graça." Em fevereiro de 2001, o vice-presidente da Microsoft, Jim Allchin, declarou à *Bloomberg News* que "o código aberto é destruidor de propriedade intelectual. Não imagino nada pior para o mercado de softwares e para a segmento de propriedade intelectual". Coincidia com a opinião da Associação Americana do Mercado Fonográfico, que naquele momento era protagonista em manchetes de jornais sobre os pedidos de prisão para os usuários do Napster, que incluíam vovós, adolescentes e deficientes. Mas o problema ficava cada vez maior. Graças a seu acordo com a IBM, quando um computador era comprado, o Windows era o sistema operacional padrão. Também tinha se fortalecido oferecendo licenças educativas de seu sistema operacional ao governo, injetando o sistema em escolas, universidade e órgãos públicos. Existiam vozes nas instituições que se perguntavam se era lícito pagar para usar softwares privados nas escolas quando era possível usar, estudar e adaptar softwares livres grátis. Seu monopólio cambaleava por causa de um rival que não sabia como enfrentar.

Em um documento interno, vazado em novembro de 1998, a Microsoft informa a seus funcionários que "sua capacidade de reunir e aproveitar o IQ coletivo de milhares de pessoas na internet é incrível". Mais preocupante ainda, "sua capacidade de evangelização cresce com a internet muito mais rápido do que conseguimos crescer com nosso esforço". O documento sugeria usar as patentes de software para barrar o desenvolvimento do Linux, e também acusá-lo da pior coisa que se pode ser acusado nos Estados Unidos: de comunista. "Eu sou estadunidense, acredito na forma de o meu país fazer as coisas — declarou Allchin. Me preocupa que o governo incentive o software livre porque acredito que não tenhamos instruído suficientemente os governantes para que compreendam a ameaça que isso representa." "O Linux é um câncer que, desde o ponto de vista da propriedade intelectual, contagia tudo aquilo que toca — disse Steve Ballmer para o *Chicago Sun Times* pouco tempo depois. É assim que essa licença funciona." E tinha razão.

A IBM tinha anunciado que investiria 1 bilhão de dólares em desenvolvimento de softwares livres. A Gigante Azul continuava sendo uma jogadora habitual nos meios institucionais e educacionais, e as instituições públicas queriam um código que pudesse ser adaptado às suas necessidades sem gastar dinheiro com licenças. De acordo com o último relatório da Forrester Research, 56% dos executivos das 2.500 maiores empresas de tecnologia do mundo tinham dito que suas companhias usavam código aberto. A concorrência parecia abraçar o movimento, ainda que fosse com a única intenção de destruir a Microsoft. Petr Hrebejk e Tim Boudreau, da Sun Microsystems, falavam abertamente para os meios de comunicação que abraçar o software livre era a única oportunidade para derrotar Bill Gates.[72] Mas o mercado não podia se perfumar com o cheiro revolucionário do software livre como estava fazendo. A GPL o blindou contra a exploração, a exclusividade e o monopólio, então fizeram uma pequena mudança: não se chamaria mais software livre, mas *"open source"* ou código aberto. E não usaria a GPL, mas outras licenças "parecidas", mais modernas e arrojadas, e seriam vendidas vestidas com a camada de cores vibrantes que Stallman queria evitar: o capitalismo.

---

[72] The Coming "open monopoly" in software, *CNET*, 12 de junho de 2002.

## Dois visionários tóxicos: Steve Jobs e Tim O'Reilly

O "software livre" e o "software de código aberto" são dois termos diferentes para a mesma coisa, anunciava a página da Open Source Initiative, fundada por Eric S. Raymond e Bruce Perens em 1998. Com uma pequena diferença entre as licenças: o *open source* era tão aberto que admitia licenças "flexíveis", que não eram nem abertas nem fechadas, mas exatamente o oposto. Não era como o software livre, que não se misturava com mais nada. "Nos demos conta de que era o momento de se desfazer da atitude de confronto associada com o software livre e vender a ideia em termos estritamente pragmáticos e de negócios, como tinha feito o Netscape." Sua premissa era que o software de código aberto era mais aberto que o software livre, pelo mesmo motivo que uma rede de telecomunicações desregulada era mais livre do que uma institucional. As duas estrelas do código aberto eram o BSD, a versão do UNIX que tinha saído de Berkeley, e o Netscape, o primeiro navegador comercial.

Quando foi lançado em 1994, o Netscape tinha sido o principal navegador do mercado, mas havia sido substituído pelo Explorer da Microsoft. Os dois eram derivados do Mosaic, o navegador que o Centro Nacional de Aplicações para Supercomputação tinha criado para a Web de Berners-Lee. Mas o Explorer vinha como padrão do Windows 95, o sistema operacional de todos os PC. Como estratégia para recuperar terreno, decidiu abrir seu código em janeiro de 1998, mas não o fez sob a licença GPL, que o teria mandado sem passagem de volta para o domínio público, mas sim com outra, chamada Betscape Public License, que permitia que fossem distribuídas versões futuras do navegador, com as contribuições e modificações feitas pela comunidade, com uma licença aberta. Se a FSF era vegana, então eles iriam propor uma dieta flexitariana que prometia ser muito mais variada, alegre e fácil de seguir.

Diferentemente de Stallman, os gurus do código aberto não falam em liberdade, e sim em oportunidades. O cenário que propõem não é o de uma comunidade de hackers para colaborar sem obstáculos, e sim o de uma vitrine de talentos. "Os participantes doam o código desenvolvido em troca de um valor: a oportunidade de fazer parte de algo maior que seu próprio trabalho, influenciar na direção do projeto para acomodar suas necessidades e conseguir um certo status social entre seus pares." Também é uma oportunidade de otimizar recursos: "O que acontece quando um projeto de software é mais sustentável, mais autocontrolado: quando a geografia deixa de ser importante? Quando as empresas precisam de menos prédios, menos energia e têm mais capacidade de escolha no mercado de trabalho?". A palavra-chave não era livre, mas sim aberta: código aberto, cultura aberta, que é a cultura da internet. Essa filosofia foi a base onde foram encontradas empresas como Google, Apple e os novos "visionários" do mundo da cultura tecnológica, um grupo de evangelistas, conselheiros e charlatões capitaneados pelo editor Tim O'Reilly e promovidos incansavelmente pela revista *Wired*.

Tim O'Reilly era um hacker, mas de outra categoria. Para começar, entrou na comunidade do software livre sem ter escrito uma linha sequer do código, mas sim editando manuais de software e linguagens de programação com lindos animaizinhos na capa, que foram recebidos com bastante entusiasmo pela comunidade. Até então, os manuais de softwares eram tristes calhamaços de páginas cinza e fonte pequenina que acompanhavam o pacote de programas comerciais. Não existiam manuais de software livre, apenas instruções sucintas que podiam ser acessadas ao teclar *man* (de manual) no painel de controle, usando a linha de comandos. A comunidade do software livre não tinha tempo para escrever manuais porque passavam o dia escrevendo códigos e ajudando outras pessoas no IRC. Era o nicho perfeito, porque não havia concorrência e nem era preciso pagar direitos. A GPL protegia o código, mas os manuais não eram o código, podiam ser publicados com uma licença tradicional de copyright. E foi exatamente isso que foi feito.

Os livros foram um sucesso absoluto, e O'Reilly decidiu divulgá-los em um congresso como os organizados pela Free Software Foundation, criada por Stallman em 1985 para financiar e promover o software livre. Eram encontros onde as pessoas saíam de seus canais do IRC e de seus grupos de notícias para se juntarem AFK.[73] Organizar seu próprio congresso deu-lhe a oportunidade de reunir os principais desenvolvedores de projetos de software livre como Linux, Perl ou Sendmail com outros que traziam licenças mais flexíveis e agrupá-los na mesma categoria de *open source*. Diferentemente de Stallman, O'Reilly cuidou de convidar especialmente a imprensa. "Tínhamos o *Wall Street Journal*, o *New York Times*, o *San Jose Mercury* (que era o jornal mais lido do Vale do Silício), *Forbes* e *Fortune*." Logo começou a ser convidado para participar de outras conferências sobre software livre, em que se consolidou como a alternativa jovial e libertária do "código aberto" em contraste com a presença mal-humorada e teimosa de Stallman.

Comparado com o carismático editor, Stallman parecia um velho comunista autoritário, incapaz de comprometer-se para que os desenvolvedores de software livre pudessem viver de suas criações. Já O'Reilly era um convincente orador, e havia ganhado a simpatia da comunidade elevando obscuros códigos à categoria de arte com seus belos manuais. Dizia que a rede crescia a toda velocidade e que todo mundo deveria pegar sua parte antes que afundasse ou que todas as portas de oportunidades se fechassem. Apenas era preciso abandonar o culto do software livre e se tornarem flexíveis e atraentes para as grandes empresas. Em 1998, recebeu o prêmio InfoWorld da Comunidade do Software colaborativo por sua contribuição com o setor "que vai muito além de suas publicações".

---

[73] *Away from keyboard*: "longe do teclado".

Enquanto a internet virava o centro do atual boom econômico, O'Reilly lembrava ao mundo dos negócios em desenvolvimento que o desenvolvimento da internet tinha sido possível graças aos padrões abertos e processos de desenvolvimento colaborativo. Fez uma campanha pessoal para deixar claro que o código aberto era uma fortaleza não apenas à frente de sistemas operacionais (Linux), mas também como parte da infraestrutura da internet.

São como o Pimpinela Escarlate do software. São convidados a se sentarem em grupo nos congressos, são chamados pelos jornalistas para colaborarem com citações. O'Reilly continua misturando deliberadamente projetos distribuídos sob a GPL com outros de licenças mais comerciais, como BDS, Mozilla Public License, e se refere ao *open source* como uma espécie de pó mágico que flutua no ambiente, uma nuvem de infinitas possibilidades que mudam conforme o contexto, o produto e o interlocutor. "Se perguntar para um advogado, ele te dirá que nem todas são de fato juridicamente executáveis — falou francamente a Andrew Orlowski em uma entrevista para a *IT Week UK* em março de 1999. É como a gravidade: não precisamos de uma lei para protegê-la, o benefício será evidente para todos. De alguma forma, a GPL é uma ferramenta transitória, que nos leva à fase em que se torna claro que os usuários precisam desses direitos." Repete seu slogan de "criar mais valor do que capturar" mas sem que ninguém te obrigue a fazê-lo, apenas a sua boa intenção. Esse compromisso não obrigatório encontraria sua glória no "Don't do evil" que a Google adotaria como slogan pouco tempo depois. "Richard acredita que existe uma obrigação moral na redistribuição do software e agora, por extensão, em toda a informação. Richard acredita que, já que não existe um custo físico associado à cópia do software, limitar a livre redistribuição é uma forma de extorsão — explica em um texto de dezembro de 1998 intitulado *Por que os livros de O'Reilly* não são open *source*. No entanto, eu penso que é imoral obrigar alguém a te dar algo que criou sem que haja alguma compensação. Ou seja, que quando o software é liberado, é um presente, não o resultado de uma obrigação." Seu carisma é a única coisa que esconde as contradições. O'Reilly é membro de outra comunidade, a que ambiciona tomar o mercado dominado pela Microsoft. Existem dois obstáculos em seu caminho e de seus amigos: o ardente, produtivo e descentralizado bloco do software livre e Bill Gates.

Olhando para trás, é evidente que encontraram duas formas de entender o mundo: a de um programador obsessivo que acredita apaixonadamente na cultura livre e a de um gênio do marketing que farejou uma grande oportunidade. As duas estão certas, e podem coexistir ainda que sejam antagônicas, exceto por uma coisa: Stallman não precisava de O'Reilly para nada enquanto o editor precisava de uma coisa de Stallman. Para que a nova onda do *open source* pudesse colher os frutos do software livre, era preciso fazer o mesmo que O'Reilly tinha feito com os manuais: monetizar o trabalho dos outros sem liberá-lo para a comunidade. Ou seja, tirá-la do quadrante inteligente de Carlo Cipolla e deixá-la de lado, onde alguns poucos podiam se beneficiar às custas do trabalho de muitos. O'Reilly não era o único que tinha percebido isso.

## Mip. Mix. Burn

"Steve Jobs é como Pedro e o lobo — escreveu o jornalista Robert Cringely na *Rolling Stone* em 1994. Gritou: Revolução! muitas vezes." Mas Jobs tinha mais truques na manga do que Dai Vernon. Assim como Tim O'Reilly, logo se tornaria a figura mais influente da informática contemporânea sem ter escrito uma linha de código em toda sua vida. Era outro tipo de hacker. Depois de uma guerra declarada com o resto da diretoria e grande parte da equipe durante a produção do Macintosh, Jobs foi afastado da empresa que havia fundado com Steve Wozniak e Ron Wayne em 1976. Durante os oito anos seguintes, tratou de recuperar o tempo perdido com a NEXT Software. Também teve tempo de comprar a Graphics Group, a área de desenvolvimento de computação gráfica da Lucasfilm, e mudar seu nome para Pixar. Mas a Apple não foi bem durante sua ausência, e em 1995 voltaram atrás e foram procurá-lo. Encontraram um Jobs triunfante e vitorioso. Seu primeiro filme, *Toy Story*, havia sido indicado ao Oscar em três categorias e a semente da web era um de seus cubos de NeXT. A Apple comprou-lhe a empresa e lhe ofereceu um cargo de conselheiro. Jobs aceitou o cargo e depois fez três coisas.

A primeira foi recuperar o cargo de presidente executivo, demitindo o mesmo executivo que o tinha convidado a voltar. Depois, fez um acordo com seu arquirrival: os processos por violação de patente que a Apple moveu contra a Microsoft se resolveram com um acordo de patentes cruzadas. Bill Gates investiu 150 milhões de ações sem direito a voto na Apple e comprometeu-se a desenvolver um Office para MacOS por cinco anos; a Apple se comprometeu a usar o Internet Explorer como navegador-padrão durante o mesmo tempo. Quando Jobs anunciou o acordo na Macworld de Boston em 1997, o fez acompanhado de um gigantesco Bill Gates que sorria às suas costas em um telão. Se alguém quiser saborear o tumulto e o desespero que tomou conta da sala, os vídeos estão no YouTube. Os convidados pareciam que tinham sido pegos com as calças na mão, uma derrota moral. Mas, com esse acordo, Jobs comprou tempo para fazer o que queria mesmo fazer: jogar fora o sistema operacional MacOS 9 e reciclar o que havia sido criado para NeXT. E NeXT estava montado em cima do FreeBSD, filho da versão do UNIX que tinha sido desenvolvido na Universidade de Berkeley, em paralelo com Stallman e seu GNU. E que tinha uma dessas licenças flexíveis que patrocinava O'Reilly.

Existe uma piada na comunidade que diz que o FreeBSD não é uma licença livre, mas sim "libertina", porque, diferentemente da GPL, permite que uma empresa use o código da comunidade para poder crescer com suas contribuições, mas feche seus próprios desenvolvimentos com uma licença tradicional. Essa foi a que Jobs escolheu para o kernel de seu sistema operacional, chamado Darwin. É claro que ele sabia exatamente o que estava fazendo. "Darwin é incrível — fala para um auditório na Macworld de San Francisco, onde apresentou pela primeira vez o OS X, em março de 2000. Um kernel supermoderno. E se parece com o Linux! Tem UNIX FreeBSD, que é o mesmo que Linux, então é praticamente a mesma coisa para os desenvolvedores. Tem um microkernel e é completamente *open source* [...]. E estamos recebendo muita ajuda da comunidade Mac para deixá-lo cada vez melhor." Na verdade, não parecia nada com o Linux, porque o sistema operacional não funcionava sem as aplicações que foram feitas pelos programadores da Apple e que estavam protegidas com "todos os direitos reservados". Hoje, todos os projetos para desenvolver versões livre do Darwin desapareceram, mas a Apple é a empresa mais valiosa do mundo. Essa apresentação devolveu a Jobs a cadeira de presidente executivo vitalício da Apple. Sua jogada de mestre ainda iria acontecer.

Em 23 de outubro de 2001, do Apple Town Hall de Cupertino, Jobs apresenta um dispositivo capaz de levar "mil músicas no seu bolso". Tinha uma autonomia de dez horas e se chamava iPod. Com seu particular estilo bombástico, Jobs o descreveu como um "salto quântico". Coisa que não era, porque a Apple não tinha inventado o reprodutor mp3 com memória em seu estado bruto, nem sequer foi a primeira a lançá-lo no mercado. Os primeiros a lançarem essa tecnologia foram a Diamond Multimedia com seu Rio 100 e a coreana Saehan Information Systems com seu MPMAN. Mas nenhuma dessas empresas tinha Steve Jobs. Os verdadeiros inovadores foram ao mercado explicar as novidades tecnológicas de seus novos dispositivos enquanto Jobs falou de saltos quânticos e, naturalmente, de revolução. E essa revolução estava acontecendo de verdade. Jobs tinha entendido que a guerra das gravadoras contra os usuários do Napster havia transformado a troca e o download de música em um exercício de desobediência civil e desenvolveu uma campanha para eles. O primeiro anúncio mostrava um hipster terminando de usar seu computador e saindo de casa sem deixar de dançar ao ritmo de sua música preferida. O seguinte foi uma mensagem mais direta; se chamava nada mais, nada menos que *Rip, Mix, Burn* ("copia, mistura, grava"). Os característicos cabos brancos da Apple foram uma provocação para a RIAA, a patrulha dos downloads e para a própria indústria musical, mas, principalmente, transformou-se em uma marca única e clara para aqueles que acompanhavam as tendências (e imperceptível para quem estava por fora). Combinavam com o novo design branco minimalista da Apple, e se integravam de forma invisível com o reprodutor de áudio que tinha sido apresentado alguns meses antes, o iTunes.

De repente, as capas de jornais e revistas do mundo já não eram suficientes para estamparem a cara de Steve Jobs. Mal ele tinha voltado e já tinha conseguido tirar proveito do poder do software livre e da primeira guerra de copyright, tirando a Apple da ruína, ou ainda pior, da mediocridade. Quando o presidente executivo da Disney, Michael Eisner, o acusou, diante do Comitê de Comércio do Senado dos Estados Unidos, de promover a pirataria, Steve respondeu no *Wall Street Journal*: "Se você adquire música legalmente, tem que ter o direito de ouvi-la em todos os dispositivos que você tiver". Ele estava preparando o terreno para sua jogada mais espetacular. Quando a guerra do copyright estava na fase mais cruel de sua história, seis meses antes de que um juiz ordenasse o fechamento do Napster por violações de direitos autorais, Jobs deu o lance decisivo. Primeiro, foi falar com as universidades de elite e as convenceu de que os estudantes iam continuar usando a rede universitária para descarregar música ilegalmente. Se não quisessem arcar com os custos e as responsabilidades, só havia duas saídas: podiam cortar o acesso à internet ou podiam obrigá-los a pagar antecipadamente pelas músicas, como parte da matrícula e fim. Depois, foi falar com as gravadoras e os lembrou que o negócio deles era a música, não a tecnologia. Na guerra contra a tecnologia, estavam ganhando a antipatia e a raiva de seus próprios clientes, e isso não era necessário. Jobs podia livrá-los do problema com uma plataforma de venda de música digital. Foi assim que Jobs ergueu o ramo da música da indústria musical. Enquanto o Napster encerrava suas atividades com uma dívida de 26 milhões de dólares por prejuízos às gravadoras e outros 10 milhões de dólares por futuras autorizações, Jobs se tornava o intermediário entre inimigos mortais com uma plataforma de música digital que era completamente centralizada, quantificada e registrada pela Apple. E, claro, perfeitamente integrada com o iPod e os novos OS X.

As gravadoras arrancaram os cabelos, porque enxergavam a promessa de um negócio selvagem. Copiar e distribuir CD custava dinheiro, mas copiar e distribuir mp3 era praticamente de graça. Só tinha um problema: conter a distribuição ilegal das faixas digitais depois de lançadas no mercado era como tentar dar nó em pingo d'água. Não havia ação judicial suficiente para acabar com isso, nem tecnologia de cópia eficaz para impedir sua distribuição. Queriam vender a custo zero sem perder tudo e não sabiam como, até que chegou Steve Jobs. Ele tinha uma dupla estratégia para acabar com o pesadelo: aterrorizar os usuários com processos cada vez mais absurdos e oferecer-lhes uma saída, chamada iTunes. Ainda hoje é difícil ignorar o tamanho da genialidade de sua manobra. Além de roubar as chaves do reino e fazer com que agradecessem, Steve Jobs transformou as gravadoras em seus capangas.

Durante os anos seguintes, o mundo acompanhou com surpresa as centenas de processos que as gravadoras e as sociedades de gerenciamento de direitos travaram contra as redes de troca e contra os próprios usuários, cujos nomes e dramáticas situações eram descritos com uma mistura de incredulidade e oportunismo pelos veículos de comunicação. Não respeitavam ninguém, nem os mortos. Em fevereiro de 2005, a RIAA processou Getrude Walton, uma avó de 83 anos da Virgínia por "compartilhar mais de setecentas músicas de pop, rock e rap sob o pseudônimo de smittenedkitten". Quando sua filha contou para os jornais que a sua mãe nunca havia tocado em um computador em toda sua vida e que além disso ela havia morrido havia alguns meses, a resposta da associação foi: "a coleta das provas e a ação legal foram iniciadas há algumas semanas, há meses", insinuando que Gertrude levava uma vida dupla pelas costas de sua própria filha, antes de desistirem do caso. A estratégia caiu como uma luva. Em menos de um ano e sem sujar as mãos, a Apple subiu do posto 236 no ranking da *Fortune* para a posição 35, figurando entre nomes como R. J. Reynolds Tobacco e Pepsi Bottiling Group, ficando à frente da Intel e da própria Microsoft. O iPod tornou-se o objeto mais icônico de sua geração. Se o Walkman da Sony demorou duas décadas para vender 300 milhões de unidades, a Apple venderia 400 milhões de iPods em uma, antes que sua produção fosse descontinuada em 2014, em favor do iPhone.

O mais engraçado é que todos sabiam que os iPods estavam cheios de músicas descarregadas de forma ilegal. A oferta do iTunes Music Store de comprar discos a dez dólares e músicas avulsas a 99 centavos não era páreo para o Kazaa. As contas explicam isso de forma clara. A primeira geração do iPod custava 399 dólares e tinha cinco gigabytes de capacidade de armazenamento. Enchê-lo legalmente custava nada menos que mil dólares. A terceira geração de iPods custava 499 dólares e tinha capacidade para quarenta gigabytes, oito vezes mais. Poucas pessoas podiam investir 8.499 dólares em algo que podia ser esquecido no banco de trás de um táxi ou que podia ser roubado em um bar.

O acesso ilimitado à música coincidiu com outro salto quântico no mundo da produção, impulsionado pelo software de edição digital. Todo mundo descarregava e compartilhava música, mas também fazia, produzia, remixava e tocava música em todas as partes, o tempo todo. Mais do que nunca, havia mais grupos, mais shows e mais mixagens. E o cenário em expansão alimentava outros mundos: florescia a crítica musical, os festivais se multiplicavam e o ativismo encontrava sua forma de expressão mais pura na linguagem da publicidade. Os DJs produziam frenéticos *mashups* de músicas protegidas em cópias não autorizadas chamadas *bootlegs*. De repente, tudo era possível e, ao mesmo tempo, tudo era ilegal. Os artistas viram que ganhavam mais dinheiro tocando em shows do que fazendo discos, e começaram a publicar e promover suas músicas em suas próprias páginas web sem precisar das gravadoras. Então, descobriram que não podiam simplesmente oferecer sua, porque toda música publicada era automaticamente administrada pelas sociedades gestoras de direitos.[74] Para fazer autogestão, faltava aos artistas um tipo de licença que permitisse que compartilhassem suas músicas de acordo com suas próprias condições, sem cederem seus direitos às sociedades de gestão e sem se deixarem explorar de graça pelas gravadoras. Que tivesse alguns direitos e algumas liberdades, algo que fosse entre o copyright tradicional e a GPL. Algo como as licenças de código aberto, que pudessem ser abertas por um tempo e fechadas logos depois. Encontraram o que buscavam na proposta de um advogado especializado em código, Lawrence Lessig.

## Creative commons: alguns direitos reservados

No ano 2000, 95% da música e dos filmes que circulavam pelas redes P2P eram obras licenciadas nos Estados Unidos, e a última atualização da Lei do Copyright no país tinha sido assinada pelo presidente Clinton em pleno *affai-*

---

[74] Sobre essa guerra, que não é o tema que quero tratar, recomendo o livro de Ainara LeGardon e David G. Aristegui, *SGAE. El monopólio em decadência*. Consonni, 2017.

*re* Lewinsky, em outubro de 1998. Tinha o nome do cantor e mais tarde congressista Sony Bono e prolongava o direito privado sobre a criação individual a setenta anos após a morte do autor, e a 95 anos do lançamento no caso de uma empresa ser a proprietária legal dos direitos. As obras criadas antes de 1978 seriam protegidas por 95 anos, fosse de quem fosse. Milhares de obras cujos direitos privados estavam quase indo a domínio público foram vedadas até o ano de 2019. As pequenas editoras que viviam de reedições de obras raras tiveram que parar as máquinas. As páginas web que colocavam à disposição dos usuários grandes obras mestras da literatura e artistas de todo o mundo eram, de repente, ilegais. Lawrence Lessig, professor de direito na Universidade de Stanford e um dos maiores especialistas do mundo em direito cibernético, não gostou nada disso.

Lessig levou sua insatisfação até a Suprema Corte defendendo o editor Eric Eldred. Argumentou que, segundo o artigo 1º, inciso 8º, cláusula 8º da Constituição dos Estados Unidos da América, o Congresso tinha o dever de promover o progresso da ciência e das artes, garantindo por tempo ilimitado aos autores e inventores o direito exclusivo sobre suas respectivas criações e inventos antes de serem liberados para domínio público. Em 1970, esse tempo era de dezessete anos. Ao aumentar o prazo para 70 e 95 anos, o Congresso falhava em seu dever de limitar essa retenção, além de impedir a readaptação de obras que já eram consideradas clássicas, a base da cultura popular, desde Shakespeare até a Bela Adormecida. "Victor Hugo deve estar se debatendo em sua tumba vendo o que a Disney fez com seu Corcunda de Notre-Dame – ironizou Dan Gillmor, respeitado colunista do *San Jose Mercury News* quando a confusão começou. Mas é o que acontece quando suas criações são de domínio público."

Lessig perdeu o caso, mas sua derrota foi o começo do Creative Commons, a base da transformação do mundo da propriedade intelectual. Não poderia ter chegado num momento mais propício. A guerra que tinha começado com o Napster já não era mais por conta do download de arquivos protegidos, mas sim para liberar a cultura das garras da indústria do entretenimento. E encontraram um inesperado ícone na popular figura do Mickey Mouse. A prorrogação de Sony Bono tinha acontecido quatro anos antes que a Disney perdesse o ratinho, e foi rebatizada como a Mickey Mouse Protection Act em homenagem aos milhões que a empresa investiu para que não houvesse liberação. Lawrence Lessig declarou que o copyright se renova cada vez que o Mickey Mouse está perto de entrar em domínio público. A Disney não quer deixar que façam com o Mickey o que fizeram com o legado dos irmãos Grimm.

Richard Stallman era radicalmente contra a propriedade do software, que devia ser monetizado como um serviço de imprensa e não como um objeto protegido para beneficiar uma empresa em detrimento da alfabetização geral. E aplicava a mesma lógica à música, argumentando que o Napster era algo positivo porque incentivava as pessoas a irem aos shows, que é o momento em que os músicos mais ganham dinheiro, e eliminava a venda de discos, que só dava lucro para um grupo de empresas gananciosas e monopolizadoras. Lessig não era um abolicionista, e sim um reformista; ele acreditava na propriedade intelectual. Considerava que proteger a exploração comercial de uma obra era justo, desde que fosse por um período razoável e sempre que beneficiasse o autor. Seguindo essa linha de raciocínio, a Creative Commons criou uma gama de alternativas de propriedade intelectual e conseguiu adaptá-las para a legislação de todos os países do mundo, com a ajuda desinteressada de especialistas locais. As licenças cobriam a escala de cinza que vai do tradicional "todos os direitos reservados" à liberdade obrigatória da GPL, mas o projeto não tinha sido feito para proteger o bem comum acima de tudo, e sim para ajudar o criador a promover sua obra na era da reprodutibilidade infinita sem depender da indústria cultural — gravadoras, produtoras de cinema, sociedades de gestão, grandes grupos editoriais e impérios midiáticos —, contudo sem abrir mão da oportunidade de explorar futuramente sua criação. Em outras palavras, não eram licenças anticapitalistas, eram licenças *open source*. E encontraram seu habitat natural em uma crescente rede de criadores que publicavam de forma voluntária, gratuita, organizada e superconectada para compartilhar sua visão da realidade. Sei disso porque eu fui um deles.

## A armadilha da inteligência coletiva

As manifestações de Seattle começaram pouco depois do lançamento do Napster, em 29 de novembro de 1999, sendo um momento que marcou uma nova era de mobilizações. Pela primeira vez na história, os sindicatos de uma cidade se juntaram às associações ecológicas, pacifistas, anarquistas, comunistas, feministas, grupos indígenas e a outras organizações de direitos civis para manifestar seu repúdio contra a cúpula da Organização Mundial do Comércio (OMC). Mais de setecentos grupos unidos, não os partidos, mas a população, não uma campanha, mas uma manifestação. Ainda que fosse uma manifestação pacífica, as autoridades chamaram a Guarda Nacional e declararam estado de exceção. No dia 30, emissoras do mundo todo acompanharam as "sentadas" e as passeatas de milhares de pessoas durante as 24 horas do dia. Mostraram imagens de veteranos caminhando junto a anarquistas e ecologistas, de braços dados. E de caminhoneiros negros da Carolina misturados com loiros de Washington a jornaleiros mexicanos com professores universitários. Também filmaram policiais armados pulverizando spray de pimenta em grupos de manifestantes sentados pacificamente em posição de lótus. Chamaram o episódio de Batalha de Seattle. Haviam nascido dois movimentos que logo seriam a mesma coisa. E a consciência de uma distância que claramente separava dois grupos desiguais: o de pessoas que tomavam decisões e o daquelas que sofriam as consequências. 1% e todo o resto.

Jacquelien van Stekelenburg, chefe do Departamento de Sociologia da Universidade de Vrije, em Amsterdã, e especialista em movimentos sociais, explica que existem dois elementos fundamentais para o sucesso de uma manifestação: o primeiro é que ela seja capaz de gerar graves problemas (parar o trânsito, greves) e atrair a atenção da mídia. Para que algo seja definido como problema social, é preciso que seja considerado como injusto por um grupo com influência social, por exemplo, os meios de comunicação. O segundo é que aconteça em um ambiente favorável: um regime democrático, clima de desilusão generalizada, um sistema aberto a modificações e o apoio de aliados poderosos, por exemplo, a comunidade internacional. No mundo ocidental havia todos os ingredientes para que as manifestações de Seattle tivessem sucesso.

A resposta intimidadora da polícia de Seattle foi de encontro à cobertura persistente da imprensa, que recriou as cenas de violência em um impactante material gráfico. A própria cobertura começou como um escândalo que mudou o curso dos acontecimentos. O *New York Times* publicou (e tiveram que se retratar no dia seguinte) que no primeiro dia os manifestantes tinham jogado coquetéis molotov na polícia. Naturalmente, o resto dos meios de comunicação aproveitou para atacar a Dama Cinza e se colocaram como antídoto, uma reviravolta que beneficiou a manifestação, apimentando a narrativa popular que avançava contra os poderosos, como em Davi e Golias. Parecia que toda as instituições estavam conspirando para silenciar os manifestantes. As fotos dos estudantes sentados cobrindo a boca enquanto eram pulverizados pela polícia causavam indignação. Centenas de pessoas de outros estados que estavam vendo as notícias entraram em seus carros e dirigiram para lá, para se unirem aos protestos. Na Europa, as imagens eram nostalgicamente comparadas a outras revoltas icônicas, como o Maio de 1968 e a queda do Muro de Berlim. O fantasma que percorreu a Europa não foi exatamente o do comunismo, mas sim o da solidariedade. Quando o diretor da OMC, Mike Moore, acusou os manifestantes de serem protecionistas disparando contra o internacionalismo, Naomi Klein respondeu ironicamente: era o movimento mais internacional visto até então. "Seria muito fácil descartar os manifestantes da cúpula da OMC em Seattle como radicais com inveja dos anos 1970", começava seu artigo publicado no *New York Times*. A primeira parte de sua trilogia contra o capitalismo, *Sem Logo*, estava sendo impressa.

A verdade, contudo, é que os manifestantes de Seattle foram picados pelo mosquito da globalização com a mesma intensidade e precisão que os advogados empresariais que vivem nos hotéis de Seattle, só que é outro tipo de globalização, e sabem disso. A confusão sobre as reivindicações políticas dos manifestantes é compreensível: é o primeiro movimento nascido dos caminhos anárquicos da internet. Não existe hierarquia, não existem líderes universalmente conhecidos e ninguém sabe o que acontecerá depois. [...] Esse é o movimento mais internacionalista, mais globalizado que o mundo já viu. Já não existem mais mexicanos ou chineses sem rosto roubando nossos trabalhos, em parte porque os representantes desses trabalhadores estão nos mesmos grupos e nas mesmas reuniões com os ativistas ocidentais. Quando os manifestantes gritam contra o demônio da globalização, a maioria não está pedindo uma volta ao nacionalismo estrito, mas que as fronteiras da globalização sejam expandidas, que o mercado esteja vinculado às reformas democráticas, a salários mais altos, direitos trabalhistas e proteção do meio ambiente.

Não um movimento de caipiras nacionalistas, como sugeriam os representantes das multinacionais, mas um movimento internacional anticapitalista, baseado na solidariedade. Os trabalhadores tinham se unido para exigir que os governos que haviam sido eleitos democraticamente governassem acima das multinacionais, e não o contrário. O objetivo simbólico de sua resistência pacífica era impedir a Cúpula de Seattle, onde os governos e as multinacionais se sentavam lado a lado para negociar. E, contrariando todos as previsões, conseguiram. Davi venceu Golias. O movimento que não tinha nome, cara, logos, sede, siglas ou partidos conseguiu parar a Cúpula e expulsar da cidade presidentes executivos, advogados e banqueiros. A primeira batalha havia sido ganha, eles foram ouvidos. Saíram nos principais meios de comunicação do mundo denunciando a precarização, a privatização de recursos, a discriminação, a pobreza, a destruição do meio ambiente. Pediram o impossível e conseguiram. Foi então quando o movimento anticapitalista se globalizou.

Jogn Berger dizia que as manifestações eram ensaios para a revolução porque, diferentemente de uma assembleia de trabalhadores, os manifestantes "se reúnem em público para estabelecer seus objetivos, em vez de organizar-se em resposta a um objetivo predeterminado". O objetivo de Seattle foi desertar os não poderosos para que se unissem contra o regime neoliberal. Reunir o que os anos de bipartidarismo e clientelismo haviam partido: a união dos trabalhadores com os trabalhadores, de vizinhos com vizinhos, independentemente de raça, classe, nível acadêmico, orientação política ou sexual. E se organizaram para bloquear outras reuniões de todas as instituições responsáveis por instaurar o regime neoliberal no mundo ocidental. Contra todas as previsões, conseguiram. Impediram que o Fórum Econômico Mundial acontecesse em Melbourne e em Davos, as reuniões do FMI e do Banco Mundial em Washington e Praga. Manifestaram-se contra a Cúpula de Quebec sobre o Tratado do Livre-Comércio das Américas e da União Europeia, em Gotemburgo. Encontravam-se nos grupos de notícias e fóruns onde organizavam as marchas e compartilhavam seu repúdio às multinacionais, o desprezo pelos governantes e milhares de horas de música. A máquina ia a todo vapor até a Cúpula do G8 de Gênova, quando o movimento ficou maior.

## A promessa da blogosfera:
## viver para contarmos juntos

A Cúpula do G8 de julho de 2001 reuniu em Gênova os presidentes mais poderosos do mundo: Tony Blair, Vladimir Putin, Gerhard Schröder, Silvio Berlusconi, Jacques Chirac e o canadense Jean Chrétien. Era a primeira cúpula dos presidentes George W. Bush e Junichiro Koizumi. O movimento tinha sido organizado para mostrar o repúdio às políticas neoliberais, como havia sido feito em outras cúpulas. Mas o ambiente era muito diferente, assim como as consequências. Para começar, foi muito maior. As manifestações de Seattle não reuniram mais do que 50 mil pessoas, mas em Gênova havia mais de 200 mil. Também tinha muito mais policiamento, com o claro propósito de acabar com o levante. O armamento dos Carabinieri contra os manifestantes fez a polícia de Seattle parecer um bando de monitores de acampamento dos escoteiros.

O ministro do Interior, Claudio Scajola, tinha se preparado para a guerra. Tinha mandado fechar ruas, obstruir o sistema de esgoto e bloquear todos os acessos de transporte próximo ao G8. A equipe de produção do G8 negou credenciamento a todos os jornalistas com histórico de ativismo. Abriram espaço para aproximadamente seiscentas pessoas nas cadeias. Trouxeram 180 especialistas em segurança para que vigiassem o sistema de telecomunicação. A imprensa publicou que também tinham pedido caixões e sacos para cadáveres. Alertaram que os manifestantes eram violentos, principalmente um grupo chamado Black Block que em Seattle já tinha atacado as vitrines da GAP, Starbucks, Old Navy e franquias semelhantes. Vestiam roupa preta para se reconhecerem e cobriam o rosto com balaclavas para não serem identificados. Armavam-se com barras de ferro, garrafas e pedras. O relato posterior dos manifestantes concorda em duas coisas: a polícia deixou que os Black Blocks se movimentassem à vontade e atacaram os demais.

Na noite de 21 de julho, um grupo de trezentos policiais entrou no Colégio Díaz — um edifício de quatro andares que havia sido cedido pelo próprio governo para que os manifestantes pacíficos pudessem dormir —, e atacou brutalmente todos que ali estavam, sem distinção de idade, profissão ou ocupação. "Se preocuparam em deixar todos feridos", conta uma assistente social de 26 anos que havia chegado de Londres.[75] Avançaram de forma metódica; quando um corpo já não se mexia mais, iam para o próximo. Há dezenas de testemunhos que descrevem como eles foram andar por andar batendo nas pessoas até transformá-las em um monte de sangue e ossos quebrados. Nesse mesmo edifício ficava a sede da Indymedia, a rede de jornalistas independentes que nasceu em Seattle. Os jornalistas foram espancados como todos; seus computadores, câmeras e equipamentos foram confiscados ou destruídos. Os feridos mais graves foram levados para o hospital de San Marino, e o resto foi detido em uma prisão no bairro de Bolzaneto. Duzentas e seis pessoas foram hospitalizadas e mais de quinhentas foram presas.

Para justificar o brutal ataque, os policiais plantaram coquetéis molotov no colégio e acusaram os manifestantes de tentarem esfaqueá-los. Em 2012, após um longo processo, os culpados da brutalidade policial e da falsificação de provas foram encontrados. Em 2015, o Tribunal Europeu de Direitos Humanos declarou que as autoridades "tinham cometido atos de tortura" e que "a legislação criminal italiana era [...] inadequada para a penalização de tais atos e não um eficaz repelente contra sua repetição".

O comportamento da polícia foi tão repugnante que até o chefe de polícia Salvo Montalbano, o famoso personagem de Andrea Camilleri, se demitiria.[76] Durante o ataque, a imprensa cobriu as poucas manifestações violentas e omitiu os

---

[75] Nick Davies, "The Bloody Battle of Genoa", *Guardian*, 17 de julho de 2008.

[76] Andrea Camilleri, *Un giro decisivo*, Salamandra, 2003.

milhares de manifestantes pacíficos que foram brutalmente atacados sem motivo. Até um manifestante ser morto. Em uma rua aberta, em plena luz do dia, diante da câmera de um repórter da Reuters, um carabinieri chamado Mario Placanica disparou de uma caminhonete contra um rapaz chamado Carlo Giuliani, e logo em seguido o atropelou.

As fotos de Dylan Martínez documentam tudo que aconteceu como se fosse uma fotonovela: Giuliani se aproxima do carro por trás e recebe o disparo na cabeça. Giuliani cai e o carro passa por cima de seu corpo imóvel, dando marcha à ré e depois indo para a frente. Os relatórios da polícia descreviam uma grande violência de rua, com chuva de coquetéis molotov. Mas um carabinieri tinha dado um tiro na cabeça de um rapaz. O morto tinha 23 anos, o policial, 21. Os líderes do G8 condenaram conjuntamente a "violência oriunda da anarquia" de um pequeno grupo de manifestantes. Disseram que respeitavam as manifestações pacíficas, mas que "é de vital importância que os líderes eleitos democraticamente e que representam milhares de pessoas possam se reunir para debater assuntos de mútuo interesse". A imprensa divulgou o comunicado oficial, enquanto nos fóruns e grupos circulava um relato alternativo, feito de testemunhos, fotos e vídeos dos manifestantes. Falavam de George Holliday, o cinegrafista amador que gravou a polícia de Los Angeles dando uma surra brutal em Rodney King, um taxista negro, no ano de 1992. O preço das câmeras havia baixado e tudo foi filmado em formato digital. A massa interconectada de indignados era um sistema de terminações nervosas capaz de transmitir tudo em tempo real. De repente, fazer fotos e vídeos tornou-se um ato revolucionário. Distribuí-los, também.

A liberdade de imprensa já não era apenas para a imprensa. Quem fazia a foto não era mais importante do que quem a fazia circular. Pela primeira vez, os manifestantes tinham a oportunidade de contar sua própria história ao mesmo tempo que a BBC. O poder das redes garantia a divulgação. A verdade era um esforço coletivo; podiam contestar a versão oficial dos fatos e usar seus próprios meios para prová-la. Começavam a falar do jornalismo colaborativo, um relato em coro sem intermediários nem filtros que envergonharia os jornais vendidos ao poder, controlados pelos governos autoritários, comandados pelas classes dominantes e, definitivamente, corroídos pela corrupção. E a maior novidade: era possível fazer isso sem sair de casa, acompanhando as notícias e facilitando sua propagação.

A primeira versão do Blogger saiu em setembro de 1999. Pyla Labs, a empresa de Evan Willians e Meg Hourihan, imitou o formato do cabeçalho e conteúdos datados em ordem cronológica do Slashdot, que estava on-line havia dois anos e tinha sido comprado por 1,5 milhão de dólares e 7 milhões e ações. O Blogger não foi o primeiro serviço de publicação de blogs (LiveJournal chegou três meses antes), mas foi o que atingiu as massas porque oferecia um serviço de *hosting* e era fácil de usar. Até então, os "web logs" eram páginas da web feitas por pessoas com conhecimento de HTML para desenvolvê-las e era preciso contratar um servidor para hospedá-las. "Todo mundo que usava a rede tinha a capacidade de escrever algo [...] mas editar páginas web era difícil e complicado para as pessoas — disse Tim Berners-Lee em uma entrevista para a BBC. O que aconteceu com os blogs e com os wikis, esses espaços editáveis, é que ficaram muito mais simples. Quando você escreve no blog, não escreve um hipertexto, só texto." Com o Blogger era possível escolher nome de usuário e começar a publicar em menos de vinte minutos. Em dezembro de 2000 já existiam tantos que o *New York Times* chamou de *A Invasão dos Blogs*: "Nao parece a fórmula para um movimento social. Mas, nos últimos nãos, milhares de pessoas começaram seus próprios conteúdos, criando uma explosão de páginas que, para o não iniciado, pode parecer um universo paralelo da rede".

Era muito mais que um universo paralelo. Era uma comunidade internacional de publicações, interconectada e autorreferente que crescia exponencialmente sem buscar a aprovação nem o respeito dos meios de comunicação tradicionais nem um grande investimento de capital. "Graças a seu extraordinário design — diz a cineasta Astra Taylor em seu livro *The People's Plataform* —, a internet facilita a criatividade e a comunicação de forma inigualável. Cada um de nós agora é um canal de comunicação; já não somos mais consumidores passivos, mas sim produtores ativos. Diferentemente da transmissão vertical, unidirecional da televisão e da rádio e até os discos ou livros, enfim temos um meio através do qual supostamente todas as vozes são ouvidas."[77] Essa voz coletiva viveu a Guerra do Golfo em 2001 com a intensidade de um correspondente recém-aposentado, comentando furiosamente a Operação Liberdade Duradoura, do exército estadunidense, e a Operação Herrick, das tropas britânicas, acompanhando a cobertura 24/7 da CNN em tempo real. Assim também quando, em 11 de setembro do mesmo ano, dezenove membros da Al Qaeda executaram um ataque coordenado em que dois aviões Boeing 767 se chocaram contra os dois edifícios mais emblemáticos do mundo. Os bloggers estavam atentos, envolvidos, comprometidos. O mundo tinha virado um lugar que precisava ser vigiado permanentemente, narrado pelo maior número de pessoas possível. O que havia começado como uma batalha pelo acesso a informação estava se transformando em uma guerra para escrever a história. Logo teriam dois grandes aliados: um moderado, a Wikipédia, e outro extremista, a Wikileaks.

A Wikipédia nasceu em janeiro de 2001, com uma licença GPL e o formato wiki. Jimmy Wales e Larry Sanger estavam trabalhando em uma enciclopédia on-line escrita por acadêmicos e especialistas chamada Nupedia, quando pensaram que ela poderia ser colaborativa, onde qualquer um pudesse contribuir. Queriam ver se surgiria algo parecido com a entusiasta e produtiva comunidade do software livre. Em

---

[77] Astra Taylor, *The People's Platform: Taking Back Power and Culture in the Digital Age*, Henry Holt & Co, 2014.

pouco tempo, o experimento engoliria a Nupedia e se tornaria a referência mais visitada da rede. "Imagine um mundo em que cada pessoa no planeta tem acesso a todo conhecimento — declarou Wales no Slashdot. Porque é isso que estamos fazendo." Mas a novidade da Wikipédia não era o acesso ao conteúdo, mas a produção do conteúdo, o direito a escrever a história, não apenas lê-la. Essa democratização do passado foi ridicularizada pelas instituições durante seus primeiros anos de vida. "Eu não a usaria e não conheço nenhum bibliotecário que use — declarou um bibliotecário chamado Philip Bradley para o *Guardian*. O principal problema é a falta de autoria. Quando publicam as coisas, os editores têm que garantir que seus dados são verdadeiros, porque seu trabalho depende disso." O software funciona ou não funciona, mas a história é um terreno mais arenoso. Sem *fact-checkers* e sem responsabilidade, quais seriam as garantias de que os artigos estavam corretos? Quem podia assegurar que os artigos eram "verdade"? A resposta de Wales foi: a verdade não é mais do que uma interpretação dos fatos, e a interpretação coletiva, colaborativa e consensual dos fatos tem tanto direito a existir como a interpretação monolítica e opaca das instituições. A rede tinha seu próprio modelo de responsabilidades, que não era baseada na *autoritas* institucional, mas sim em um sistema de reputação própria baseada na transparência total. A Wikileaks mostra todas as mudanças feitas num texto e quem as fez. Em 2010, James Bridle imprimiu a entrada correspondente à Guerra do Iraque, incluindo todas as versões que ela teve desde dezembro de 2004 até novembro de 2009. No total, foram 12 mil mudanças e quase 7 mil páginas, que editou em uma coleção de doze volumes chamada *The Iraq War: A History of Wikipedia Changelogs*. A Wikipédia demonstrou que a história não tem uma versão final, apenas um cansativo e interminável debate entre as partes interessadas.

    Julian Assange apresentou Wikileaks.org no congresso anual do Chaos Computer Club de 2007 como uma "Wikipédia sem censura para divulgação massiva de documentos e análises". Disse que queriam denunciar regimes opressores na Ásia, o antigo bloco soviético, a África Subsaariana e o Oriente Médio, e "servir de ferramenta às pessoas de todas as regiões que queiram revelar comportamentos imorais de seus governos e empresas". O australiano era membro de uma respeitada lista de discussão chamada Cypherpunks e tinha apoio da comunidade hacker, mas seu mergulho na cultura popular chega com a publicação dos manuais secretos da Igreja da Cientologia, onde eram revelados seus métodos para calar jornalistas e vigiar pessoas "supressivas" que saíram da seita. A Igreja acionou todos seus recursos legais, provocando o famoso efeito Streisand, que acontece quando o esforço em censurar um conteúdo gera o efeito contrário. Em *This Machine Kills Secrets*, Andy Greenberg o chamou de "o momento mais gratificante do sucesso da Wikileaks". Assange respondeu às ameaças com a elegância que o faria mundialmente famoso: "Wikileaks não vai ceder às exigências abusivas da Cientologia mais do que já cedeu às exigências de bancos suíços, instalações secretas de células-tronco na Rússia, políticos corruptos da África ou ao Pentágono". Três anos depois, estouraria a indústria do jornalismo com um vídeo chamado *Collateral Murder*, onde dois helicópteros Apache dos Estados Unidos disparam sobre um grupo de iraquianos desarmados, assassinando doze pessoas, entre elas jornalistas da Reuters. As imagens eram incontestáveis, tinham sido feitas em 2007 do mesmo helicóptero do ataque. O vídeo incluía a conversa por rádio entre os dois helicópteros e seus oficiais, que a Reuters havia tentado conseguir por anos por meio da lei de transparência, sem sucesso. Os documentos tinham chegado por e-mail anônimo da organização, com outras publicações como os "Diários da Guerra do Afeganistão" e os "Registros da Guerra no Iraque", em julho e outubro de 2010. O *New York Times* não podia decidir quais notícias eram "aptas para impressão".[78] O famoso slogan que tinha sido estabelecido por

---

[78] O famoso lema do *New York Times* era "All the news that's fit to print" (Todas as notícias que estão aptas para impressão).

Adolph S. Ochs para seu venerável jornal em 1987 já não parecia uma declaração de imparcialidade, mas o contrário. A Wikileaks sugeriu que o fato de selecionar o que era ou não publicável tratava-se de uma forma de manipular o cidadão. De repente, não só a história era mentira, mas também as notícias. "Quero estabelecer um novo padrão — disse Assange a Raffi Khatchadourian em seu perfil do *New Yorker* —: jornalismo científico."[79] A verdade está nos documentos, o código-fonte. Todo o resto é manipulação.

O grito de guerra era eliminar os intermediários. Um novo ecossistema midiático foi configurado, capaz de pôr frente a frente o povo e os poderes tradicionais, a visão coletiva do poder com a visão interessada, gananciosa e corporativa do negócio editorial. Na rede não existe hierarquia, não existem indicações nem burocracias. E quando o poder é horizontal, o verdadeiro talento triunfa. O verdadeiro talento é objetivo — e podemos até dizer científico — porque é avaliado com estatísticas: mais referências, mais visitas, mais reputação. É elogiado pela voz do povo, que não sabe mentir. É inteligência coletiva. "A nova ortodoxia retrata a rede como uma espécie de Robin Hood, que rouba a audiência e a influência dos grandes para dar aos pequenos — segundo Astra Taylor. As tecnologias em rede colocarão os profissionais e os amadores no mesmo campo, e podem dar vantagem a estes últimos. Os artistas e escritores florescerão sem respaldo institucional, capazes de atingir diretamente seu público. É chegada a hora dourada da colaboração, inspirada no modelo da Wikipédia e do *open source*. Em muitos aspectos, esse é o mundo que todos nós estávamos esperando, mas em outros, essas suposições populares sobre os efeitos inevitáveis da internet nos confundiram." Mas essas suposições não começaram do nada. Havia uma campanha por trás.

---

[79] Raffi Khatchadourian, "Mother Earth Mother Board", *Wired*, 12 de janeiro de 1996.

## Um novo ecossistema midiático

Tim O'Reilly gosta de relembrar que "Quando estourou a bolha pontocom, todo mundo disse que a web estava morta". A verdade é que todo mundo perdeu tudo na crise e todo mundo buscava estratégias para sobreviver. O'Reilly queria se integrar como se fosse do grupo dos sobreviventes e pôs em prática o método que tinha funcionado com o *open source*: se apropriar de algo que não era seu como uma nova marca. Depois, reunir recursos em torno dessa marca para vender sua imagem. E por último, usar a marca como quiser. O trecho de seu último livro ensina a receita:

Começamos com um evento de liderança intelectual, onde convidamos alguns presidentes executivos para compartilharem suas experiências. Para que digam: há um novo jogo na cidade, essas são as novas regras, essa história é verídica. E depois usamos isso para dar destaque aos inovadores recém-chegados, para que as pessoas vejam que realmente está funcionando. E depois apresentamos o tópico sobre ecologia de mercado.

A primeira Conferência Web 2.0 (depois renomeada como "cúpula") foi realizada em outubro de 2004 no Hotel Nikko, em San Francisco. Todos os convidados eram sobreviventes da bolha: Craig Newmark, do Craiglist, Marc Andreessen, do Netscape, Louis Monier, do Altavista, eBay e Google; Jerry Yang, do Yahoo, e Jeff Bezos, que estava começando com a Amazon AWS e sua plataforma de *crowdsourcing* Amazon Mechanical Turk. Também estava Mark Cuban, um dos principais investidores do Weblogs, Inc. e outros grandes investidores como John Doerr, Mary Meeker, Bill Gross e Halsey Minor. As estrelas *indies* foram Lawrence Lessig, do Crestive

Commons, e Cory Doctoow, editor do Boing Boing, um blog popular de tendências *geek* para a geração Napster. O parceiro de O'Reilly nessa missão foi John Battelle, cofundador da revista *Wired* e fundador da Federated Media, a primeira plataforma publicitária para blogs, criada para conseguir anunciantes para Boing Boing e Digg.

Battelle estava terminando um livro chamado *A busca: Como o Google e seus competidores reinventaram os negócios e estão transformando nossas vidas*. E *Wired* tinha se transformado na bíblia do Vale, alimentando uma mitologia de hackers heroicos, empreendedores, "libertários civis" e visionários que enfrentavam os vilões da velha guarda: IBM, Dell, Microsoft e o governo. Os santos dessa nova contracultura eram Marshall McLuhan, Buckminster Fuller, Ted Roszak e principalmente o editor do *Whole Earth Catalogue*, Stewart Brandt. Também tiraram estrelas de um subgênero *sci-fi noir* povoado por hackers, malvadas multinacionais e nereidas artificiais chamado *cyberpunk*, destacando-se William Gibson, Neil Stephenson e Bruce Sterling. Sua trilha sonora era uma mistura de rock californiano e música eletrônica, sua festa de fim de ano era o Burning Man. Tinha matérias longas e profundas sobre temas *ultranerds*, como a construção do maior cabo submarino,[80] o Manifesto Cypherpunk[81] e reflexões pseudoacadêmicas como "a cauda longa".[82] Estabelecia uma linguagem nova para uma nova geração: *cognifying*, *remixing*, *screening*, *tracking*, *crypto* isso, *cypher* aquilo. Era a *Rolling Stone* da nova cconomia. Era o tipo de amplificador que O'Reilly precisava para o projeto que tinha nas mãos: capitalizar a energia dos movimentos sociais e da blogosfera da mesma forma que havia rentabilizado a do software livre. Só faltava embrulhar e dar um nome: web 2.0. "Em nosso pri-

---

[80] Neil Stephenson, "Mother Earth Mother Board", *Wired*, 12 de janeiro de 1996.

[81] Steven Levy, "Crypto Rebels", *Wired*, 10 de fevereiro de 1993.

[82] Chris Anderson, "The Long Tail", *Wired*, 10 de outubro de 2004.

meiro programa, nos perguntamos o motivo de algumas empresas terem sobrevivido à explosão da bolha enquanto outras tinham falhado miseravelmente — explicou O'Reilly cinco anos depois — [...]. Nossa principal visão foi que 'a rede como plataforma' é muito mais do que oferecer velhos aplicativos através dela (software como serviço); significa criar aplicativos que sejam aperfeiçoados conforme são utilizados, acumulando efeitos de rede não apenas para conseguir usuários, mas também para aprender com eles e construir com suas contribuições. Desde Google, Amazon, Wikipédia, eBay e Craiglist, vimos que o software definia a utilidade da aplicação, mas elas eram cocriadas por e para a comunidade de usuários conectados. Desde então, novas plataformas poderosas como YouTube, Facebook e Twitter mostraram que têm essa mesma visão, só que de uma nova forma. A Web 2.0 aproveitará a inteligência coletiva."[83] Aprender com eles e construir a partir de suas contribuições.

Os aplicativos de inteligência coletiva "baseiam-se no gerenciamento, na administração, na compreensão e nas respostas dadas pelos usuários à quantidade massiva de dados, em tempo real". Não só através do teclado, onde a contribuição do usuário é deliberada, mas também através de sensores, onde a troca de dados é invisível. "Nossos telefones e câmeras são os olhos e os ouvidos dos aplicativos; sensores de movimento e localização dizem onde estamos, o que estamos vendo, a que velocidade nos movimentamos. Os dados estão sendo coletados, apresentados e aplicados em tempo real." Em resumo, a visão, a ideia, o conceito: as empresas que terão sucesso na rede serão sistemas desenvolvidos para capturar inteligência coletiva. Uma das características mais impressionantes do gênio de O'Reilly é ser capaz de propor com total tranquilidade um modelo de negócio no qual as empresas ficam multimilionárias explorando trabalho não remunerado, espionando milhares de pessoas desprevenidas sem que isso

---

[83] Tim O'Reilly e John Battelle, "Web Squared: Web 2.0 Five Years On", Web 2.0 Summit.

pareça errado. Note a diferença: quando Kevin Kelly, diretor-executivo do *Wired*, fala do mesmo assunto, não usa o termo "aprender com eles e construir a partir de suas contribuições", nem fala em "capturar inteligência coletiva". Fala de coletivismo e de socialismo digital. "O frenesi global em conectar todo mundo o tempo todo está gestando silenciosamente uma versão revisada e tecnológica do socialismo", escreveu em seu ensaio *O novo socialismo. Uma sociedade coletivista global*.[84] Cita os exemplos da Wikipédia e outros "sites de revisão colaborativa" como Digg, StumbleUpon, Reddit, Pinterest e Tumblr. Mas conclui que esse socialismo é diferente: é um socialismo livre de Estado, *made in America* e digital.

Não estamos falando do socialismo político do seu avô. De fato, existe uma longa lista de movimentos anteriores aos quais esse novo não pertence. Não é luta de classes, não é antiestadunidense; na verdade, o socialismo digital poderia ser a última grande inovação feita nos Estado Unidos. Enquanto o socialismo da velha escola era uma arma do Estado, o socialismo digital é socialismo sem o Estado. Esse novo tipo de socialismo atua no reino da cultura e da economia, mais do que no governo. [...] No lugar de fazendas coletivas, nos reunimos em mundos coletivos. No lugar de fábricas estatais, temos fábricas de escritório conectadas a cooperativas virtuais. No lugar de compartilhar picaretas e pás, compartilhamos scripts e API.[85] No lugar de enfrentarmos burocratas sem rosto, temos meritocracias sem rosto onde o que mais importa é que as coisas sejam feitas. Em vez de produção nacional, temos produção de pares. No lugar de subsídios e distribuições governamentais, temos um pacote de serviços e bens comerciais grátis. [...] o novo socialismo não é nem o comunismo clássi-

---

[84] Kevin Kelly, "The New Socialism: Global Collectivist Society Is Coming Online", *Wired*, maio de 2009.

[85] Um script é uma cadeia de ordens ou funções que uma máquina deve executar. Um API é um conjunto de ferramentas disponibilizadas por uma plataforma para que programadores independentes das empresas desenvolvam aplicativos e produtos para ela.

co de estrutura centralizada sem propriedade privada nem o caos egoísta e concentrado do livre mercado. Em vez disso, é um espaço de design emergente no qual a coordenação descentralizada do orçamento pode resolver problemas que nem o comunismo puro nem o capitalismo podem resolver.

Mais uma vez se observa a tática de juntar coisas diferentes no mesmo balaio, colocando a Wikipédia com plataformas como o PatientsLikeMe, "onde os pacientes divulgam seus resultados médicos para melhorarem seus tratamentos e o hábito cada vez mais comum de compartilhar o que se está pensando (Twitter), o que se está lendo (StumbleUpon), suas finanças (Wesabe), todas as suas coisas (a Internet)". Naquele momento seus leitores não sabiam que o "pacote de serviços e bens comerciais grátis" não era tão grátis assim, e que a "coordenação descentralizada do orçamento" era na verdade centralizada em uma montanha de servidores do Vale e no norte da Virgínia e que esse "socialismo digital" livre do Estado logo seria a principal ferramenta de vigilância do Estado. Outro veículo mágico da campanha web 2.0 foi o TED, a plataforma de conferências que Chris Anderson, hoje chefe da revista *Wired*, comprou em 2002.

O TED tinha nascido como uma conferência para os veteranos da área, e era aconteciam em Monterrey e depois na Califórnia. Seu fundador, o arquiteto Richard Raul Wurman, queria interconectar a indústria tecnológica com a do design e do entretenimento. "Não se davam conta que eram parte do mesmo grupo... não viam que estavam crescendo juntos." Conseguiu criar um ambiente mítico juntando personalidades de prestígio, como o matemático Benoît Mandelbrot com empresários como Steve Jobs ou líderes como Nicholas Negroponte. Mas não era um evento rentável. Anderson o transformou em um produto duplo: por um lado, a conferência, à qual só se tinha acesso com convite e pagando uma quantidade absurda de dinheiro, e, por outro, o vídeo da palestra, que é "liberado" para fazer do mundo um lugar melhor. Uma vez virtualizados, já não era preciso juntar os palestrantes e os convidados no mesmo evento, bastava dar-lhes a mesma *tag*. Foi assim que visionários genuínos da democracia participativa, como Howard Rheingold, derramaram seu karma sobre gurus do marketing como Seth Godin e oportunistas como Clay Shirky, possivelmente o membro mais lamentável dessa congregação. Seu primeiro livro contava sobre como uma mulher que perde o celular em um táxi consegue rastrear o passageiro que o pegou, intimidando-o para que devolva o aparelho, invocando a massa enfurecida da rede social. A leitura é absurdamente positiva: "A internet está cheia de amor". O segundo fala do "excedente cognitivo", o resto de talento e atenção que usamos para "colaborar de forma voluntária em grandes projetos, às vezes globais" como as "incríveis experiências científicas, literárias, artísticas, políticas" da rede social. Shirky calcula o excedente em uns 3 bilhões de horas, tempo suficiente para salvar o mundo com postagens, cliques, retuítes e curtidas. Claramente estava enganado: agora, damos aproximadamente três horas diárias de nosso excedente cognitivo para as mesmas plataformas que são promovidas e o mundo parece que está a ponto de explodir. Em outra conferência, defende que a colaboração através das plataformas é mais transformadora que as instituições, ainda que substitua a ação coletiva pela participação passiva através de ferramentas como Facebook, Twitter ou Change.org. "As instituições sempre procuram preservar o problema do que são a solução" é o Princípio Shirky citado por Kevin Kelly em suas conferências. Para salvar o mundo, melhor retuitar. Suas cinco palestras documentam o caminho guiado da rede como instituição pública e aberta para o feudalismo digital das grandes plataformas de extração de dados. Um modelo de negócio baseado em centralizar o ativismo político no lugar onde não pode estar. Como fizeram com a comunidade do software livre, todos defenderam sem que ninguém pedisse os direitos dos músicos, fotógrafos, bloggers e jornalistas colaborativos para usar as novas plataformas "comunitárias" como vitrine de seu talento.

Movable Type estreou três semanas após o ataque às Torres Gêmeas, com um design profissional e formato de revista. Qualquer um que quisesse podia fazer revistas tão bem formatadas como as da Condé Nast. A blogosfera podia ser um lugar de denúncia e um espaço de expressão pessoal para subir fotos, publicar poemas, compartilhar músicas, resenhar livros, jogos, gadgets ou apenas manifestar sua personalidade e ficar famoso. A estrela da internet se destaca como a versão limpa da estrela midiática porque não está submetida aos interesses econômicos ou da mídia e foi escolhida de forma democrática, por um público generoso. São estrelas autênticas que florescem sem dinheiro nem padrinhos, iluminadas pela deslumbrante luz de seu próprio talento incontestável. E são facilmente identificáveis, condição imprescindível para que se tornem uma marca. Diferentemente dos meios tradicionais, as novas plataformas oferecem uma leitura "científica" do impacto de cada contribuição. Com as ferramentas que contam o número de visitas e de reproduções, chegam os rankings dos mais visitados, um modelo algorítmico de seleção natural que estabelece um novo padrão de sucesso, chamado viralização. É mais complexo do que o número de visitas de uma página e tem a ver com o número de republicações e de referências que um conteúdo alcança. Dois estudantes do MIT criaram o Blogdex, um sistema que pontua cada link com um valor numérico baseado na quantidade de referências obtidas. Technorati lançou um ranking global e outro temático com os blogs e os posts mais influentes sobre um determinado tema em um mesmo momento. Nascem desse modelo as plataformas de agrupamento de notícias como o Digg, cuja posição muda com o ranking de cada notícia. Os autores recebem um novo status na rede: *influencers*.

No começo, a maior parte dos influencers eram especialistas em algum tema específico, geralmente relacionado à ciência, à tecnologia ou à cultura digital, e muitos foram rapidamente absorvidos por grandes editoriais, selos de gravadoras e galerias emergentes. Outros membros da velha guarda aproveitaram para criar seu próprio império midiático, declarando a independência e individualidade dos nativos digitais. Os pioneiros eram pessoas bem estabelecidas no setor editorial. John Battelle negociava banners publicitários para o Boing Boing, Nick Denton cuidava do poderoso Gawker Media. Outros como Weblogs SL criaram consórcios de blogs para negociar publicidade em grupo. São microcosmos de blogs temáticos de cultura e tecnologia, videogames e nova economia com grande quantidade de conteúdo, publicados com licença Creative Commons para que pudessem viralizar. Para os que não têm agente publicitário, a Google disponibiliza uma plataforma que "democratiza" a publicidade, chamada Adsense. É na política que se inicia a configuração de uma nova classe de híbrido, metade folhetim, metade blog, que imita o tom e a energia dos movimentos civis, mas sem necessariamente vir das ruas, que ambiciona acabar com o "império corrupto" dos grandes meios de comunicação.

O confidencial Drudge Report nasceu em 1996 como um canal de discussão de simpatizantes da direita, mas se consolidou com o furo de "uma relação inapropriada" entre uma estagiária da Casa Branca e o presidente Bill Clinton. O escândalo Lewinski o transformou em um meio influente da direita, mas sem se sujeitar aos padrões jornalísticos de uma publicação normal, o que lhe conferia a mágica habilidade de publicar as coisas que ninguém mais se atreveria a publicar, em muitos casos por não serem verdadeiras. Uma análise posterior das primeiras exclusivas revelou que somente 61% eram verdadeiramente exclusivas e que, dessas exclusivas, apenas 36% eram verdadeiras, 32% falsas e 32% meias verdades. O duvidoso material era replicado e amplificado regularmente por grupos como a Fox, em uma estratégia de amplificação que marcará o começo de uma nova era de notícias falsas com fins comerciais e políticos. E um tipo de conteúdo viral, chamado meme. Richard Dawkins tinha proposto a expressão em seu best-seller *O gene egoísta* como "uma ideia que se autorreplica". Na rede, acabam sendo pedaços de conteúdo original em novos contextos ou alterados como uma sátira de si mesmos. A política, com sua intensidade de novela mexicana e sua epopeia parlamentar, é uma fonte inesgotável de memes. A contrapartida democrata a Drudge foi um agrupamento de destacados colunistas democratas chamado *Huffington Post*.

Arianna Huffington queria competir com o *Washington Post*, mas tinha menos de 10% de sua equipe de redação e precisava da sua reputação e do seu acervo. Para otimizar seus resultados no Google, era preciso preencher rapidamente seu cabeçalho com conteúdo e tudo tinha que ser "viral". Começou se associando com peritos no tema: Andrew Breitbart e Jonah Peretti. O primeiro já tinha trabalhado com Matt Drudge e sabia como pegar os leitores. O segundo tinha encontrado a receita da viralização fazendo uma pós-graduação no laboratório do MIT. A história, de forma resumida, é que ele viu uma campanha da Nike que permitia personalizar seus tênis com um slogan à sua escolha, onde ele acabou escolhendo a palavra *sweatshop*. A Nike se negou a fazer os tênis argumentando que era uma palavra inapropriada e, portanto, não cumpria as regras da promoção. Jonah procurou no dicionário Oxford a letra S de *sweatshop* e encontrou: "Fábrica ou oficina, especialmente na indústria têxtil, onde os trabalhadores recebem salários muito baixos por longas jornadas de trabalho em péssimas condições". A Nike respondeu que a palavra era protegida por propriedade intelectual e que não poderia ser legalmente reproduzida. E assim seguiu uma cômica conversa entre o rapaz e a marca, que foi compartilhada em vários grupos de discussões até virar um fenômeno midiático. Jonah acabou falando das condições de trabalho da indústria têxtil nos programas vespertinos. Surpreso e encantado com seu novo status, começou a procurar a fórmula mágica da viralização, e a experimentou em vários formatos e estatísticas para encontrar as qualidades exatas que seriam a receita perfeita do bom conteúdo quando convidou Arianna. Logo se reuniram com o empresário Ken Lerer e criaram o *Huffington Post*.

O problema apontado por Arianna Huffington não era novidade. No começo dos anos 1990, a MTV teve um problema semelhante. Depois de definir uma era de cultura televisiva com vídeos de Michael Jackson, Madonna e Duran Duran, seus telespectadores agora estavam assistindo futebol e novela, e a rede não tinha dinheiro para comprar nenhuma das duas coisas. Num momento de desespero, decidiram fazer sua própria novela barata, mas, com a pressa e as restrições orçamentárias, inventaram sem querer o reality show. "The Real World" era uma novela sem famosos, sem locações, sem trilha sonora e sem roteiro. Mais barato, impossível. Confinaram sete pessoas em uma casa em Soho durante vários meses para ver o que acontecia. Tudo, desde a produção, passando pelo mobiliário até a última batata frita fazia parte de um acordo de marketing. Os protagonistas receberam 1.400 dólares cada um por toda a temporada. No lugar de receberem dinheiro, ganhariam visibilidade e fama para ficarem ricos depois. "Essa é a história real de estranhos selecionados para viverem em uma casa — assim dizia a propaganda —, colaborarem juntos e terem suas vidas filmadas para tentarmos descobrir o que acontece quando deixamos de ser adoráveis e começamos a ser reais." Os produtores descobriram o segredo da viralização antes que Jonah Peretti, uma combinação de narcisismo patológico, irracionalidade extrema e fanatismo ideológico que, fermentados por uma proximidade contínua, resultava em demonstrações absurdas de machismo, racismo, violência e mesquinhez que o país começou a consumir com uma mistura de fascinação e raiva. O *reality* era mais "real" do que a realidade em si, e, principalmente, era muito mais viral.

O Huffington fez a mesma oferta a centenas de blogueiros, mas sem os 1.400 dólares. Escreveriam grátis apenas pelo prazer de lutar pela Amazônia, pelas bibliotecas públicas e pela defesa da democracia em uma plataforma de grande visibilidade, ao lado de pessoas como Al Gore. A promessa era que o conteúdo que melhor funcionasse chamaria a atenção dos meios de comunicação que, por algum motivo, iriam pagar por isso. No começo, tinha só duas páginas: a capa e uma série de conteúdos chamada *Eat The Press*. O ano da crise acabou sendo um ano de ouro para o Huffington, porque milhares de jornalistas estavam em greve e porque as primárias de Obama e Hillary Clinton e sua vitória histórica contra John McCain consagraram o veículo de Arianna como uma alternativa *real* à cobertura dos especialistas, bem integrados nos meios de Washington para servirem à população. No Huffington, criaram uma seção de jornalismo político colaborativo, chamada "OffTheBus".

Inspirados em "The Boys on the Bus", de Timothy Crouse,[86] que relatava a habilidade com que as campanhas manipulavam a imprensa, pedimos aos nossos jornalistas colaborativos que se afastassem daquela corrida de cavalos e da cobertura vertical que dominava a imprensa em geral. Não fazíamos o que aqueles jornalistas já faziam bem, nos concentramos em fazer o que eles não podiam ou não queriam fazer: chegar às bases e de lá cobrir a campanha. A tecnologia digital tinha quebrado o monopólio da produção da informação e nós exploramos essa realidade organizando pessoas normais (muitas extraordinárias) para cobrir as que provavelmente eram as eleições mais importantes de nossa era.[87]

"O que Arianna propôs foi um lugar para que os escritores promovessem seus talentos — uma espécie de classificados para aspirantes a escritor —, só que, diferentemente dos classificados, não seria cobrado", afirmava a ex-colaboradora Glynnis MacNicol em um artigo (supostamente pago) do *Bu-*

---

[86] "The Boys on the Bus" é uma crônica de Timothy Crouse escrita para a revista *Rolling Stone* sobre os jornalistas que cobriram a campanha eleitoral de Richard Nixon e George McGovern em 1972. Nos Estados Unidos, a imprensa acompanha os candidatos em campanha de cidade em cidade em um ônibus.

[87] Amanda Michel, "Get off the Bus. The Future of Pro-am Journalism", *Columbia Journalism Review*, 2009.

siness Insider.[88] Esse foi o modelo que floresceu quando outros meios digitais com equipe e financiamento tradicionais quebraram na crise de 2008. E ficaram milionários. Em 2011, Arianna vendeu o Huffington para o AOL por 300 milhões de dólares. A notícia caiu como uma bomba entre os jornalistas colaborativos que tinham participado da estruturação do projeto. Todos se sentiram humilhados e enganados, entre eles um advogado. Jonathan Tasini entrou com uma ação coletiva em nome dos 9 mil blogueiros que tinham trabalhado de graça para levantar o jornal, exigindo que os fundadores compartilhassem um terço da fortuna que tinham ganhado em pagamento pelas contribuições. "A ação é desprovida de fundamento – disse o porta-voz do Huffington –. Nossos blogueiros usam nossa plataforma, assim como outras plataformas gratuitas, para se conectarem e para facilitar a visualização de seus trabalhos pelo maior número possível de pessoas. É o mesmo motivo pelo qual as pessoas vão à televisão para promoverem suas ideias e opiniões. Os blogueiros do *HuffPost* podem repostar seu trabalho em outros sites, incluindo suas próprias páginas." O juiz John Koeltl, do distrito de Nova Iorque, indeferiu o caso, argumentando que "ninguém tinha forçado os requerentes a trabalharem de graça para o *Huffington Post*, e os requerentes admitiram claramente que não esperavam compensação por isso". Tasini disse para a imprensa que era preciso criar um "padrão para o futuro porque essa ideia de que os criadores individuais têm que trabalhar de graça é como um câncer que se estende pelos jornais de todo o mundo". O *HuffPost* se expandiria por quinze países, com uma média global de 200 milhões de visitas mensais. Enquanto isso, Breitbart tinha dado uma guinada à direita com o Breibart News. Peretti e Lerer criavam seu próprio meio baseado exclusivamente em estatística de conteúdo viral, chamado Buzzfeed.

---

[88] Glynnis MacNicol, "Here's Why the Unpaid Bloggers Suing Arianna Huffington for $105 Million Don't Deserve a Penny", *Business Insider*, 12 de abril de 2011, https://www.businessinsider.com/arianna-huffington-lawsuit-unpaid-bloggers-2011_4?IR+T.

A nova marca do jornalismo cidadão permitiu que um novo ecossistema midiático se perfumasse com o espírito da blogosfera, mas com um modelo completamente hierárquico, centralizado e otimizado para ser muito rentável. Enquanto isso, o grosso da blogosfera continuava sendo de blogs pessoais esperando para serem descobertos. Comprovaram que o Adsense é um beco sem saída, exceto se tiver 1 milhão de visitas como Boing Boing. A rede é a grande ferramenta da guerra contra o império do dinheiro, da injustiça e da desigualdade e uma enorme vitrine para o talento verdadeiro, mas é muito trabalho. E existem nós como o Gawker e o Huffington que concentram muito mais tráfego que os demais. A nova recomendação é buscar viralizar sem esforço, abraçar o conteúdo automático e maximizar a interconectividade. Existem muitas formas mais diretas e eficientes de ser visível do que escrever três artigos diários com a esperança de que alguém os visualize, mais curtas, mais imediatas, mais simples. E outro tipo de identidade: deixar de ser um nó que reforça o poder de uma multidão anônima para tornar-se a marca central de uma rede cujo valor comercial é calculado e atualizado de modo preciso no mercado de likes, de *followers*, os downloads e os RT. Quando chegou a Primavera Árabe, os ativistas estavam migrando em massa para as redes sociais. E, antes disso, a comunidade P2P tinha sido atacada até entrar no Parlamento europeu e se transformar na primeira liga de defesa dos direitos civis on-line.

### A corrida darwinista, do Napster ao the Pirate Bay

O Napster morreu, mas não matou a RIAA. Na verdade, a caça das gravadoras empurrou o P2P a um processo de evolução tecnológica baseado na pura seleção natural. Os indivíduos da primeira geração, Napster e Audiogalaxy, foram desenvolvidos pensando na usabilidade. Contavam com servidores centrais que, ainda que não tivessem nenhum arquivo de música, eram imprescindíveis para o funcionamento do sistema, e, portanto, ofereciam um pescoço fácil de ser cortado. Seus sucessores foram se desfazendo desse perigoso membro e adotaram formas cada vez mais distribuídas, onde a informação se fragmentava para ser compartilhada por todos os nós do sistema, ao mesmo tempo, até chegar a seu destino final. Não um dragão, mas um bando indestrutível em sua multiplicidade. Em março de 2000, Justin Frankel e Tom Pepperdos apresentaram ao mundo a Gnutella, a primeira rede de pares completamente distribuída. Ficava hospedada nos servidores da empresa onde tinham trabalhado, a Nullsoft, que tinha acabado de ser comprada pelo AOL, e cujo novo chefe demorou menos de 24 horas para suspender o projeto e proibir sua distribuição. Por sorte, Gnutella estava licenciada sob a GPL. Quando Slashdot compartilhou o código-fonte, o programa viralizou. A combinação de design, software livre e a efervescência política foi a receita perfeita. Naquele dia nasceram centenas de clones de uma nova geração de sistemas de troca de pares, completamente distribuídos, praticamente impossíveis de eliminar. A resposta desproporcional das autoridades contra o movimento P2P também fez com que o movimento mudasse. Um momento decisivo foi maio de 2006, quando ocorreram as buscas nos escritórios do Pirate Bay. A polícia chegou como se estivesse caçando um poderoso traficante, mas a ação era contra três ativistas de vinte anos, para apreender vários computadores que só tinham filmes e músicas. Já não era mais um caso de tecnologia e músicas, mas de soberania e capital. Era a polícia sueca agindo contra cidadãos suecos em solo sueco para proteger os interesses do lobby do entretenimento estadunidense. Mais uma vez, os governos eleitos democraticamente trabalharam para multinacionais estrangeiras em detrimento dos direitos civis de seus próprios cidadãos. Também não era apenas um caso de infração de copyright, mas de poder. The Pirate Bay tinha se tornado um supernó. Movimentavam um terço do tráfico total da internet quando a polícia chegou.

Como medida antidownloads, a busca de nada serviu. Os piratas suecos usavam o BitTorrent, outro protocolo descentralizado, e o site demorou três dias para retomar suas atividades a partir de servidores hospedados em outros países. E continuou fazendo isso por três anos, quando a ação coletiva da Warners, MGM, EMI, Columbia Pictures, Twentieth Century Fox, Sony BMG e Universal resultou em um ano de prisão para seus três administradores: Gottfrid Svartholm, Peter Sunde e Fredrik Neij, que foram acusados de "facilitar a disponibilização de conteúdo com direitos autorais". Mas, no dia da sentença, The Pirate Bay tinha 3,8 milhões de usuários registrados, 1,7 milhão de torrents e 13 milhões de nós. A apreensão não acabou com a troca de arquivos, mas obrigou os ativistas a saírem das margens e entrarem na política.

Três meses antes da sentença, um empresário da tecnologia chamado Rick Falkvinge havia fundado formalmente o primeiro Partido Pirata, criado para fazer parte dos debates e decisões do Parlamento sueco sobre propriedade intelectual, onde uma perigosa mistura de desconhecimento e desinteresse era dominante. A trágica invasão policial fez o número de membros disparar, passando de 2.200 para 6.600, inspirando a criação de partidos piratas nos Estados Unidos, Áustria e Finlândia. Seu primeiro momento de glória foram as eleições para o Parlamento europeu de 2009, nas quais, depois de conseguirem 7,1% dos votos, Christian Engström foi alçado a primeiro eurodeputado pirata. Após a fundação dos Parlamentos Piratas britânico e alemão, fundou-se na Bélgica a Internacional dos Partidos Piratas. Não era um grupo de nerds que queriam baixar músicas grátis sem pagar por elas; era um movimento internacional, descentralizado e com capacidade de intervenção política. Também não queriam mudar o mundo: queriam apenas inserir no Parlamento temas do debate político que tinham passado despercebidos — e sido incompreendidos — pelos legisladores, referentes ao controle das infraestruturas, da gestão do tráfego de dados e à administração de direitos de propriedade intelectual. Desde então, atuam como vigilantes dos processos legislativos, pressionando permanentemente contra os lobbies das diferentes indústrias. Não apenas no que diz respeito ao acesso à cultura, mas também nos aspectos mais preocupantes do capitalismo de dados: a vigilância, a censura, a manipulação.

Em 2012, o consórcio de partidos piratas conseguiu frear, com a blogosfera e o apoio de milhões de pessoas on-line, dois projetos de lei que permitiriam o fechamento de qualquer plataforma que fosse acusada de hospedar material protegido, incluindo bloquear o acesso de todo domínio pela infração de uma única página web. Chamava-se SOPA (Stop Online Piracy Act) e PIPA (PROTECT IP Act). Depois de um "apagão", em que milhares de páginas "fecharam" com um aviso de protesto, incluindo a Wikipédia, EFF e até mesmo a Google, houve uma avalanche de artigos, ensaios e colunas sobre "o poder das redes", fazendo o Congresso e a Casa Branca ficarem mais atentos. Depois de uma luta de vários rounds, Barack Obama pronunciou-se através de um comunicado dizendo que não apoiaria uma "legislação que reduza a liberdade de expressão".[89] A vitória não saiu de graça: um dia depois, o excêntrico dono do MegaUpload, Kim Dotcom, foi levado de casa na Nova Zelândia em uma louca e dramática busca como a que tinha sido feita havia três anos com o The Pirate Bay. Algumas semanas depois, as manifestações contra o ACTA se repetiram na Europa, um ato que, além de vulnerabilizar as liberdades fundamentais da rede, colocou em perigo a produção de medicamentos genéricos. No dia em que o governo polonês assinou o tratado, um grupo de parlamentares compareceu ao Congresso com máscaras de Guy Fawkes, enquanto todas as páginas da administração pública eram bloqueadas por ataques DDoS.

Os partidos piratas não foram os únicos grupos de ação política criados. O famoso e temido exército rebelde Anonymous começou a explorar o poder do ataque simultâneo para

---

[89] O *Blackout Day* aconteceu em 17 de janeiro de 2012.

punir a igreja da Cientologia por uma ação de censura bem específica. Os advogados da famosa Igreja tentaram tirar da internet um vídeo de nove minutos onde a estrela do cinema Tom Cruise afirmava que os cientólogos são "as únicas pessoas que podem ajudar em um acidente de carro ou que conseguem fazer alguém deixar as drogas". O vídeo era bem divertido e, claro, viralizou. Quando a Igreja tentou barrar sua circulação, o Anonymous realizou uma série de ataques simultâneos de negação de acesso contra seus servidores,[90] uma série de ligações para os escritórios da Igreja e várias denúncias sobre suas obscuras manobras de extorsão a antigos membros e sonegação fiscal. Depois, jogaram no YouTube um vídeo que marca o início de uma nova era. Dizia: "Vamos conseguir expulsá-los da internet e vamos derrubar a Igreja da Cientologia em sua forma atual... Somos os Anonymous. Somos uma legião. Não perdoamos. Não esquecemos. Contem com a gente".

Com aquele vídeo nascia o novo espírito da dissidência na era da vigilância em massa, muito antes de Snowden revelar os programas da ANS. Sua influência pode ser claramente identificada em séries como *Mr. Robot* e na presença da máscara com a cara do Conspirador da Pólvora Guy Fawkes nas manifestações. Mas sua verdadeira potência política se manifestou em dezembro de 2010, quando o governo de Barack Obama fechou a página da Wikileaks e pressionou as instituições e plataformas de financiamento que cortassem o acesso às doações que naquele momento eram sua única forma de financiamento. O motivo tinha sido a publicação de uma seleção editada de telegramas diplomáticos do governo dos Estados Unidos, em colaboração com cinco meios escolhidos pelo próprio Julian Assange: *El País, Le Monde, Der Spiegel, The Guardian* e *The New York Times*.

---

[90] Um ataque de negação de acesso ou "Distributed denial-of-service (DDOS)" é um tipo de ataque onde são feitos vários pedidos ao mesmo computador, fazendo que o servidor fique sobrecarregado, se bloqueando e se reiniciando, derrubando-o da rede. Sua versão simultânea é feita a partir de muitos lugares, em muitos casos de várias partes do mundo.

Obama atacava a fonte porque podia. Nenhum dos grandes títulos havia sido penalizado por causa da exclusiva, porque a Primeira Emenda garante o direito de os meios de comunicação publicarem notícias que provoquem o governo sempre que sejam fundamentadas. A Wikileaks não era um dos grandes títulos, mas serviu como fonte para elas. E os jornais não protegeram sua fonte. Os partidos piratas ofereceram imediatamente seus servidores para restabelecer o sistema o mais rápido possível, e manter dezenas de versões espelho da página. O Anonymous comandou uma onda de ataques simultâneos de negação de acesso contra as multinacionais que tinham se dobrado à vontade do governo, e contra o próprio governo dos Estados Unidos. Eram *poltergeists* digitais, estavam ao mesmo tempo em todos os lugares.

Para realizar um ataque de negação de acesso, o atacante cibernético cria um exército de bots que, a partir de diferentes partes da rede, bombardeiam um servidor com milhares de pedidos de acesso até que ele fique sobrecarregado e o sistema caia. O objetivo é deixar o servidor fora do ar, consumindo todos os seus recursos ou sua largura de banda. Para derrubar uma página com esse método, o ataque é executado sobre o servidor onde o domínio está hospedado. O Anonymous tirou do ar as páginas da Amazon, Visa, PayPal e MasterCard. Esse novo tipo de ativismo seria imitado e ofuscado pelas táticas de guerra cibernética das potências tecnológicas e os sequestros de dados dos criminosos virtuais. Era a forma de mudar o mundo sem tomar o poder.

O Napster teve outra interessante reencarnação, uma que travou uma queda de braço com a indústria das telecomunicações, vencendo a dona da casa. Em 2003, alguns desenvolvedores da Estônia pegaram o Kazaa, o P2P do dinamarquês Janus Friis e do sueco Nikklas Zennström, e o transformaram em uma rede para falar ao telefone de graça, inclusive chamadas internacionais e intercontinentais. Deram-lhe o nome de Skype. Até aquele momento, as chamadas de longa distância eram extremamente caras, sem que o custo de transmissão justificasse seu preço. Em 2005, as operadoras exerceram seus poderes sobre as infraestruturas para bloquear o tráfego P2P e acabar com o Skype. Era relativamente fácil, porque é um tráfego diferente da rede mundial de computadores. Pularam o princípio da neutralidade da rede, que obriga os donos das infraestruturas a não interverem no tráfego de dados, para obrigarem seus próprios usuários a continuarem pagando tarifas exorbitantes pelas chamadas telefônicas. Depois de bloquear e tentar proibir o tráfego de voz por IP por mais de dois anos, finalmente o integraram aos sistemas de telefonia comerciais, o que ocasionou a redução no preço das chamadas.

    O golpe judicial mais grave sofrido pelo P2P como tecnologia aconteceu na Espanha, quando a Promusicae e as quatro maiores gravadoras internacionais (Warner, Universal, Emi Music e Sony BMG) processaram Pablo Soto como criador do Manolito P2P, o programa espanhol de troca de arquivos mais baixado da história. A acusação classificou o software como "arma de destruição em massa", comparando os downloads ilegais com a bomba atômica. Pediam 13 milhões de euros, um cálculo que foi chutado com base no número de downloads que podiam ter sido feitos desde o começo do programa pelo preço aleatório que podia ter uma música. Por terem ganhado, não tinham apenas arruinado a Soto: tinham acabado para sempre com as redes em pares em toda a União Europeia. Três anos depois, um juiz indeferiu o caso considerando "o fato de facilitar [a troca de arquivos] não ser uma atividade proibida pela nossa legislação". Hoje, Pablo Soto é vereador pelo Ahora Madrid, membro do Conselho de Administração do Governo, alinhado com os projetos que quase o levaram para a prisão. Como chefe do Setor de Participação Cidadã, Transparência e Governo Aberto da Prefeitura de Madri, constrói modelos abertos de participação coletiva. O P2P, por sua vez, é considerado uma das principais ferramentas para uma reforma de mercado e de Estado para uma sociedade sustentável baseada no apoio mútuo e benefício comum. "O P2P descreve perfeitamente sistemas nos quais cada ser humano possa contribuir com a criação e manutenção de um recurso comum enquanto dele se beneficia", escrevem Michel Bauwens, Vasilis Kostakis e Alex Pazaitis na primeira página de seu *Peer to Peer. The Commons Manifesto*, publicado sob licença Criative Commons em março de 2019. Os leitores reconhecerão o quadrante de Carlo Cipolla e a GPL de Richard Stallman, estruturas desenvolvidas para que o poder esteja o mais distribuído possível, e a maioria das pessoas possa se beneficiar sem causar prejuízo a ninguém. O P2P tornou-se ativismo, mas as pessoas já não o usam para ouvir música. Agora, todos usam o Spotify.

O P2P já não é uma ameaça para a indústria fonográfica, mas não graças à RIAA ou às ações das autoridades. Foram Steve Jobs, a nuvem, o smartphone e os planos de dados que empurraram o consumo de entretenimento para modelos de assinatura sob demanda como Spotify e Netflix. Foi o caminho aberto pelo iTunes: pare de exigir de seus usuários e ofereça-lhes uma saída cômoda e razoável. Se a Apple deixou que o Spotify tirasse grande parte de sua fatia, foi justamente porque Sean Parker tinha aprendido as lições de Steve Jobs. O cofundador do Napster atuou como embaixador entre o Spotify e as gravadoras, além de ser seu primeiro grande investidor. Quando desembarcou nos Estados Unidos, o Spotify se apresentou de forma aberta como "a alternativa viável à pirataria", ainda que em sua versão beta circulassem milhões de arquivos mp3 piratas que ainda não tinham sido negociados. Jobs morreu três meses depois, e nunca saberemos como foi feita essa jogada. Como disse Cristal Connors a Nomi Malone em *Showgirls*, sempre haverá alguém mais jovem e esfomeado descendo as escadas atrás de você.

## Do movimento anticapitalista à internet 2.0

"Occupy Wall Street começou com uma #hashtag no Twitter — diz Steve Johnson.[91] E não foi nada mais do que uma hashtag durante três ou quatro meses até as pessoas pensarem que talvez fosse uma boa ideia ocupar Wall Street. [...] E o que eu mais gosto é que, se pudéssemos voltar atrás no tempo e dizer aos criadores do Twitter, Evan Willians, Jack Dorsey e Biz Stone, que sua criação, sua plataforma, seria utilizada para organizar manifestações no mundo inteiro através de hashtags, eles teriam dito: o que é uma hashtag? Porque o Twitter não havia implementado nenhum sinal como marcador para sinalizar um assunto, até que em 2007 ele foi "inventado" por um designer da Google chamado Chris Messina. Os donos da plataforma demoraram dois anos para inseri-lo oficialmente, mas agora estavam na primeira capa. Como disse William Gibson, a rua encontra seus próprios usos para as coisas. "Tudo começou da forma mais inocente possível no dia 13 de julho com um post incentivando as pessoas a #OccupyWallStreet — diz na nota para a Reuters —. O movimento Occupy, descentralizado e sem líder, mobilizou milhares de pessoas no mundo todo usando exclusivamente a internet. A multidão se conectou e organizou a maior parte das manifestações pelo Twitter e também por plataformas como o Facebook e Meetup."

A narrativa que acompanha essas descrições é que os usuários do Twitter podiam usar a plataforma de formas que escapavam à intenção — e até à compreensão — de seus criadores, como se pudessem entender a plataforma melhor do que eles, e que sem plataforma não podiam ter reunido tantas pessoas com um mesmo objetivo. Também parece insinuar que as plataformas mencionadas são tão descentralizadas e

---
[91] Steve Johnson, "In Depth with Steve Johnson", *C-span.org*, 7 de outubro de 2012.

"sem líder" como o próprio movimento que as usa. Na verdade, tudo começou em uma lista de discussão onde apareceu uma convocatória: #OccupyWallStreet. Are you ready for a Tahrir moment? O chamado tinha sido enviado por Kalle Lasn e Micah Wite, dois veteranos das manifestações, editores da revista *Adbusters*, um fanzine anticapitalista famoso por usar a linguagem da publicidade para destruir a publicidade. E Messina tinha literalmente copiado a hashtag dos carnais do IRC. Nada novo no front, mas era o início de uma lenda.

Na mesma lenda, o "momento Tahrir" começa em junho de 2010, quando outro funcionário da Google, Wael Ghonim, abre um grupo no Facebook chamado "Somos todos Khaled Saeed". O grupo era anônimo. Khaled Saeed era o nome de um programador egípcio de 28 anos que tinha sido levado à força de um cibercafé e espancado até a morte por dois policiais em Alexandria, por publicar vídeos que os envolviam nas redes de narcotráfico. O relatório oficial dizia que Saeed tinha se asfixiado ao tentar engolir um saco com haxixe, mas seu irmão tinha publicado uma foto do cadáver, e a página do Facebook tornou-se o epicentro de uma desordem civil. Por lá foi convocada a manifestação que reuniu centenas de milhares de egípcios na praça Tahrir, em 25 de janeiro de 2011, acarretando a renúncia do presidente da República Árabe do Egito, Hosni Mubarak, depois de trinta anos de ditadura.

Centenas de pessoas morreram no protesto, mas o milagre da Tunísia havia se repetido. Um mês antes, um vendedor ambulante chamado Mohamed Bouazizi se autoimolou diante do palácio do governo como protesto após sua mercadoria ter sido confiscada pela polícia tunisiana. Seu primo gravou a ação com um celular e postou no Facebook, onde o conteúdo foi compartilhado por um famoso blogueiro político e divulgado pela Al-Jazeera, que cortou um trecho e publicou várias vezes. Essa morte horrível desencadeou a revolta que derrubou Ben Ali, seu "presidente" havia 24 anos. Em sequência, aconteceram os protestos contra os ditadores Bashar al-Assad, na

Síria, contra Ali Abdullah Saleh, no Iêmen, contra Abdelaziz Buteflika, na Argélia. No Ocidente, todos os conflitos foram marcados com uma hashtag: #PrimaveraÁrabe. O povo árabe tinha expulsado coletivamente seus ditadores, mas o principal protagonista foi a rede social. "Isso é a Revolução 2.0: não tem nenhum herói — disse Ghonim em sua palestra TED realizada no mesmo ano em Genebra —. Não tem nenhum herói porque todo mundo foi herói." Só que em seu testemunho há sim um herói: a internet, a tecnóloga, o BlackBerry, o SMS. "Plataformas como YouTube, Twitter, Facebook estavam nos ajudando muito porque basicamente nos davam a impressão de 'uau! Não estamos sozinhos'. Tem muito mais gente insatisfeita." Berger tinha dito que as manifestações em massa se organizam em público para criarem seus objetivos em vez de darem uma resposta a um determinado objeto. Se a manifestação é organizada antes pelo Facebook do que na rua, então a função do Facebook deveria ser ajudar os árabes a acabarem com os regimes autoritários. Esse era o discurso de Ghonim, chefe de marketing da Google para o Oriente Médio e norte da África. Quando perguntado na CNN se acreditava que tudo tinha acontecido graças ao Facebook, Ghonim disse: "Absolutamente sim". A revolução foi retransmitida por milhares de celulares, uma massa de olhos e ouvidos abertos que gravavam e compartilhavam sem parar. O ativista Fawaz Rashed tuitou: "Usamos o Facebook para agendar os protestos, o Twitter para organizar e o YouTube para mostrar para o mundo".

No início, o governo egípcio bloqueou o acesso ao Twitter e ao Facebook, como tinha sido feito na Tunísia. Depois fez algo sem precedentes: ordenou bloquear todo o acesso à rede. Todas as operadoras obedeceram: Telecom Egypt, Vodafone/Raya, Link Egypt, Etisalat Misr, Internet Egypt. A Vodafone, que naquele momento contava com 28 milhões de clientes, comunicou em seu site que "todos as operadoras de celular do Egito tinham recebido a ordem de suspender o serviço em determinadas áreas". Noventa e três por cento da rede ficou às escuras. O único sinal que ainda funcionava era o da Bolsa, que permaneceu conectada através do cabo submarino euroasiático e à conexão Noor Group-Telecom Itália.

O bloqueio chegou tarde e não caiu bem. "O governo cometeu um grande erro eliminando a escolha dos dedos da população — disse o professor de comunicação Mohammed el-Nawawy para o *The Times* —, porque agora levariam sua indignação para a rua. Disse também que os blogs já não eram mais importantes. As coisas tinham mudado de lugar." As redes sociais eram as armas da revolução em massa, o panfleto da Revolução Francesa, o *speaker's corner* do Hyde Park e o palco de "eu sou Espártaco", tudo ao mesmo tempo. Sua capacidade de reunir milhares de desconhecidos em torno de uma causa de forma instantânea era o puro fogo revolucionário. Que seus servidores estivessem nos Estados Unidos significava que não podiam ser censurados pelas autoridades. Eram as embaixadoras da democracia, mensageiras e facilitadoras. Esse era o tipo de notícia que os meios de comunicação adoravam: positiva, enérgica, com uma chamada clara, fotos de jovens com o punho levantado e uma tecnologia que muda tudo para melhor. Também era o tipo de manchete que se destaca no feed de notícias. Logo veríamos que o algoritmo de recomendação das plataformas gostava da revolução, não porque fosse libertadora, mas porque era violenta. A ira, o ódio e o rancor são emoções que produzem engajamento, o fermento que faz a viralização crescer. Quando terminaram de celebrar a vitória, os irmãos muçulmanos, esquerdistas, liberais, nasseristas, salafistas que haviam cantado, protestado e resistido juntos ficaram uns contra os outros, com os resultados sangrentos que já conhecemos. "A parte mais difícil para mim foi ver como a mesma ferramenta que nos uniu agora estava nos destruindo — reflete Ghonim anos depois. Essas ferramentas apenas são facilitadoras, não distinguem o bem do mal, apenas veem os dados de interação." Mas não só veem como também registram.

Um mês após o fim do regime de Mubarak, os manifestantes egípcios entraram nos escritórios do SSI, o Serviço de Investigação de Segurança de Estado, no Cairo. Acreditavam que ali estavam armazenados documentos sobre o programa de vigilância em massa de cidadãos, além das ferramentas de tortura e celas subterrâneas. Entre as montanhas de papel cortado que tinham sido deixadas pelos próprios agentes antes de escaparem, muitos cidadãos encontraram seus próprios arquivos com suas mensagens do Gmail, suas mensagens de texto, chamadas de Skype, suas postagens. "No passado, demoravam semanas ou até mesmo meses para entender as relações entre as pessoas no Irã, agora só precisa olhar o Facebook — ironizava um jovem Evgeny Morozov em seu primeiro livro, *El desengaño de Internet*. A KGB tinha que torturar as pessoas para conseguir esse tipo de informação e agora ela está toda na rede!"

Uma investigação da Privacy International revelou que os serviços secretos egípcios tinham contratado tecnologia da Nokia Siemens Networks para espiar as chamadas de seus cidadãos e uma infraestrutura alternativa para seguirem conectados depois de "apagar" a rede. Também usavam software espião de duas empresas europeias: o sistema de controle remoto da italiana Hacking Team, que permite acesso a dispositivos alheios de forma remota, e outro similar da empresa alemã FinFisher. Os hackers declararam que seus serviços eram legais diante da legislação europeia. A Nokia garantiu que havia encerrado seus serviços de monitoramento em 2009 e que foi a primeira operadora a estabelecer um programa de direitos humanos para assegurar o bom uso de suas tecnologias.[92] O SSI foi herdado pelo governo de Mohamed Morsi, candidato da Irmandade Muçulmana e primeiro presidente eleito democraticamente na história do país. Afirmou que reformaria a agência para que estivesse em conformidade com os direitos civis. Qualquer que fosse sua intenção, não teve tempo. Em 2013, foi destituído pelo golpe de Estado de Abdul Fattah al-Sisi, comandante-chefe das Forças Armadas do Egito. Em 2017, o chefe do Escritório de Comunicações Essam-El Sa-

---

[92] Amar Toor, "European Companies Sold Powerful Surveillance Technology to Egypt", *The Verge*, 24 de fevereiro de 2016.

ghir declarou que seu gabinete estava usando "métodos pouco convencionais"[93] para coletar dados dos cidadãos, baseado em um sistema de leitura automática das impressões digitais, da íris e do documento nacional de identidade. As mesmas plataformas digitais que apoiaram o desmantelamento do antigo regime autoritário são as principais aliadas do novo. Segundo Rebecca MacKinnon, ex-jornalista da CNN e diretora da Global Voices Online, as plataformas digitais são infraestruturas globais com autoridade suficiente e autonomia política para desafiar a soberania das nações-estado de formas bem interessantes, além de serem extremamente úteis para projetarem essa soberania e expandi-la além das fronteiras do Estado, principalmente se existirem recursos para fazer uma campanha de desinformação.

Depois do golpe de Estado, Wael Ghonim foi substituído no Facebook por um impostor que bradava contra o exército, algo que podia ter custado sua vida e que o afundou no medo. Escreveu para o Facebook advertindo-os que a plataforma estava facilitando a distribuição de campanhas maliciosas em um momento extremamente perigoso para milhares de ativistas. O Facebook estava ocupado demais com sua próxima abertura de capital. Era preciso convencer seus investidores de que tinham a galinha dos ovos de ouro. Esse era o trabalho de Sheryl Sandberg, que havia criado o Departamento de Vendas e Operações On-line da Google, onde germinaram as sementes do capitalismo das plataformas: AdWords e AdSense.

---

[93] State of Privacy Egypt, Privacy International (privacyinternational.org).

# O MODELO DE NEGÓCIO

"O Big Data é o novo plutônio. Em seu estado natural, vaza, contamina, causa danos. Contido e usado de forma segura, pode iluminar uma cidade."

Robert Kirkpatrick, UN Global Pulse

"As melhores mentes da minha geração estão pensando em como fazer as pessoas clicarem em banners." Contou Jeff Hammerbacher a Ashlee Vance em um artigo para a Bloomberg intitulado "Essa bolha tecnológica é diferente". É abril de 2011 e o entrevistado é um programador de 28 anos que trabalhou nos primeiros anos do Facebook. É o que chamam na mitologia do Vale de "um dos cem primeiros", o Mayflower da rede social. Mark Zuckerberg o contratou em 2006 para que descobrisse por que o Facebook fazia sucesso em algumas universidades, mas era um fiasco em outras, e, quando já tivesse a resposta, analisasse os traços de comportamento que diferenciavam os nerds do *college* dos veteranos das faculdades estadunidenses. "Eram perguntas de alto nível e não havia nenhum tipo de ferramenta para respondê-las", conta Hammerbacher. Durante os dois anos seguintes, sua equipe desenvolveu algoritmos para estimar todos os aspectos quantitativos de interação entre o usuário e a plataforma. Estavam interessados especialmente nos círculos sociais, por exemplo: o que fazia alguns rapazes serem mais populares do que outros. Registravam suas atividades, relacionamentos, aspirações e medos. Em três anos, o "Facebook transformou essa visão em marketing de precisão, a base de seu negócio — explica Vance no parágrafo seguinte. Oferece às empresas acesso a um público cativo que se disponibiliza para ser monitorado como ratos de laboratório". Parecia que o modelo de negócio do Facebook começou de forma quase acidental, mas isso é improvável. Quando Zuckerberg lançou thefacebook.com de seu alojamento em Harvard, no dia 4 de fevereiro de 2004, já sabia como ia monetizar o projeto. Sabia quando contratou Sean Parker, cofundador do Napster, e quando recebeu sua primeira injeção de capital de Peter Thiel. Isso foi antes de que este fundasse a Palantir, a grande máquina de espionagem do governo estadunidense. E desde então, foi mentor de Zuckerberg e importante membro de seu conselho de administração.

Muito antes de anunciar que "a era da privacidade havia acabado", Zuckerberg já tinha demonstrado forte intenção de coletar dados de seus próprios usuários para usá-los em seus objetivos pessoais. Como todos sabem, os gêmeos Cameron e Tyler Winklevoss e Divya Narendra o acusaram de roubar-lhes a ideia de uma rede social para alunos de Harvard. Os três estudantes haviam contratado Zuckerberg para escrever o código e o acusaram de manipular o projeto para deixá-los fora do jogo. Esse drama foi resolvido legalmente em 2007 com um acordo de 20 milhões de dólares e 1.253 milhões de ações ordinárias do Facebook a serem repartidas entre os três requerentes. Depois voltou a pagar — dessa vez no imaginário coletivo popular, e a favor do requerido — com o momento mais memorável de *A rede social*, filme dirigido por David Fincher com roteiro de Aaron Sorkin. Acontece quando os quatro universitários se sentam à mesa para negociar, cercados por seus respectivos advogados, e Zuckerberg diz: "Não precisa de perícia para esclarecer essa questão. Se vocês fossem os inventores do Facebook, teriam inventado o Facebook". Que é o modo como Sorkin reformula a regra de ouro da ciência e do progresso inclusive nessa era dominada pela propriedade intelectual: as boas ideias estão em todas as partes; a única coisa que importa é sua execução.

O que nem todo mundo sabe é que o *Crimson*, o jornal dos alunos de Harvard, tinha investigado o caso. Queriam escrever um artigo sobre o suposto roubo intelectual, um assunto de primeira ordem nas universidades de elite dos Estados Unidos. Àquela época, todos os estudantes tinham contas no The Facebook, e Zuckerberg havia usado os dados privados de acesso de vários editores para entrar em suas contas de e-mail e saber o que pretendiam publicar. Ao que parece, ele não usava apenas seu acesso a esses dados de forma pontual, mas também oferecia para seus conhecidos, para diferentes finalidades. "Se algum dia precisar de informações de alguém que esteja em Harvard, é só dizer — disse a um amigo pelo Messenger pouco depois de estrear o site. Tenho mais de 4 mil e-mails, fotos, endereços, números do Seguro Social." Quando seu amigo pergunta como ele tinha conseguido isso, Zuckerberg responde: "As pessoas me dão. Não sei por quê. Elas confiam em mim. Babacas".[94]

Meses antes, o *Crimson* tinha publicado mais um trecho contando que a universidade tinha punido Zuckerberg por violar a segurança dos servidores, atentar contra a propriedade intelectual da instituição e a privacidade de seus alunos. Zuckerberg tinha criado um site chamado Facemash, uma cópia do Hot or Not, onde era possível votar o quão atraente eram os alunos, que eram votados em pares. O sistema foi desenvolvido para criar um ranking automático a partir das votações. Para fazê-lo, usou sem permissão as fotos do site de Harvard e compilou uma lista pública com os nomes de todos os estudantes da universidade. Ironicamente, foi o sucesso desse site que pôs no seu caminho os gêmeos Winklevoss. "Alguém está tentando fazer um site para conectar as pessoas — escreveu Zuckerberg para seu primeiro sócio, Eduardo Saverin. Cometeram um erro, pediram para que eu faça isso."

---

[94] Nicholas Carlson, "Well, These New Zuckerberg IMs Won't Help Facebook's Privacy Problems", *Business Insider*, 13 de maio de 2010.

O artigo da Bloomberg descreve Hammerbacher como um "opositor ao modelo de negócio baseado na publicidade e à cultura baseada no marketing dele originado". Na verdade, o programador não era nenhum rebelde. Ele sabia exatamente quais eram as intenções do Facebook e não tinha problemas morais com seu modelo de negócio. O que o incomodava era o desperdício de talento. Era terrível que os melhores cérebros de sua geração desperdiçassem seu tempo buscando padrões, confirmando suspeitas e adiantando tendências para lançarem o produto certo, na hora certa, para a pessoa certa. Era lamentável que os gênios que foram para o Vale mudar o mundo contribuíssem para a última revolução industrial com algo tão banal.

Tecnicamente, tudo começou com os cookies. Era 1994, Lou Montulli tentava implementar a interação do navegador Netscape com um carrinho de compras virtual. A ideia era que o aplicativo reconhecesse o usuário e lembrasse dos diferentes itens que tinha em seu carrinho sem ser preciso guardar seus dados em um servidor da loja. Montulli usou Javascript, uma linguagem para a rede criada pelo Netscape, para inserir um pequeno arquivo de texto no navegador que registrasse esses dados sem "incomodar" o usuário. Assim nasceram os cookies, o pedacinho de código que gruda no navegador quando você passa por um site e que diz ao servidor desse site quem é você. Assim que puderam reconhecer o usuário de forma individualizada, os sites começaram a guardar informações sobre ele, com a inocente intenção de mudar sua aparência de acordo com suas preferências. Teoricamente, os cookies só podiam ser lidos pela página que tinha sido acessada, e somente quando o usuário voltava à página em questão. Em 1996, uma empresa chamada DoubleClick começou a colocar banners em milhares de páginas diferentes e inventou os cookies de terceiros", que registravam informações todas as vezes que o usuário visitasse qualquer uma dessas páginas. Além de identificar individualmente o usuário, os novos cookies (também chamados de *tracker*) registravam as páginas visitadas e todo o contexto: quais artigos foram lidos, quais anúncios foram vistos, quais produtos foram comprados. A DoubleClick garantiu que isso era feito para que o mesmo anúncio não fosse repetido muitas vezes para o mesmo usuário e que "nunca tentariam descobrir a verdadeira identidade do dono ou usuário do navegador". Depois, fundiram-se com uma empresa de marketing direto chamada Abacus Direct, e seu catálogo de 2 bilhões de transações com nome, endereço, telefone e e-mail dos compradores estava no pacote. Depois a Google comprou a DoubleClick.

A Google tinha começado licenciando seu mecanismo de busca para outras empresas, mas quando a bolha estourou começou a oferecer um "patrocínio premium" às marcas, que consistia em colocar caixas de publicidade baseadas nas buscas dos usuários. "Nossos clientes são mais de 1 milhão de anunciantes — dizia sua página de investimentos —, desde pequenos negócios buscando clientes locais até muitas das maiores multinacionais do mundo." Esses clientes pagam para ter acesso a um grupo selecionado de pessoas. Em lugar de anunciar para todo mundo, querem que as propagandas apareçam diante dos usuários mais suscetíveis a comprá-los. Em vez de fazer um anúncio para todo mundo com a esperança de convencer algumas pessoas, a ideia é criar vários anúncios desenvolvidos para grupos específicos. O preço dependeria da quantidade de vezes que o anúncio apareceria. Depois vieram o AdWords e o AdSense.

O modelo era diferente: no lugar de comprar espaço, o anunciante "apostaria" em certas palavras. Se o usuário buscá-las, seus anúncios aparecem destacados no alto da página, como "patrocinadores". Uma ideia genial, ainda que tenha sido roubada. A empresa que inventou a busca patrocinada chamava-se Overture, e processou a Google por quebra de patente, demanda que ganhou só depois de ter sido adquirida pelo Yahoo em 2002. Em 2003 lançaram a plataforma de publicidade AdSense, que ampliou seu espaço publicitário a todos sites que queriam usá-lo, em plena explosão dos blogs. De repente, qualquer um podia colocar banners em suas páginas e ficar com parte do lucro arrecadado. Também podiam colocar uma barra de pesquisa Google para fazerem buscas em seu próprio blog. Blogger, Movable, Type e o recém-chegado WordPress correram para incluir os anúncios e o buscador da plataforma em seus layouts. Cada anúncio e cada buscador da Google é registrado pelos cookies da própria empresa, que passam a poder seguir o usuário por milhares de sites e saber quem ele é, o que lê, onde clica, quanto tempo fica em determinada página e para onde vai depois. Deixaram de cobrar por anúncio e começaram a cobrar por clique. Em 2006, os melhores cérebros do Vale do Silício já estavam pensando em como conseguir esses cliques.

A concentração de talentos no Vale do Silício rivaliza com a do Los Álamos, mas, em vez de armas nucleares, estão elaborando sistemas de extração de dados. "Ross tinha um PhD em robótica aeroespacial e uma ideia de como devia funcionar o sistema de anúncios", dizia Douglas Edwards, funcionário número 59 da Google, em seu livro de memórias *I Am Feeling Lucky*. Outro "dominou o sistema para construir um dos melhores sistemas de *machine learning* do mundo só para melhorar a publicidade personalizada". Aqueles que não trabalhavam na Google, Facebook, Twitter, LinkedIn, Amazon ou Groupon buscando uma forma de melhorar os anúncios estavam em Wall Street escrevendo algoritmos capazes de digerir quantidades exorbitantes de dados de mercado para tomar decisões de negociações em microssegundos. "Todas as pessoas inteligentes de cada geração se sentem atraídas pelo dinheiro — diz Steve Perelman, fundador da WebTV e da OnLive, um serviço de jogos on-line — e a de agora é a geração banner."

Naquele momento tudo parecia ser uma boa ideia, uma troca justa: excelentes serviços gratuitos em troca de saber como satisfazer as necessidades do usuário, conectando-o com os produtos de que necessita ou que quer comprar. Uma verdade universal sobre as pessoas que se dedicam à resolução de problemas técnicos é que elas podem estar tão concentradas na tarefa encomendada que não são capazes de avaliar o impacto social de suas soluções, até que seja muito tarde. Além disso, todo mundo já estava fazendo isso. As redes sociais, as plataformas de vendas on-line, as empresas de videogames, as plataformas de música, os bancos, os supermercados, as emissoras de televisão. E as campanhas políticas. A questão era fazer isso sem que parecesse que estava sendo feito. Como disse Sean Parker para Zuckerberg no filme:

O Facebook é *cool*, esse é seu capital. Você não quer arruiná-lo com anúncios porque anúncios não são *cool*. É como organizar a maior festa do campus e alguém dizer que ela acaba às onze. Ninguém sabe o quão grande é a coisa, o quanto pode crescer e até onde pode chegar. Não é o momento de abandonar o barco. Um milhão de dólares não é *cool*. Sabe o que é *cool*? Um bilhão de dólares. Este é o seu objetivo: um bilhão de dólares.

Os anúncios são uma fachada, uma desculpa. O negócio não é vender produtos para os usuários, mas sim vender os usuários como produtos a uma indústria faminta por atenção. Para que o negócio funcione, é preciso manter os usuários entretidos na página o maior tempo possível. Em 2006 é lançado o News Feed, uma série de notícias geradas por algoritmo que misturava as atualizações, fotos e comentários de amigos com conteúdos de anunciantes e meios de comunicação. "O algoritmo analisa toda a informação disponível para cada usuário — explicava Zuckerberg em sua apresentação. Na verdade, decide qual será a informação mais interessante e publica uma pequena história para eles." Um pequeno passo para Zuckerberg, um grande passo para a manipulação em massa. A plataforma decide quais notícias são importantes (como no *New*

*York Times*, "as que são aptas para impressão") e não as exibe em ordem cronológica, como se fosse um blog, apenas as edita para te contar uma história. É um jornal personalizado e constantemente atualizado que também inclui conteúdo que não foi selecionado misturado com outros. Sua própria janela para o mundo, pintada e decorada por um algoritmo misterioso em uma plataforma digital. Todo isso passa completamente despercebido porque existe uma mudança que causa guerra em todas as plataformas: as atualizações dos amigos incluem cada foro que sobem, cada grupo em que entram, cada pessoa que se torna "amiga", cada mudança no status de relacionamento (*it's complicated!*), e tudo isso pode ser visto do "seu" mural e não no da outra pessoa. A reação foi tão negativa que nasceu um grupo no Facebook para boicotar o próprio Facebook se não desfizessem imediatamente as mudanças. Esse grupo está insatisfeito com tudo. Antes, o Facebook era como a blogosfera, onde era preciso ir à página de um amigo para ver o que ele estava fazendo ou escrever algo no "seu" mural. Ainda existiam os murais dos outros. O novo modelo de divulgação permanente de todas as atividades parecia um atentado contra a privacidade. A essa altura, o Facebook tinha 9,5 milhões de usuários, a maior parte deles estudantes universitários, e ainda não havia começado a cultura da exibição permanente porque não tinham inventado um sistema de compensação adequado (o botão de like chega em 2009). O burburinho foi tão grande que o próprio Zuckerberg escreveu um post intitulado: "Calm down. Breathe. We hear you" (Fiquem calmos. Respirem. Nós ouvimos vocês), onde garantia que a privacidade do usuário seria preservada, uma frase que será repetida como um mantra na década seguinte. "A curto prazo, significa menos páginas visualizadas para o Facebook porque os usuários já não terão que sair de suas páginas principais para ver o que acontece com seus amigos — explica Michael Arrington, fundador da TechCrunch —. Mas se fizer com que os usuários gostem ainda mais do Facebook (se é que isso é possível), ao final valerá a pena." A imprensa tecnológica tornou-se um coro de animadores da Web 2.0. Poucos meses depois, acontecem duas coisas que aceleraram o que já tinha sido começado: a Apple traz o primeiro iPhone e Zuckerberg conhece Sheryl Sandberg na festa de Natal de Dan Rosenweig.

Sandberg tinha chegado na Google em 2001 para criar o Departamento de Vendas e Operações On-line do qual saíram o AdWords e o AdSense. Tinha 38 anos e já era a mulher mais poderosa do Vale do Silício. Zuckerberg tinha 23 anos, 1 milhão de usuários e estava a ponto de explodir. A plataforma crescia exponencialmente, queimando milhões de dólares em servidores, mas ainda não tinha encontrado um modelo eficaz de monetização. Zuckerberg também se sentia um pouco solitário. Seus usuários estavam irritados, seu melhor amigo, Adam D'Angelo, tinha saído da empresa e contava agora com dois tubarões da informática como seus mentores: Peter Thiel e Bill Gates. Sandberg conta que eles começaram a se ver duas vezes por semana para falar do futuro e para se questionarem: No que você acredita? O que te importa realmente? "Era tudo muito filosófico", diria a executiva. Em março de 2008, o Facebook anunciaria sua nova Chefe de Operações. O novo lema oficial é: "Fazer do mundo um lugar mais aberto e conectado", mas sem deixar de lado o antigo: mova-se rápido e quebre coisas.

Quando Sandberg chegou, a empresa tinha acabado de lançar sua plataforma para integrar aplicativos externos. Por exemplo, escutar músicas no Spotify e compartilhar com seus amigos do Facebook. Ou um aplicativo de resenhas de livros da Amazon que os usuários colocassem em seu mural um link direto para compras no site. Havia uma interface de programação de aplicativos (API) que servia de ponte entre o aplicativo e a plataforma, para que qualquer desenvolvedor pudesse integrar seus apps sem ter que contatar os programadores da casa. As API servem ao mesmo tempo de porta e de barreira; oferecem acesso a algumas bases de dados, processos e funções e bloqueiam o acesso a outros. É um conjunto de funções matemáticas habilitadas deliberadamente por programadores especializados para otimizar seus negócios e também para protegê-los. E essa API em especial tinha sido desenvolvida para que os programadores externos tivessem acesso aos dados dos usuários que instalavam seus aplicativos, mas também aos dados de seus amigos desprevenidos. Os primeiros aplicativos desenvolvidos para extrair milhares de dados dos usuários em pouco tempo foram os jogos e os *quiz*.

Em 2009, todo mundo estava jogando Farmville, um fabuloso experimento social. Era desenvolvido para maximizar as relações sociais com animaizinhos, sementes e plantas. O jogo pedia constante atenção, mas não era complexo e era muito satisfatório ver os animaizinhos contentes e as plantinhas crescendo. Os presentes eram a desculpa perfeita para interagir com outras pessoas, e a maioria não eram amigos de verdade, mas sim pessoas conhecidas que só eram conhecidas pelo nome ou que sequer eram assim conhecidas. Depois chegou o botão de like, o último grito da ferramenta social. Cutucar era algo mais pessoal, era inapropriado e era raro que se fizesse isso com um desconhecido. O like era mais sóbrio e elegante, menos emocional. "Conecte-se com um like", repetia Mark. Os likes fizeram as pessoas sentir que eram valorizadas, que eram ouvidas e atendidas. Começaram a fazer mais coisas para conseguir mais likes. Finalmente tinham encontrado um medidor interno para a plataforma que permitia avaliar quem era quem dentro de seus próprios círculos e quais comportamentos causavam interesse em outros usuários, como os grupos eram criados, quem exercia influência sobre as pessoas e que tipo de conteúdo causava mais interação. Padrões que podiam revelar a iminente explosão de uma moda, uma tendência ou um movimento social e que podiam ser imitados por um bom algoritmo de recomendação.

A outra fonte natural de informação eram os testes. Foram desenvolvidos para serem compartilhados na típica corrente: compartilhe seus resultados e desafie mais sete amigos.

Eram tão banais que pareciam inofensivos. Qual personagem de *Star Wars* você é? Você é Carrie, Samantha, Miranda ou Charlotte? A qual onda feminista você pertence? Qual a cor que define melhor os seus valores? Em qual planeta você deveria viver? De fato, o *quiz* foi um recurso tão explorado que a CNN incluiu os *quizzeros* em sua lista de doze tipos de pessoas mais insuportáveis da rede social. As organizações de defesa de direitos civis descobriram outra coisa: ao fazer o teste, compartilhava-se algo além de seus resultados. Os responsáveis tinham acesso aos dados dos usuários que faziam o teste (idade, localização, estado civil, religião, filiação política, preferências) e também aos dados de todos os seus amigos. E não era um erro, era uma funcionalidade do sistema, uma característica desenvolvida intencionalmente para atrair anunciantes.[95] Sandy Parakilas, naquela época encarregado de supervisionar os desenvolvedores externos, contou ao *Guardian* que foi um verdadeiro banquete de dados. "Depois que os dados deixavam os servidores do Facebook, não havia nenhum tipo de controle, ninguém procurava saber o que seria feito com eles." Em 2009, a American Civil Liberties Union fez uma campanha específica para que o Facebook deixasse de entregar, sem que houvesse clara permissão, dados a terceiros. Em 2011, a Comissão Federal do Comércio ordenou que deixassem de compartilhar dados com terceiros sem o expresso consentimento dos usuários afetados. Não adiantou de nada. Foi por essa brecha que entrou a Cambridge Analytica em 2012, com muitas outras empresas, incluindo agências especializadas em marketing político e em manipulação on-line.

O Facebook estava se preparando para estrear na bolsa quando começaram os desdobramentos da Primavera Árabe. A mesma plataforma que tinha facilitado a revolta era agora palco de uma preocupante radicalização. Receberam vários avisos de que seu algoritmo de seleção de notícias favorecia

---

[95] "It's not a bug, it's a feature" é uma expressão que significa, literalmente, "não é um bicho [um erro do sistema], mas sim uma funcionalidade [propositalmente desenvolvida]".

os comentários racistas, o ativismo agressivo e as notícias falsas. Os conteúdos mais extremos geram mais interação que o resto porque conseguem os likes dos seguidores e também os insultos, correções e ameaças dos opositores; e devem ser distribuídos por igual para ambas as partes. Para o algoritmo tudo é festa: ele foi desenvolvido para otimizar a interação sem entrar no mérito do bom ou mau. Os avisos foram ignorados pelo Facebook. Não havia tempo para pensar em algo que estava acontecendo em países distantes, nem em conflitos antigos dos quais nem conheciam os motivos de sua existência. E o mais importante: eles não eram legalmente responsáveis pelas coisas que publicavam. Os usuários podiam fazer ameaças de morte sem que acontecesse nada, graças à seção 230 da Lei de Decência nas Comunicações que tinha sido assinada por Bill Clinton em 1996.

A lei havia sido elaborada para perseguir a pornografia na internet, o primeiro negócio que se espalhou como uma infecção por fungos em um mundo interconectado. Antes de aprová-la, o Congresso incluiu uma cláusula que protegeria os provedores e agências de notícias de serem responsabilizados no caso de sua conexão ser usada por alguém que distribuísse pornografia. Dizia: "Nenhuma operadora ou proprietário de serviço informático interativo será considerado como o editor ou porta-voz de nenhuma informação fornecida por outro provedor de conteúdo". Graças a essa cláusula, também conhecida como a Lei do Bom Samaritano, as plataformas puderam começar a publicar conteúdos externos de maneira automática sem terem que se preocupar com violações em massa de propriedade intelectual, distribuição de notícias falsas ou campanhas de violência contra minorias étnicas ou religiosas (seu equivalente europeu é o artigo 17 da LSSI, que versa sobre a responsabilidade dos intermediários na internet). O Facebook podia ser o maior meio de comunicação do mundo, mas não tinha as sérias responsabilidades do *New York Times*. Sua única preocupação era aumentar seus lucros antes de estrear na bolsa. Precisavam saber mais dos usuários para poderem ajustar seu algoritmo de recomendação.

Como a Google já tinha feito com o AdSense, Sandberg havia lançado um sistema para seguir os usuários pela rede através dos cookies, usando como isca os botões para curtir e compartilhar as postagens em outras páginas da web. Também seguia pessoas que não eram usuários, segundo Katherine Losse, uma das poucas mulheres que trabalharam na empresa de 2005 a 2010. "Estavam tão certos de que o Facebook era algo que todo mundo tinha que ter que, quando a equipe técnica criou em 2006 uma função experimental chamada Perfil Secreto, ninguém achou estranho."[96] Em 2012 isso já não era suficiente. Precisavam saber o que os consumidores faziam quando estavam em qualquer lugar; queriam principalmente informações comerciais: quanto dinheiro tinham, que coisas compravam, onde e com quem iam comer depois do trabalho. Pediram aos engenheiros que buscassem outra fonte de dados, mas a forma mais fácil de obtê-los seria comprando. Cinco meses antes de estrearem na bolsa, o Facebook assinou contratos com pelo menos três *data brokers* para alimentar seu algoritmo: Acxiom Corp., Epsilon Data Management e Epsilon. Nesse mesmo ano, compraram o Instagram.

## Compra e venda de dados pessoais

Os *data brokers* são empresas que trabalham com a compra e venda de bases de dados pessoais. Seu trabalho é reunir sob uma mesma identidade toda a informação espalhada que existe sobre cada pessoa, pegando nome completo, endereço, telefone e número do Seguro Social com todos os dados de cartões, matrícula, seguro médico, relatórios de empresa, pagamentos bancários, compras no cartão de crédito, viagens, inscrições, multas, despesas no veterinário, licença de arma, currículo acadêmico, séries favoritas, antecedentes

---

[96] Katherine Losse, *The Boy Kings: A Journey into the Heart of the Social Network*, The Free Press, 2014.

penais, religião, estado civil, provas de DNA etc. Se existem os dados, eles comprarão até do mercado negro. Depois, empacotam em detalhados grupos socioeconômicos para que sejam úteis a clientes e empresas específicos. Por exemplo, de aposentados com problemas cardíacos e alto poder aquisitivo que consomem muita carne vermelha ou de mulheres que sofreram abusos sexuais ou violência de gênero e vivem sozinhas em cidades grandes. Adolescentes filhos de pais divorciados com problemas de autoestima e alto poder aquisitivo, famílias grandes que não conseguem garantir sustento até o final do mês. Os cartões de crédito são uma fonte inesgotável para essas empresas, que geram listas automáticas de mães solo, recém-separadas, pessoas que precisam de cuidados especiais porque sofrem de hipertensão, diabetes, anemia ou de viciados em açúcar. Depois, essas pessoas serão prejudicadas em entrevistas de emprego ou com o encarecimento de seus planos de saúde sem que saibam o motivo. Outra fonte são os sites de encontro e de pornografia.

Até 2017, a maior parte dos dados dos usuários estavam mal protegidos. Em 2016, um estudante da Universidade de Aarhus, na Dinamarca, publicou os perfis de 70 mil usuários do OkCupid no portal Open Science Framework, com todos os detalhes: idade, gênero, trabalho, localização, fetiches, uso de drogas, número de parceiros e inclinações políticas. Quando perguntado sobre o motivo de não ter tornado esses dados anônimos, Emil Kirkegaard explicou que esses dados já eram públicos. "Todos os dados encontrados nesse *dataset* estão ou estavam disponíveis em domínio público, de forma que publicá-los apenas os apresenta em um formato mais acessível." Em seu projeto Face to Facebook, Paolo Cirio e Alessandro Ludovico recolheram dados de 1 milhão de perfis do Facebook e usaram um algoritmo de reconhecimento facial para reclassificá-los por suas características faciais e combiná-los em um falso site de encontros, Lovely-Faces.com. A página durou apenas cinco dias; nesse tempo, o projeto recebeu mais de mil menções na mídia antes que os advogados do Facebook os contatassem através de uma carta de "cease and desist".[97] Hoje os sites de encontros trocam entre si dados de usuários para tapar buracos. Quando um novo site de encontros chega ao mercado com uma base de dados é porque foram comprados de outro site. E quando o catálogo de um site veterano começa a se esgotar, é preciso comprar mais perfis. Qualquer um que, numa tarde de ressaca solitária, tenha criado um perfil em qualquer uma dessas páginas "só para ver como é", já fará parte dessa base de dados ainda que apague a conta no dia seguinte. Naturalmente, qualquer um pode comprar esses perfis, ainda que não pertença ao ramo, e quase todo mundo faz isso porque são perfis particularmente íntimos, acompanhados de fotos. OkCupid é famoso por causa de suas várias perguntas, teoricamente desenvolvidas para te ajudar a encontrar pessoas emocional e intelectualmente compatíveis com você. Não faltam perfis de colecionadores de namoros e de mulheres que vivem sozinhas nas cidades grandes. Também é possível catalogar milhares de pessoas com base em suas preferências sexuais, um dado que o usuário não tem motivos para revelar com palavras. Um psicólogo da Universidade de Cambridge chamado Michal Kosinski apresentou um algoritmo de reconhecimento facial capaz de separar os heterossexuais dos homossexuais. Garantia que era mais fácil do que distinguir os democratas dos republicanos, porque a moda das barbas em ambos os grupos dificultava muito o trabalho. Em 2018, a artista catalã Joana Moll comprou 1 milhão de perfis em um *data broker* chamado USDate para um projeto chamado *The Dating Brokers. AN autopsy of online love*, oriundos de bases de dados das principais plataformas de encontro: Match, Tinder, Plenty of Fish e OkCupid. Pagou 153 dólares por eles.

A integração de todos esses acumuladores de dados no algoritmo do Facebook fez o lucro disparar em tempo recorde. No momento de sua estreia na bolsa, o Facebook sabia tudo o

---

[97] A carta de cessar e desistir (*cease and desist*) é uma solicitação típica que as plataformas enviam para que parem uma atividade (cessar) e não a retomem no futuro (desistir), sob a ameaça de enfrentar uma ação judicial.

que podia saber de seus usuários e de muita gente. Podia separar um terço da população mundial por idade, raça, estado civil, país e situação socioeconômica; e também separá-los por seus valores, medos, preferências sexuais, grau de satisfação com o trabalho, tudo estudado em pequenos experimentos. Antes das eleições legislativas de 2010, colocaram um adesivo no mural do usuário que dizia "sou um eleitor", com informações sobre seu colégio eleitoral. Queriam ver se conseguiam estimular o voto transformando-o em uma medalha de honra. Descobriram que as pessoas estavam usando a medalha sem que tivessem mesmo votado. Na mesma época alteraram o algoritmo para que tivesse conteúdos que não podiam ser compartilhados. Descobriram que os usuários eram muito mais propensos a compartilhar coisas que já tinham sido compartilhadas, independentemente de seus interesses, e que as postagens funcionavam melhor quando tinham likes de conhecidos. O efeito tribal é intenso nas comunidades digitais. Em 2012 começaram a registrar as coisas que eram apagadas pelos usuários e descobriram que se arrependiam de 71% das coisas que escreviam. Lembremos que o Facebook não apaga nada; todas essas mensagens apagadas fazem parte de nossas pastas "tudo que quis dizer e não teve coragem". Contam para a avaliação final. Depois, manipularam o feed de notícias de 90 mil pessoas durante uma semana para ver como elas reagiriam. Quando publicaram a experiência em uma prestigiada revista acadêmica,[98] os usuários não gostaram. Então, muitos descobriram que, ao fazer a conta de usuário, tinham aceitado se sujeitar a "análise de dados, testes e pesquisas". Os chefes de dados da plataforma manipularam o algoritmo de milhares de pessoas para que a metade do grupo visse conteúdo positivo, notícias alegres, cachorrinhos... e a outra metade lesse notícias negativas, fotos deprimentes e palavras tristes. Queriam

---

[98] Adam D. I. Kramer, Jamie E. Guillory e Jeffrey T. Hancock, "Experimental Evidence of Massive-Scale Emotional Contagion through Social Networks", *Proceedings of the National Academy of Sciences*, 111 (24), 17 de junho de 2014, pp. 8788-8792.

saber se alimentar o usuário com uma dieta de notícias ruins afetaria as reações e relações do usuário dentro da plataforma. E a resposta foi positiva.

Os usuários que leram notícias alegres escreveram coisas mais positivas, os que leram coisas negativas se manifestaram também de forma negativa. "Os estados emocionais podem ser transmitidos a outras pessoas por contágio, fazendo que experimentem as mesmas emoções inconscientemente", diz o relatório que aponta que o contágio pode acontecer sem que as pessoas interajam entre si. E um último detalhe: quando o conteúdo que aparecia era emocionalmente neutro (nem positivo nem negativo), os usuários escreviam menos. A conclusão principal é que somos especialmente suscetíveis ao conteúdo emocional exibido nas redes sociais, que oferecem uma visão de "o que está acontecendo" desenvolvida para nós de forma única por um algoritmo otimizado para estimular a interação. Mas a manipulação está tão arraigada nessa visão de mundo assim como o racismo estava nos algoritmos de suporte às decisões judiciais. O algoritmo mistura as notícias, os comentários dos amigos, os vídeos e as fotos para conseguir coisas de nós, ainda que apenas seja só mais interação. Parafraseando a jornalista turca Zeynep Tufekci, os melhores cérebros da nossa geração criaram uma distopia só para fazer com que as pessoas comprem coisas. E essa distopia está perto de se acelerar ainda mais.

Como se sabe, Zuckerberg comprou o Instagram e o WhatsApp para expandir sua rede de vigilância, mas há uma terceira aquisição que passou despercebida: Oculus, a plataforma de realidade virtual que permite que você desapareça em um mundo sintético, artificial. A complexidade da experiência é tão grande que todos os sentidos são enganados. O usuário sabe que não está em um trem que desce em grande velocidade, mas seu cérebro não. Por isso, sente a velocidade e a vertigem. E o mesmo dispositivo que cria a experiência é capaz de medir em tempo real todas as decisões que tomamos no mundo artificial e as reações que são produzidas: pulso, pressão arterial, dilatação das pupilas etc. A realidade virtual será a nova Netflix, uma realidade alternativa na qual nos refugiamos de um mundo cada vez mais aterrorizante. Quando o usarmos para falar com nossos entes queridos como se estivéssemos juntos na mesma sala, saberemos coisas que até então não fazemos ideia. Por exemplo, o que exatamente deixa sua mãe tão nervosa ou como um agressor te manipula para que volte com ele e que seja perdoado. Sem sombra de dúvida, são informações valiosas que poderiam nos ajudar a melhorar nossas vidas. De fato, a realidade virtual já é usada para tratar o estresse pós-traumático e até mesmo para fazer uma cirurgia sem anestesia. Mas o mais provável é que seja utilizada por multinacionais e grupos políticos para explorar nossas vulnerabilidades e nos manipular até nos submetermos sem precisar sair de casa, provavelmente porque já fazem isso. Em 2014, um pesquisador do DARPA chamado Rand Waltzman descobriu que as plataformas digitais já eram uma máquina de "hackeamento cognitivo" em grande escala, uma mutação da propaganda psicológica da Guerra Fria na era da superconexão, e que os cidadãos estadunidenses podiam estar vulneráveis a um ataque através das plataformas de rede social. Ficou tão obcecado com o assunto que ele e sua equipe publicaram mais de duzentos relatórios sobre aplicativos maliciosos, sutis intervenções e campanhas de manipulação de massas orquestradas por agentes antagonistas, antes que o departamento fosse fechado em 2015. Um ano depois estaria declarando diante do Subcomitê de Segurança Cibernética do Conselho das Forças Armadas da Câmara e do Senado sobre a ingerência russa nas eleições para a presidência dos Estados Unidos em 2016, e de uma companhia de São Petersburgo chamada Internet Research Agency.

# MANIPULAÇÃO

"Se você não for cuidadoso, os jornais farão você odiar as pessoas que estão sendo oprimidas e adorar os opressores."

Malcolm X

"Tudo no Estado. Nada fora do Estado. Nada contra o Estado."

Benito Mussolini

Estávamos preparados, mas era para outra coisa. Em 20 de janeiro de 2017, dia em que Donald Trump tornou-se o 45º presidente dos Estados Unidos da América, o livro mais vendido na Amazon era *1984*. Em todas as categorias, em todos os formatos. O famoso romance de George Orwell tinha aumentado suas vendas em 9.500%. E não veio sozinho. Outros dois de seus veteranos desfrutavam um inesperado *revival*. De um lado, *Não vai acontecer aqui*, romance de Sinclair Lewis sobre um senador democrata que chega às prévias presidenciais com uma campanha xenofóbica e populista. De outro, *As origens do totalitarismo*, de Hannah Arendt, sobre as engrenagens que impulsionaram o fascismo europeu, publicado pela primeira vez em 1951. Ninguém pode dizer que não estávamos pensando nisso. O que acontece é que não estávamos pensando direito.

A natureza orwelliana de nosso tempo é uma dessas coisas que, quando percebemos, já não podemos ignorar. Parece acontecer exatamente isso com nossa plataforma de mídia, olhos e ouvidos da civilização ocidental. Em toda parte, sentem o que Margaret Atwood chamou de "bandeiras vermelhas" de *1984*. "Orwell nos ensina que o perigo não está nos rótulos (cristianismo, socialismo, islamismo, democracia, duas pernas mau, quatro pernas bom, mas nos atos cometidos em seu nome."[99]

Os atos cometidos pela Administração Trump são uma fonte inesgotável de bandeiras vermelhas. Já na cerimônia de posse, o secretário de Imprensa da Casa Branca, Sean Spicer, declarou que o evento tinha sido "o mais assistido da história das cerimônias de posse E PONTO", citando números inverossímeis e negando o enorme material fonográfico, vídeos e dados da imprensa, instituições e até da rede de transporte público que mostravam uma realidade bem diferente. Trump não foi muito popular em Washington, onde obteve apenas 4,1% dos votos. Até a passeata de mulheres que foram protestar contra ele no dia seguinte teve mais poder de adesão do que sua posse. Mas quando em entrevista à TV perguntaram à conselheira do presidente sobre o desafortunado acontecimento, Kellyanne Conway disse na cara de pau que os dados de Spicer não eram inventados, e sim "fatos alternativos". Impossível não pensar em O Partido de *1984*, cujo slogan oficial era: A guerra é paz. A liberdade é escravidão. A ignorância é a força.

Em *1984*, a estratégia de usar a linguagem para descobrir os órgãos ministeriais como o exato oposto do que são é descaradamente aplicada: o Ministério da Paz declara guerras, o Ministério do Amor tortura prisioneiros políticos, o Ministério da Verdade reescreve livros de história com "fatos alternativos" do Partido, que exige abertamente que todos os

---

[99] Margaret Atwood, "My Hero: George Orwell by Margaret Atwood", *Guardian*, 18 de janeiro de 2013.

seus membros neguem as evidências de seus olhos e ouvidos e aceitem a verdade por eles proposta. No momento em que essas linhas eram escritas, Donald Trump estava dizendo a veteranos de guerra: "lembrem-se que o que estão lendo e vendo não é o que está acontecendo". "Quem controla o passado, controla o futuro — diz outro slogan d'O Partido. Quem controla o presente controla o passado."

Um dos erros recorrentes da esquerda é pensar que o populismo é a estratégia dos idiotas, quando a história demonstra que não é possível ser tão idiota e ter tanto sucesso. Já em *As origens do totalitarismo*, Hannah Arendt explica que esse tipo de estratégia é concebido deliberadamente para afastar a sociedade educada de seus recursos intelectuais e espirituais, transformando a população em cínicos ou em crianças, dependendo do orgulho e tolerância de cada um. Uma doutrina do choque que tem origem na escola de Chicago e que foi característica do nazismo alemão ao stalinismo russo, passando pelo fascismo italiano.

Num mundo incompreensível e em constante mudança, as massas haviam chegado a um ponto em que, ao mesmo tempo, acreditavam em tudo e em nada, julgavam que tudo era possível e que nada era verdadeiro. A própria mistura, por si, já era bastante notável, pois significava o fim da ilusão de que a credulidade fosse fraqueza de gente primitiva e ingênua, e que o cinismo fosse o vício superior dos espíritos refinados. A propaganda de massa descobriu que o seu público estava sempre disposto a acreditar no pior, por mais absurdo que fosse, sem objetar contra o fato de ser enganado, uma vez que achava que toda afirmação, afinal de contas, não passava de mentira. Os líderes totalitários basearam a sua propaganda no pressuposto psicológico correto de que, em tais condições, era possível fazer com que as pessoas acreditassem nas mais fantásticas afirmações em determinado dia, na certeza de que, se recebessem no dia seguinte a prova irrefutável da sua inverdade, apelariam para o cinismo; em lugar de abandonarem os líderes que lhes haviam mentido, diriam que sempre souberam que a afirmação era falsa, e admirariam os líderes pela grande esperteza tática.

As campanhas pelo referendo do Brexit e a presidência de Trump já tinham induzido o venerável dicionário de Oxford a declarar pós-verdade como a palavra do ano em 2016. "Relativo ou referente a circunstâncias nas quais os fatos objetivos são menos influentes na opinião pública do que as emoções e as crenças pessoais." Os que se surpreenderam com a rapidez com que a instituição veterana se adequou à atualidade esquecem que George W. Bush já tinha usado "fatos alternativos" para invadir o Iraque em 2003. A presença de armas de destruição em massa provava que Saddam Hussein tinha violado o acordo que encerrou a Primeira Guerra do Golfo em 1991, e tinham provas: imagens de satélite de instalações nucleares, compras de "alumínio de alta resistência para centrífugas de gás e outros materiais necessários para enriquecer urânio". Disse que Saddam Hussein poderia produzir armas nucleares em menos de um ano. Tinham as provas. *It was fact.*

Dos 34 países que contribuíram com material e pessoal para a guerra iniciada por seu pai, 21 se opuseram à invasão, que também foi recusada pelo Conselho de Segurança da ONU. Quando souberam, após a guerra, que o Iraque não tinha nem instalações nem recursos para construir essas famosas armas, e que a Administração Bush havia mentido para justificar uma guerra ilegal, esta foi a resposta:

O homem, Saddam Hussein, ganhou muito dinheiro como resultado da alta de preço do petróleo. E ainda que seja verdade que não tinha nada, você sabe, hmmm..., encontramos, por exemplo, uma bomba suja;[100] tinha a capacidade de criar armas químicas, biológicas e nucleares. Então, tinha... bom, é tudo muito hipotético... Mas sim, posso dizer que es-

---

[100] Uma bomba suja ou dispositivo de dispersão radiológica (RDD) combina explosivos convencionais com pó ou granulados radioativos de baixo nível, que acrescentam à explosão uma nuvem radioativa.

tamos muito mais seguros sem Saddam. E eu diria que os iraquianos têm uma oportunidade de viver em um Estado... um Estado pacífico.

Há outra coisa que ele disse e que também esquecemos: "Deus me disse: George, vá e lute contra esses terroristas no Afeganistão". E eu fiz isso. E depois Ele me disse: "George, vá e acabe com a tirania no Iraque. E eu fiz".

A guerra na qual morreram mais de 200 mil pessoas, incluindo pelo menos duzentos jornalistas da Inglaterra, Portugal e Espanha que foram fazer a cobertura jornalística. A guerra foi feita contra a manifesta vontade da maior parte de sua população civil. Tony Blair chegou a pedir perdão na CNN, por "ter aceitado informação errônea da inteligência" em vez de ter ouvido o Conselho de especialistas da ONU, e porque "o programa que havíamos imaginado não era o mesmo que existia". O ministro da Defesa espanhol, Frederico Trillo, disse em entrevista ao Onda Cero que "Espanha não esteve na guerra. Não enviou soldados ao Iraque. Deliberadamente, e em nível parlamentar, optou pelo contrário. Enviamos ajuda humanitária".

O relatório Chilcot, elaborado ao longo de sete anos e que contou com a colaboração de mais de 150 testemunhas, desmente a todos. Esse comitê independente estabeleceu que o quarteto dos Açores defendeu a invasão consciente de que não havia armas de destruição em massa e que manipularam uma estratégia de comunicação para mostrar aos cidadãos que "tinham feito o possível para evitar a guerra". Também mentiram sobre os que foram presos sem nenhuma acusação em Guantánamo e outros centros de detenção da CIA em outras partes escondidas do mundo. Os especialistas concordam que a Segunda Guerra do Golfo foi o combustível que alimentou a chegada do ISIS. Os "acontecimentos alternativos" da segunda Administração Bush tinham sido ofuscados pela exuberância de seu sucessor republicano na Casa Branca, mas este teria sido impossível se não houvesse o anterior. Vivemos no mundo que é sua consequência. Por outro lado, José María Aznar escolheu o programa *Mi casa es la tuya*, apresentado por Bertín Osborne, para reivindicar seu papel nos Açores. Disse que "voltaria aos Açores mil vezes se o interesse nacional da Espanha estivesse em jogo". Depois de um período nas sombras, está de volta para compor uma nova frente da direita, com ajuda da mesma máquina de manipulação em massa que alavancou Donald Trump.

## A máquina de propaganda infinita

Orwell não era pretensioso ao defender que as palavras importam. Que o empobrecimento e o entrelaçamento da linguagem popular são consequências de uma linguagem política "desenvolvida para fazer com que as mentiras pareçam verdades e o assassinato pareça algo razoável, dando assim aparência de solidez ao que é fluido". Nos anos 1930, a combinação de eufemismos e comunicação de massas teve claras consequências. A TV de *1984* que retransmite propaganda sem descanso e que não pode ser desligada não foi ideia de Orwell, mas sim de Goebbels. O sagaz chefe de propaganda do Terceiro Reich entendeu bem rápido que a magia oratória de Hitler não era bem traduzida no espectro radiofônico. O campo de distorção magnética do Führer pedia sua presença física, e pelo rádio essa presença ficava menor. Estudando os anúncios da época, entendeu que a melhor forma de cativar o povo não era com longos discursos, mas com uma programação variada, rápida e divertida, interrompida de tempos em tempos por intervenções de Hitler ou do próprio Goebbels, em que falavam da nobreza da nação humana, da natureza excepcional de suas origens e da desprezível natureza dos judeus, negros e comunistas. O formato foi copiado da interrupção feita nas rádios para anunciar detergente, sabonetes e cigarros. Era março de 1933 e podiam fazer o que quisessem. Haviam removido todos os obstáculos do caminho com uma campanha de desinformação.

Em janeiro de 1933, o Partido Nacional Socialista era a primeira força política na Alemanha, mas havia perdido 34 assentos nas últimas eleições parlamentares. Por pouco, Hitler ainda era chanceler; um pacto entre socialistas e comunistas poderia ter acabado com ele. Quando o Reichstag amanheceu oportunamente em chamas em 27 de fevereiro de 1933, Hitler acusou os comunistas de conspiração e de quererem empurrar o país para a guerra civil. Com essa justificativa, o ministro do Interior promulgou o Decreto do Presidente da República do Reich para a Proteção do Povo e do Estado, que suspendia, até nova determinação, os direitos civis da sociedade alemã para que a estabilidade fosse preservada. Os direitos civis são os que garantem a participação dos cidadãos na vida pública de uma democracia: o direito à liberdade de expressão, de imprensa, de associação, de reunião e ao sigilo das comunicações.

O chanceler também anulou o habeas corpus, que é o direito de não sermos detidos sem a devida ordem judicial. As autoridades começaram a revistar domicílios e escritórios, confiscar propriedades particulares, fechar jornais e prender cidadãos sem nenhuma violação que justificasse, além de suas próprias vontades. Assim, conseguiram prender todos os deputados do Partido Comunista, bem a tempo de o Reichstag vencer as eleições que tinha convocado para o dia 5 de março. Em seguida, aprovaram a Lei para Solucionar Perigos que Ameaçam o Povo e o Estado, em 23 de março de 1933, mediante a qual se autoconcedia o poder de aprovar leis sem a ratificação do Parlamento. Como não tinha lugar para prender tantos inimigos do Estado, fez construir os primeiros campos de concentração.

Goebbels adorava o rádio. Tinha-o como o maior instrumento da grande Revolução Nacional Socialista, "o mais importante e influente intermediário entre um movimento espiritual e a nação". E o mais odiosamente contemporâneo. Assim disse em 18 de agosto de 1933 em seu discurso de abertura da X Exposição da Radio alemã. Os itálicos são meus.

Ser contemporâneo tem suas responsabilidades. É preciso ser funcional para as tarefas do dia. Seu trabalho é dar aos acontecimentos um significado profundo. Sua atualidade é ao mesmo tempo seu maior perigo e seu maior mérito. O último 21 de março e o 1º de maio nos fizeram saber de sua capacidade para chegar a nós com os grandes momentos históricos. O primeiro, pôs todo um país em contato com um acontecimento político importante; o segundo, com um evento de importância sociopolítica. Os dois chegaram a toda a nação, independentemente de sua classe, religião ou posição social. Isso foi o resultado da *estrita centralização, da forte cobertura e caráter atualizado* da rádio alemã.

Se parece que se está falando do Twitter é porque, naquele momento, a rádio produzia a mesma sensação de imediatismo, de fazer com que as pessoas se sentissem testemunhas dos acontecimentos em tempo real. Para garantir que a nação alemã fosse suscetível à sua programação, Goebbels fez duas coisas: primeiro, ordenou a produção em massa de uns dispositivos de baixo custo chamados *Volksempfänger* (literalmente, "receptor do povo"). Isso já foi um sucesso: o número de lares com rádios passou de 4,5 milhões em 1933 para 16 milhões em 1941, tornando-se a maior audiência radiofônica do planeta. Depois, criou um pequeno exército chamado Funkwarte ("o guarda da rádio"), cujo trabalho era fazer "uma ponte humana" entre a rádio e seus ouvintes. Havia pelo menos um membro em cada bairro e seu trabalho era espalhar alto-falantes em praças, escritórios, restaurantes, fábricas, escolas e outros espaços públicos, além de garantir que os rádios dos moradores estivessem ligados muitas horas por dia.

## Os leopardos comerão a sua cara

Tecnologicamente, hoje o mundo parece mais do que nunca com *1984*. Diferentemente da rádio, da televisão, a teletela podia ver e escutar o que acontecia a sua volta através de um monitor de vídeo conectado à Polícia do Pensamento. Mas cada época tem seu próprio fascismo, e o nosso difere em muitos aspectos do descrito por Orwell nos anos 1940, pelo menos no mundo ocidental.

Ninguém nos obriga a ter a teletela ligada, nós mesmos a levamos ligada para todos os cantos, a deixamos sempre carregada, compramos uma nova a cada dois anos e a deixamos programada para não perdermos a propaganda nem por um segundo. A distopia de Orwell é marcada pela violência estatal e pelas proibições, os sacrifícios pelo Estado e os racionamentos. É uma distopia anticapitalista. A que hoje vivemos foi criada de forma quase acidental por um pequeno grupo de empresas para fazer com que compremos produtos e cliquemos em anúncios. Seu poder não está baseado na violência, mas em algo muito mais maldoso: nossa infinita capacidade de distração, nossa fome infinita de satisfação imediata. Em resumo: nosso profeta não é George Orwell, mas Aldous Huxley. Não *1984*, mas sim *Admirável Mundo Novo*.

Os habitantes de *1984* não têm nada, os de *Admirável Mundo Novo* têm tudo. Não sentem a pressão do Estado porque não vêm de fora dele, mas vivem em seu interior. As crianças são geradas artificialmente no Centro de Incubação e Condicionamento da Central de Londres, onde são programadas durante o sono "escutando inconscientemente as lições hipnopédicas de higiene e sociabilidade, de consciência de classe e de erotismo". São programadas para o consumo, a obediência, o conformismo, a dedicação e a falta de intimidade. A confusão, o medo, a tristeza são estados não desejados que se desativam voluntariamente com drogas.

Que tipo de pessoa saudável quer ser feliz? O lema desse mundo novo é ordenado e sensato: comunidade, identidade, estabilidade. Parece o mantra da era do algoritmo. O mundo em que vivemos não está livre de violências, mas elas são de outro tipo. Como dizia Primo Levi, "existem muitas maneiras de chegar a esse ponto, e nem sempre é através do terror da intimidação policial, mas negando e distorcendo a informação, ignorando os sistemas judiciais, paralisando o sistema educacional e propagando de várias formas sutis a nostalgia por um mundo onde reinava a ordem". Nunca houve formas mais sutis de distorcer a realidade.

Orwell temia quem proibia livros. Huxley temia que não tivessem razões para proibir livros porque não haveria quem os lesse. Orwell temia que nos escondessem informações. Huxley, que tivéssemos tanta informação a ponto de nos reduzirmos à passividade e ao egoísmo. Orwell temia que escondessem a verdade de nós. Huxley, que a verdade fosse afogada num mar de irrelevância. Orwell temia que nos tornássemos público cativo. Huxley, que virássemos uma cultura trivial, preocupados com alguma versão de "the feelies, the orgy porgy, and the centrifugal bublepuppy".

Ninguém explica melhor a diferença do que Neil Postman em seu cultuado livro *Amusing Ourselves to Death*. Aluno de Marshall Mcluhan e convencido de que estudar uma cultura é analisar suas ferramentas de diálogo, Postman falava da televisão e não da internet. Como acontece com Mcluhan, sua avaliação daquele meio de comunicação em massa parece ainda mais adequado como previsão do nosso. A televisão de Postman é "um espetáculo belíssimo, uma delícia visual que derrama milhares de imagens por dia". E por sua natureza intrínseca, a nêmesis do processo necessário para elaborar um pensamento profundo, para compreender um argumento completo. Tudo nela acontece muito rápido e está muito fragmentado. "A duração média do enquadramento de uma imagem na televisão é de 3,4 segundos, para que o olho não descanse, para que tenha sempre algo novo para ver." As plataformas de conteúdos que consumimos hoje estão ainda mais aceleradas e fragmentadas, com dois agravantes: em um programa de televisão, existe uma certa coerência editorial, um conceito que se repete. O feed de notícias do Facebook, do Twitter ou do YouTube oferece conteúdos desconexos, uma cascata de informações imprevisíveis, um circo onde os animais convivem com a bomba atômica, com os políticos, com os gatinhos, com as receitas culinárias, com os memes racistas, com as atualidades, com a memória, com a fantasia e com a mentira. E essa cascata é infinita, não acaba nunca.

O problema dessa fragmentação acelerada e desconexa não é a frivolidade do conteúdo. O conteúdo é irrelevante. De fato, Postman adverte que a fórmula é ainda mais perigosa justamente quando o conteúdo é sério, esclarecedor ou responsável. Usa como exemplo um programa transmitido pela rede ABC em 20 de novembro de 1983, após o filme *O dia seguinte*, sobre o holocausto nuclear.

Tomaram todas as medidas necessárias para indicar que se tratava de um programa sério: não teria música, comerciais e contaria com a presença de convidados com experiência política e/ou gabarito intelectual. Mais especificamente: Henry A. Kissinger, William F. Buckley Jr., Robert S. McNamara, Gen Brent Scowcroft, Carl Sagan e Elie Wiesel, sobrevivente do holocausto e prêmio Nobel da Paz. Mas não seria um debate. Assim o descreve Postman: Cada um dos seis homens teria cinco minutos para dizer algo sobre o tema. Ainda que não houvesse um consenso claro sobre qual seria o tema, nem a obrigação de responder às perguntas feitas por qualquer um dos participantes. De fato, teria sido difícil fazer isso, já que os convidados foram chamados de *seriatim*, como os finalistas de um concurso de beleza, concedendo a cada um deles seu tempo de câmera.

Os convidados ignoraram completamente as intervenções dos demais. Kissinger relembrou seus grandes êxitos como secretário de Estado, McNamara contou o que comeu na Alemanha e sobre suas quinze ideias para o desarmamento nuclear. Wiesel falou que tinha medo da loucura e que qualquer dia o Aiatolá Khomeini ou algum outro infiel fabricaria a bomba atômica e não teria medo de usá-la. E ainda que o discurso de Carl Sagan — de acordo com Postman, o mais articulado — tivesse pelo menos duas premissas questionáveis, ninguém lhe perguntou nada. A discussão anunciada não incluiu argumentos nem contra-argumentos, nem explicações ou deliberações. E não foi por restrição de tempo, mas sim porque, explicou Postman, a natureza em si do meio impossibilitou isso. Segundo a resenha do *New York Times*, a rede de TV queria mostrar aos espectadores "como o governo toma decisões de vida ou morte".

O ato de pensar é transformador, mas não fica bem na TV. Requer pausa, paciência. Uma desaceleração do tempo que seria tão desconcertante em um programa de televisão como em um espetáculo em Las Vegas. E esse programa foi muito sério sem deixar de ser divertido. Todo mundo cumpriu seu papel: Sagan estava com sua camisa gola alta, Kissinger usou toda sua diplomacia natural. Koppel, moderador do programa, parecia estar conduzindo um debate quando na verdade estava dirigindo uma sequência de interpretações. "No final, apenas um poderia aplaudir as interpretações, que é o que todo bom programa de televisão quer: ou seja, aplauso, não reflexão." Faz dez anos que nos perguntamos se o Google está nos transformando em idiotas porque já não conseguimos lembrar o número de telefone da nossa sogra ou o título de um filme de Buster Keaton. Hoje assistimos às discussões televisivas com um computador apoiado nas pernas e o celular na mão, ignorando nossos entes queridos e desprezando outras atividades, convencidos de que somente assim podemos estar atualizados. Na verdade, estamos presos em pedacinhos desconexos de "realidade" que acontecem diante de nossos olhos quando passamos os conteúdos com o indicador e o polegar. Quanto mais pedacinhos e mais desconexos são, mais presos ficamos (um fator que a indústria do jogo chama de *event frequency*, frequência de acontecimentos). Mas o viciado em caça-níqueis sabe que é viciado na excitação mental produzida pela máquina. Não joga para ganhar dinheiro, mas sim para flutuar na Zona, um mundo perfeito, ordenado e previsível, completamente alheio à realidade, enquanto o viciado na sequência rítmica e fragmentada das plataformas digitais acredita que é viciado em política, em atualidades, em notícias. Acredita que está mais ligado do que nunca. A combinação de vício e hipnose com a certeza de saber exatamente o que está acontecendo "na realidade" provoca tristes paradoxos.

Tem uma brincadeira recorrente no Reditt: "*Jamais pensei que os leopardos comeriam a minha cara!*", chora *uma mulher que votou no Partido dos Leopardos que Comem Caras*. Os veteranos do fórum sempre fazem essa piada para se deleitarem com a *schadenfreude* cada vez que alguém sofre com as consequências de algo que escolheu ou que apoiou e quis impor sobre os demais. Nos últimos dois anos ela foi repetida o tempo todo. O primeiro exemplo que aparece na minha *timeline* enquanto escrevo estas linhas é o seguinte: "Uma mulher de Indiana que votou em Donald Trump para presidente está desesperada porque descobriu que seu marido ainda hoje será deportado". Mas são tantos que o *Nation* publicou um edital pedindo ao *New York Times* e a outros grandes meios que deixem de publicar notícias sentimentaloides sobre os eleitores que foram prejudicados pelas políticas de Trump. "Todos esses que foram prejudicados são parte de um mesmo acordo imoral – argumenta –. Acharam que deixando Trump ameaçar e aterrorizar outras pessoas (negros, mulheres, gays, crianças) embolsariam mais dinheiro."[101] Provavelmente seja verdade, mas inclusive as pessoas que se deixaram manipular com argumentos racistas, classicistas, machistas ou claramente fascistas precisam saber que foram manipuladas para votarem contra seus próprios interesses. Principalmente quando

---

[101] Elie Mystal, "Dear Media, Please Cut the Sob Stories About Trump Voters Hurt by Trump Policies", *Nation*, 8 de janeiro de 2019.

o fenômeno continua acontecendo todas as vezes que são convocadas eleições em qualquer lugar do mundo. A indústria da manipulação política invadiu o processo democrático, criando campanhas clandestinas em canais de comunicação encriptados para chegarem aos ouvidos de milhares de pessoas. A cada pessoa contam uma coisa diferente, dependendo do que cada um queira ouvir.

## Operação INFEKTION

Se você tiver mais de quarenta anos, provavelmente alguma vez ouviu falar que o vírus do HIV escapou de um laboratório experimental do exército dos Estados Unidos onde eram testadas armas biológicas para acabar com a população afro-americana e a comunidade gay. Assim contou Dan Rather, apresentador do canal de notícias CBS, a terceira maior cadeia de radiodifusão no mundo, em março de 1987.

A origem foi uma carta ao diretor publicada no *Patriot*, um jornal de Delhi. Era assinada por um "conhecido cientista e antropólogo estadunidense" que garantia que o vírus tinha sido fabricado por engenheiros genéticos por ordem do Pentágono, a partir de vírus interceptados na África e América Latina por uma unidade de controle de doenças infecciosas. O laboratório estava localizado em Fort Detrick, Maryland. Foi um dos sucessos mais sonhados do Departamento A de Dezinformatsiya da KGB. Os serviços de inteligência da Alemanha Oriental o batizaram de Operation INFEKTION.

Conforme explicado anos mais tarde pelo ex-agente da KGB Ilya Dzerkvelov, o *Patriot* tinha sido criado pela Agência russa em 1962 como veículo para suas campanhas de desinformação. Era comum na agência plantar essas histórias em países do terceiro mundo onde não havia recursos para pesquisa e os jornalistas eram vulneráveis ao suborno. A primeira regra da desinformação é jogar a pedra o mais longe possível para depois pegá-la como um objeto encontrado, nesse caso por uma agência local de notícias. Dizem que o próprio Stalin cunhou o termo "Dezinformatsiya" como se fosse originário do francês, para que parecesse uma prática ocidental. A notícia foi avançando devagar pelo continente asiático até que foi convenientemente "encontrada" pela revista *Literaturnaya* de Moscou. Sua versão citava simpaticamente a exclusiva do *Patriot*, mas se apoiando no relatório de um professor de bioquímica aposentado da Universidade de Humboldt, em Berlim, chamado Jakob Segal. O relatório também estava assinado por sua esposa, Lili Segal, e não tinha um só dado científico verdadeiro. "Todo mundo sabe que os presos são usados em experimentos nos Estados Unidos — era o tom do documento —. Prometem libertá-los se saírem vivos do experimento." A "notícia" deu a volta ao mundo várias vezes antes de chegar ao noticiário da CBS e virar cultura popular. Em 1992, quando a União Soviética caiu, o diretor da KGB Yevgeny Primakov admitiu publicamente que sua agência estava por trás da campanha e que os Segal também tinham sido agentes do Departamento A.

A principal diferença entre a propaganda e a desinformação é que a primeira usa os meios de comunicação de maneira ética para convencer de uma mensagem, enquanto a segunda inventa sua própria mensagem, que é projetada para enganar, assustar, confundir e manipular seu alvo, que termina por abraçar seus dogmas para se libertar do medo e acabar com a desordem. Quase sempre vem de uma pessoa de confiança ou prestígio. Baseia-se em fotos e documentos alterados, dados fabricados e material tirado de contexto para criar uma visão distorcida ou alternativa da realidade. Seus temas recorrentes são extraídos da mesma sociedade na qual querem intervir. A campanha de desinformação começa por identificar as fissuras preexistentes para alimentá-las e levá--las ao extremo. Nesse caso, a crise de pânico que estava causando o vírus da Aids em contexto de pouca informação e o fato de parecer afetar quase que exclusivamente a dois setores específicos da população: negros e homossexuais. O esquema também não tinha surgido do nada. O exército estadunidense tinha realizado pelo menos 239 experimentos com bactérias letais entre 1949 e 1969, incluindo a dispersão de fungos em dois túneis de uma estrada da Pensilvânia. A informação tinha sido desclassificada pelo próprio Departamento de Defesa pouco tempo antes, em 1977, causando uma grande indignação. As justificativas foram lamentáveis: qualquer pesquisa que ajudasse os aliados a ganhar a guerra era legítima, e isso incluía intoxicar sua população local. A Operação INFEKTION não havia sido desenvolvida para convencer as pessoas de que o vírus tinha uma origem diferente do que com o Chimpanzé que contagiou o primeiro humano no oeste da África equatorial. Foi pensado para criar dúvidas sobre a categoria moral do governo dos Estados Unidos, capaz de produzir armas biológicas para acabar com dois grupos vulneráveis de sua própria casa. Havia precedentes históricos! O que mais o governo escondia?

Aparentemente, muitas coisas. Entre as mais conhecidas, que o assassinato de JFK e do Dr. King tinham sido obras da CIA e que o governo coloca flúor na água para manter a população adormecida. Naturalmente que os russos não tinham a exclusividade da desinformação. Os estadunidenses utilizavam táticas de desinformação para desestabilizar os governos de outros países, por interesses geoestratégicos e comerciais e contra sua própria população. Richard Nixon teve que renunciar à presidência por ter usado o FBI, a CIA e até a Receita Federal para espionar a oposição, mas o Watergate também descobriu campanhas de desinformação contra os movimentos pelos direitos civis e contra a guerra do Vietnã.

A União Soviética foi pioneira no desenvolvimento dessas táticas desde que o GPU, pai da KGB, abriu o primeiro Departamento A em 1923. Andrus Ansip, vice-presidente da Comissão Europeia e ex-primeiro-ministro da Estônia, garante que 85% do orçamento da KGB era gasto "não para revelar segredos, mas sim para descobrir mentiras". Com a queda da União Soviética, presumiram que sua máquina da discórdia havia sido desmantelada. Olhando bem, um excesso de confiança se levarmos em consideração que em 1999 assume um diretor da KGB que tinha sido agente do Departamento A durante quinze anos.

A princípio, Putin era muito popular. Sua figura de militar disciplinado, astuto e autoritário contrastava positivamente contra a de um Yeltsin bêbado e covarde. Durante seu primeiro mandato, seu índice de popularidade era de 40%, sendo ainda maior na Ucrânia. O governo pós-soviético tinha reconhecido oficialmente que a escassez que matou 10 milhões de ucranianos entre 1932 e 1933 tinha sido um ato deliberado de extermínio perpetrado por Stalin. As primeiras falhas em seu campo magnético de influência foram a crise dos reféns do teatro de Dubrovka e o massacre da escola de Beslán, onde morreram quase duzentas crianças. "Depois daquilo, [Putin] tornou-se ainda mais autoritário", contou Gleb Pavlovsky, seu chefe de campanha de 1996 a 2011. A partir desse momento começaram a fazer outro tipo de campanha.

Pavlovsky era o *spin doctor* do Kremlin, ainda que ele preferisse se apresentar como especialista em tecnologia política. Não apenas estava lá antes de Putin como também participou do seu processo de seleção como sucessor de Yeltsin. Aquele ar de militar misterioso não era produto do acaso. "Naquela primavera fizemos uma enquete para descobrir de quem as pessoas tinham medo. Também queríamos saber quais eram seus heróis — contou em uma entrevista.[102] Perguntamos aos entrevistados quem eram suas estrelas, seus atores preferidos. Perguntamos pelos atores que fizeram Lenin, Stalin, Pedro, o Grande. De modo inesperado, saiu o ator que

---

[102] Gleb Pavlovsky, "The Putin Files", *The Frontline Interviews*, PBS.

fazia Stirlitz,[103] um oficial do serviço secreto que trabalhava em organizações de alto escalão na Alemanha. Interpretava o perfeito oficial alemão, muito bem-vestido e educado. Era um agente secreto soviético e todo mundo gostava dele." Quando Yeltsin anunciou seu sucessor, Putin era um homem educado de São Petersburgo, que tinha sido treinado para se parecer com Stirlitz, uma mistura de elegância e brutalidade. Depois, durante as eleições presidenciais de 1999 e 2000, se familiarizou com as novas táticas de marketing político. "Putin viu como jogávamos com os meios. Viu o que acontecia com os jornais, as redes de rádio e de televisão e até com a internet. Era tudo um grande teclado – disse Pavlovsky – e eu estava teclando. Para mim era algo natural, fazia isso há anos. Mas acredito que então começou a pensar que tudo podia ser manipulado. Que toda a imprensa, todo programa de televisão era manipulado. Que tudo era financiado por alguém. Esse foi o terrível legado que deixamos."

Quando começou seu segundo mandato como presidente da Federação Russa, Putin já tinha um problema sério com a Ucrânia. A Revolução Laranja havia derrotado seu candidato, Víktor Yanukóvich. Em 2005, financiou o lançamento de um canal internacional de notícias, chamado Rusia Today, um veículo de propaganda que capitalizaria a rejeição popular aos meios tradicionais, imitando o jornalismo cidadão do Occupy e OffTheBus do *Huffington Post*, temperado com o molho picante da desinformação. A princípio, não pretendiam ser outra coisa. Em uma entrevista para o jornal *Kommersant*, a diretora Margarita Simonyan justificava o uso de dinheiro público argumentando que "[em 2008] o Ministério da Defesa

---

[103] Max Otto von Stirlitz é uma espécie de James Bond russo, protagonista de uma série de livros de Yulián Semiónov. Mas Pavlovsky se refere a sua adaptação para a TV, *Dezessete Momentos de Primavera*, protagonizada por Viacheslav Tíjonov. Sputnik distribuiu uma videomontagem na qual Putin e Stirlitz falam de forma séria e elegante sobre a Crimeia enquanto a ex-primeira-ministra da Ucrânia Yulia Timoshenko e a deputada Nadezhda Sávchenko dançam em um palco e Hillary Clinton aparece completamente bêbada.

estava lutando contra a Geórgia, mas nós fizemos a guerra de informação, e que é mais importante, contra todo o mundo ocidental". Em 2009 lançaram sua divisão estadunidense e mudam seu nome para RT. Agora seu maior objetivo é "oferecer uma versão alternativa aos meios tradicionais", mas também alternativa à visão ocidental e anglo-saxã do mundo. A mensagem por trás disso é que a verdade não existe, apenas versões ou interpretações da realidade, e que a realidade da RT é tão boa como de qualquer outro. "Em 2008 não tínhamos muita audiência. Agora será muito melhor, porque mostramos aos estadunidenses notícias alternativas sobre eles mesmos — comentava Simonyan em uma entrevista posterior ao mesmo jornal. Não fizemos isso para começar uma revolução nos Estados Unidos, porque isso seria ridículo, mas sim para conquistar uma audiência [...]. Quando chegar o momento, teremos construído essa audiência que estará acostumada a nos procurar para poder ver a outra face da verdade, e então, claro que faremos um bom uso disso." No final do ano 2013, o governo apresentou a agência internacional de notícias Rossiya Segodnya e o canal Sputnik, onde Margarita Simonyan assumiu o cargo de redatora-chefe, sem deixar de dirigir a RT. Nesse mesmo ano, um empresário íntimo de Putin fundou a Internet Research Agency (IRA), uma pequena agência de desinformação que logo mudaria para o número 55 da rua Savushkina, em São Petersburgo, um edifício de quatro andares com quarenta salas e mil funcionários que trabalhavam todos os dias em turnos alternados manipulando centenas de milhares de contas falsas. Há um departamento para cada rede social: LiveJournal, Vkontakte (o Facebook russo), Facebook, Twitter e Instagram. Os blogueiros publicam dez posts diários em três blogs diferentes. Há equipes especiais que publicam pelo menos 126 comentários nos grandes meios de comunicação. Há ilustradores fazendo desenhos satíricos e cineastas fazendo vídeos que parecem notícias feitas com atores pagos. Um ano depois da ocupação russa na Crimeia, o IRA inundou as redes com toneladas de notícias falsas sobre as atrocidades do governo ucraniano, incluindo lendas urbanas sobre execuções em massa, estupros, torturas, "histórias alternativas" sobre a Segunda Guerra Mundial e um relato apavorante sobre a crucificação de um bebê. Além de suas sinistras invenções, o pessoal do IRA recebe material da Agência de espionagem russa e de seus hackers.[104] Tem chamadas grampeadas, e-mails hackeados e documentos secretos que são convenientemente "vazados" à imprensa internacional para justificar as ações do Kremlin. O material se espalha nas redes sociais como um vírus da gripe incubado antes de ser "coletado" pela RT e Rossiya Segodnya, que legitimam a informação e a traduzem como espontânea voz exaltada de ativistas. Nesse momento, RT é o canal do YouTube mais popular do mundo. Os especialistas chamam sua tática de "a doutrina Gerasimov".

Esse termo foi cunhado pelo diretor do Centro para a Segurança Europeia Mark Galeotti, e foi inspirado em um artigo do chefe de Estado-Maior da Rússia, o general Valeri Gerasimov, sobre "as lições da Primavera Árabe".[105] O general observou que "as estratégias não militares para conseguir objetivos políticos estavam ganhando espaço", especialmente graças às tecnologias de informação "para criar oposição interna" e com ela "uma frente permanente de operações em todo o território inimigo, assim como campanhas de informação, dispositivos e objetivos em contínuo aperfeiçoamento". O general Gerasimov não a chama "minha doutrina", mas se refere a ela como Guerra Híbrida ou Guerra de 5ª Geração.

Durante os anos seguintes, tanto a RT como a Sputnik e a Agência estenderam sua guerra híbrida sobre a Ucrânia e sobre o resto do mundo, amplificando as manifestações e enfrentamentos civis que se desenvolveram nos Estados Unidos. Seu canal do YouTube ganha popularidade nas edições euro-

---

[104] Fancy Bear, Sofacy, Pawn Storm, Strontium, Tsar Team, Sednit, APT28.

[105] "The Value of Science Is in the Foresight: New Challenges Demand Rethinking the Forms and Methods of Carrying out Combat Operations", *Military Review*, janeiro-fevereiro de 2016.

peias apoiando tudo que pareça antiestadunidense, de Julian Assange aos partidos "disruptivos", como o Podemos e Syriza. Seu apoio gera visualizações, legitima seu perfil ativista e os prepara para a seguinte campanha: as eleições presidenciais dos Estados Unidos em 2016.

## A máquina de propaganda russa

O enredo original do melodrama televisivo *Scandal*, lançado em abril de 2012, era o seguinte: a equipe da campanha republicana na corrida presidencial fez uma armadilha para ganhar as eleições e todos estão metidos nisso, menos o próprio presidente, Fitzgerald Grant III. Sua chefe de campanha sabe; seu chefe de gabinete sabe. Até sua esposa sabe, e é preciso articular sempre para que ele não fique sabendo. O presidente Grant não pode saber que não foi o amor do povo que o colocou na Casa Branca porque ficaria de coração partido. Quando ainda era candidato, durante a campanha na cidade de Sioux Center, Iowa, Donald Trump garantiu que o amor do povo dos Estado Unidos por ele era tão grande que "poderia parar no meio da Quinta Avenida e atirar nas pessoas que não perderia eleitores". No momento em que terminava este livro, o FBI havia prendido seu chefe de campanha, Paul Manafort, seu advogado, Michael Cohen, e todos os seus assessores de campanha, incluindo o famoso Roger Stone, por acusações ligadas à chamada "trama russa", todos tendo sido descobertos pela investigação do promotor especial Robert Mueller. Não sabemos se Trump conspirou com Vladimir Putin ou se sua equipe fez tudo pelas suas costas como na ficção televisiva, para não destruir seu frágil ego. Toda operação ambiciosa de desinformação precisa de um idiota útil, que pode ser um iluminado, um ganancioso, um narcisista sem escrúpulos. Muito menos saberemos se teria chegado à Casa Branca sem isso. O que sabemos, sem dúvida nenhuma, é que a intervenção existiu, afetou milhares de pessoas e que a antipática, ambiciosa, elitista, racista e esperta Hillary Rhodam Clinton era a vítima ideal para uma campanha de desprestígio. Era membro da mesma elite que tinha favorecido a recessão e empobrecido os estadunidenses. E que também tinha feito suas armadilhas para chegar até ali.

Todo mundo concorda que o golpe de misericórdia foi a publicação dos e-mails do Comitê Nacional Democrata, um drama em capítulos que começou em 16 de maio de 2016. Desde esse dia até o dia antes das eleições, todas as comunicações do partido e de seu chefe de campanha, John Podesta, foram vazadas através da Wikileaks e um novo site de vazamentos chamado DCLeaks. Os e-mails sugeriam que ouve um complô interno para impedir que Bernie Sanders ganhasse as primárias. Havia um arquivo de áudio em que Hillary Clinton chamava os seguidores de Bernie de "filhos da grande recessão" que ainda "vivem no sótão da casa dos pais". Soube-se também que a CNN havia antecipado as perguntas que seriam feitas antes de entrevistá-la; leram suas promessas para os gigantes de Wall Street. Cada pequeno detalhe foi mastigado e digerido pela imprensa e comemorado pelo seu adversário. A presidenta do Comitê se sentiu tão envergonhada que pediu demissão e deixou a política. A investigação Mueller descobriu dois anos depois que tinha sido Roger Stone quem havia organizado a entrega dos documentos para a "Organização 1", que parece ser a Wikileaks. O papel da Wikileaks nessa cadeia de acontecimentos marcaria um antes e depois na história da organização de Julian Assange. Trump estava na Pensilvânia quando saíram os primeiros documentos e declarou publicamente: "Amo a Wikileaks".

Assange garante que publicaram os documentos só depois de comprovar sua veracidade e sem saber de onde vinham. Essa é a metodologia-padrão da Wikileaks, que tem um e-mail desenvolvido especificamente para apagar o rastro dos remetentes e assim proteger suas fontes de uma possível perseguição policial. E o ataque aos servidores tinha sido reivindicado por um suposto hacker romano chamado Guccifer 2.2. Mas um grupo de especialistas, "entre eles hackers da velha geração, ex-espiões, consultores de segurança e jornalistas", se mobilizou para investigar a fundo os documentos e descobrir sua origem.[106] Matt Tait, um jovem ex-assessor de segurança do governo britânico, encontrou o nome do fundador da polícia secreta russa nos metadados de um dos documentos, que tinham sido editados em um computador com o sistema operacional em russo. Também descobriu que o descuidado Guccifer 2.0 tinha enviado ao DCLeaks uma versão do documento e para Gawker uma versão diferente. Uma tinha sido manipulada com dados falsos e a outra, não. *Esse "hacker solitário" usa VM (máquinas virtuais), fala russo, seu nome de usuário é o do fundador da polícia secreta da União Soviética e gosta de vazar documentos na Wikileaks*, publicou Tait em sua conta no Twitter. A empresa de segurança CrowdStrike disse que o servidor do DNC tinha sido hackeado por dois grupos de hackers russos, aparentemente sem conexão entre si: Fancy Bear, membro do Departamento Central de Inteligência russo (GRU) e Cozy Bear, vinculado ao Serviço Federal de Segurança (FSB). Também disse que tinham encontrado poucas dificuldades em seu caminho, já que bastou uma campanha bem ordinária de *pishing*, com um e-mail padrão que terminava com a assinatura "Best, the Gmail Team".

Uma operação de *pishing* consiste em se passar por uma pessoa ou entidade verdadeira (seu banco, seu chefe, seu administrador de sistema) através de um telefonema ou e-mail para conseguir os dados que facilitam a entrada no sistema protegido. Tipicamente, é um e-mail que solicita que você coloque novamente seu e-mail e senha para consultar uma transação, confirmar um gasto ou aprovar uma mudança urgente nos termos de usuário. Em uma boa campanha de *pishing*,

---

[106] De acordo com Tomas Rid, um dos protagonistas, em entrevista para a revista *Esquire*: "How Russia Pulled off the Biggest Election Hack in U.S. History", 20 de outubro de 2016.

tudo no e-mail é igual a um e-mail verdadeiro, exceto pelo fato de te redirecionar a uma página controlada pelos golpistas e que só é possível de identificar se a URL for lida com atenção. Em defesa do Partido Democrata, é preciso lembrar que a tática tinha sido usada com sucesso contra membros do Parlamento alemão, o exército italiano, o Ministério de Relações Exteriores da Arábia Saudita e até o próprio Colin Powell. Em posteriores declarações à imprensa, Podesta teve a ideia de culpar sua secretária, que "consultou o nosso pessoal de segurança cibernética. E como em uma comédia, supôs que era para abrir e clicar no link". De acordo com a *Wired*, "O pessoal da segurança" imediatamente enviou uma mensagem dizendo que o e-mail era "legítimo" quando na verdade queriam ter enviado que era "ilegítimo". Maldito autocorretor...

Enquanto isso, o cerco se fechava contra Guccifer. A investigação coletiva que estava em andamento nas redes revelou que ele fazia login a partir de uma rede virtual privada russa. Durante uma entrevista concedida ao site de tecnologia Motherboard, ficou praticamente claro que não falava nem entendia romeno. A investigação do promotor especial dos Estados Unidos e ex-diretor do FBI, Robert Mueller, concluiu que Guccifer 2.0 era um oficial do GRU agindo a partir da mesma sede da agência, na rua Grizodubovoy em Moscou. Também que a DCLeaks tinha sido criada e operada por dois agentes de inteligência russos. Mas, o que faziam os papéis nas mãos do assessor de campanha antes de chegar à Wikileaks? Entre os 33 acusados na investigação Mueller existem uma dezena de cidadãos russos, três empresas russas, um morador da Califórnia, um advogado londrino e cinco conselheiros de Trump. Das sete pessoas que se declararam culpadas, cinco são os conselheiros de Trump.

Os cidadãos russos são acusados de crimes para financiar as operações da Internet Research Agency que incluem fraude, roubo de identidade, criação de identidades falsas e outras atividades relacionadas com o uso de contas bancárias e do PayPal com identidades roubadas de pessoas que existem de verdade. Essas operações incluíram a criação de centenas de e-mails falsos e contas no Facebook, Twitter e Instagram com identidades falsas que foram usadas para apoio massivo às campanhas de Donald Trump, Bernie Sanders e Jill Stein, e para boicotar as de Hillary Clinton, Marco Rubio e Ted Cruz. Também foram usadas para convencer determinados grupos que se abstivessem de votar e para a criação de associações e grupos políticos no Facebook. A história desses grupos é um dos pontos mais fascinantes da investigação. O complô tinha nome: Projeto Lakhta.

## Todos contra todos

Em 26 de maio de 2016, na porta de uma mesquita em Houston, Texas, se encontraram frente a frente duas manifestações contrárias: uma contra a "islamização do Texas" e outra para "salvar o conhecimento islâmico". Os primeiros tinham sido convocados por uma página separatista do Facebook chamada Heart of Texas. O movimento separatista havia ressuscitado nos estados do Sul com a rejeição à lei do casamento homoafetivo, o controle das armas e as políticas sobre energia renovável do governo de Obama. Na ocasião, a página tinha mais de 250 mil seguidores. As centenas que apareceram na mesquita carregavam bandeiras com estrela, cartazes de #whitelivesmatter e armas. Os outros tinham se reunido graças à outra página do Facebook, United Muslims of America. Levavam cartazes contra o racismo e uma máquina de fazer bolhas de sabão. A presença policial — e provavelmente as bolhas — impediu que naquele dia os grupos trocassem algo mais que acusações e insultos. Por sorte, ninguém morreu. Se o dia merece um lugar especial na história é porque depois descobriram que as duas páginas tinham sido criadas pela mesma pessoa, que não era um cidadão do Texas, nem separatista, nem muçulmano. Os dois grupos tinham sido criados por contas falsas gerenciadas por um computador da Internet Research Agency. Também tinham criado e promovido as duas manifestações ao mesmo tempo. Apenas uma pessoa com uma conexão de internet localizada em outro continente tinha conseguido enfrentar duas centenas de pessoas com um monte de contas falsas, um exército de bots e duzentos dólares em publicidade direcionada. E não era um caso isolado. Outros 470 grupos nas mãos de dezenas de contas falsas tinham convocado outras 129 manifestações em São Petersburgo a favor e contra o direito de portar armas, a favor e contra o casamento homoafetivo, a favor e contra os direitos dos imigrantes, da educação domiciliar ou das bolsas para afro-americanos. Eram seis grandes grupos: United Muslims of America, Heart of Texas, Blacktivists, Being Patriotic, Secured Borders e LGBT United.

Eram grupos muito grandes. O grupo dos "blackativistas" tinha mais seguidores que o Black Lives Matter. E eram realmente ativos. Jonathan Albright, chefe de investigação do Tow Center for Digital Journalism da Universidade de Columbia, calculou que só entre os seis grupos havia sido gerado mais de 340 milhões de interações, principalmente likes e recomendações. E já sabemos que uma recomendação é melhor que qualquer publicidade. "A maior influência não chegou necessariamente através dos anúncios pagos — disse para o *Washington Post*. A melhor forma de entender a estratégia é uma abordagem orgânica", usar a publicidade para encontrar as pessoas certas, na hora e lugar certos. Um estudo da Universidade de Oxford pesquisou como tinham investido o dinheiro. A maior parte das propagandas foi aplicada nos chamados "swing states".[107]

---

[107] Philip N. Howard, Bence Kollanyi, Samantha Bradshaw e Lisa-Maria Neudert, "Social Media, News and Political Information during the US Election: Was Polarizing Content Concentrated in Swing States?", *COMPROP Data Memo 2017*, Oxford Internet Institute, 8 de setembro de 2017.

Na primeira audiência no Congresso, o Facebook tentou minimizar o impacto da campanha, garantindo que os russos não tinham comprado mais do que 3 mil anúncios, uma proporção pequena que tinha chegado a mais de 10 milhões de usuários. Estavam enganando todos de propósito: a IRA não tinha usado os anúncios para promover conteúdo, mas sim para recrutar. A ferramenta permite ao anunciante escolher grupos específicos para que vejam seus anúncios, mas o Facebook não diz quem são eles. A estratégia consiste em lançar uma campanha para grupos que possam ser receptivos a certas mensagens (por exemplo: supremacistas do Texas) e esperar que se manifestem, compartilhando o conteúdo com seus círculos ou deixando um like. Uma vez identificados, a agência pode começar a segui-los, a mandar memes, notícias falsas, a serem simpáticos. Os convidavam a se unirem aos grupos, onde compartilham seus interesses e participam com perguntas e elogios, sempre se passando por um cidadão estadunidense com um perfil semelhante, Companheiros de luta, com os mesmos ideais. Quando chegaram as eleições, a máquina da IRA havia anos construía um ecossistema de grupos, sites associados, lojas on-line, podcasts. Ofereciam também aulas de defesa pessoal e apoio psicológico para membros viciados em pornografia. Foi dito muitas vezes que a Agência não criava rachaduras na sociedade, mas as explorava e as amplificava. Os últimos relatórios garantem que sua função era usar essas rachaduras para criar tribos, grupos ideológicos que funcionaram em bloco de oposição a tudo que estivesse fora, reforçando as conhecidas dinâmicas de identificação e favoritismo com os membros do grupo ou distorções na percepção do resto com histórias falsas ou manipuladas. Uma estrutura que explora a necessidade de pertencimento de milhões de pessoas que precisam de uma verdadeira comunidade.

Historicamente, a vida social das pessoas era condicionada a seu entorno mais próximo — a família, os vizinhos, o trabalho, a escola —, que tornava propícias as políticas e grupos de proximidade. Há relativamente pouco tempo, a comunidade de vizinhos era composta por vizinhos (e não inquilinos) que eram unidos — muitas vezes uma vida inteira — na responsabilidade compartilhada da manutenção e proteção de seus lares e zonas de lazer. Seus filhos iam para a escola e jogavam bola juntos. A vida política do bairro se desenvolvia no mercado, nos parques, nas reuniões das escolas públicas, nas filas e nos comércios próximos. Até a igreja reunia as pessoas de diferentes gêneros, idades, classes, profissões e hobbies sob um mesmo projeto comunitário. Essas instituições, que eram baseadas na negociação permanente da diferença e se enriqueciam com ela, tinham sido degradadas pela bolha imobiliária, escolas particulares, chegada de franquias e multinacionais e a privatização dos serviços sociais antes do surgimento das redes sociais. A tribalização algorítmica não é sua substituta, é uma infecção oportunista que ficou forte em sua ausência.

O sentimento de pertencimento é um mecanismo fundamental de sobrevivência. Como diz o filósofo David Whyte, "nossa sensação de estarmos feridos quando falta o pertencimento é de fato uma de nossas competências mais básicas". Mas é possível estarmos sós de fato e também em grupo. Durante a maior parte de nossa história, sobrevivemos em grupos relativamente pequenos. Quando a sociedade começa a crescer acima de nossa capacidade de controle, procuramos formas de nos segregar e buscamos grupos para "fazermos parte": raça, religião, idade, preferências musicais, literárias, estéticas. O capitalismo cria identidades de consumo que se manifestam nos "modismos do pós-guerra" descritos por Jon Savage em *A criação da juventude*: teddy boys, beats, mods, rockers, hippies, skinheads e punks que brigam nas ruas, incapazes de conciliar diferenças musicais. Hoje, as tribos urbanas vivem em bairros diferentes, comem coisas diferentes, leem jornais diferentes e levam seus filhos a escolas que usam métodos com os quais se identificam, não aos centros escolares que ficam mais próximos. Os aniversários infantis já não são espaços onde jornalistas conhecem dentistas, agentes penitenciários, mecânicos de carros e investidores da bolsa, porque as famílias mais criativas levam os filhos à Montessori; as ricas, ao Britsh, as tradicionais, aos colégios católicos, a classe média laica, ao Colégio Alemão ou ao Liceu Francês. Os bares já não permitem que um menino do interior conquiste com seu charme a moça da cidade. A burguesia dos subúrbios não se relaciona com a do centro; as pessoas do campo não lidam com as da cidade. Os militares não saem com os hipsters, as moças chiques não saem com os vendedores, os nacionais não se relacionam com os chineses, paquistaneses ou árabes. O apoio de nosso grupo reforça os vieses que primeiramente nos uniram, aprofundando-os. Já não somos vegetarianos, mas sim veganos, não somos progressistas, mas sim radicais de esquerda, não somos pessoas, mas sim ativistas de nossa própria visão de mundo. O time da bicicleta não entende o time do carro, os vegetarianos não falam com os taurinos. Os de esquerda já não dividem um táxi com os de direita sem começar uma acalorada discussão. Já não temos que negociar nossa visão do mundo com pessoas que não concordam com ela porque somos perfeitos. A prova é que existem pessoas perfeitas que comem o que comemos, pensam a mesma coisa que pensamos, têm a mesma idade que nós, assistem às mesmas séries, escutam a mesma música e visitam as mesmas cidades. As tribos identitárias são uma monocultura: a falta de diversidade atrai pragas e doenças.

Nós, seres humanos, temos distorções cognitivas, pontos cegos em nosso raciocínio que criam uma tendência. Aqui temos dois vieses cognitivos tipificados como "viés de confirmação" e "efeito do falso consenso". O primeiro é a tendência que todos temos de favorecer a informação que confirma aquilo em que acreditamos e despreza aquilo que nos contradiz, independentemente da evidência apresentada. O segundo é que temos a tendência de superestimar a popularidade de nosso ponto de vista, porque nossas opiniões, crenças, favoritismos, valores e hábitos nos parecem puro senso comum. O efeito que tem o reagrupamento algorítmico que explora esses pontos cegos fica evidente nas recomendações de grupos em guerra com a realidade. Se você se junta ao grupo que defende que a Terra é plana, em seguida vai receber convite para participar de outro que acredita que os rastros dos aviões espalham doenças, que o homem nunca pisou na Lua e que as vacinas são perigosas, mas a homeopatia cura. Os grupos criam um ambiente de consenso permanente, isolado do mundo real, onde a crença dentro do círculo é máxima e fora dele é nula. O traço de pertencimento circula em torno da recusa ao outro e disso resulta o racismo, o genocídio, o extermínio e a desumanização.

No momento da campanha, a ferramenta do Facebook para encontrar um público-alvo era inacreditavelmente precisa e ao mesmo tempo extraordinariamente permissiva em seus princípios fundamentais. Permitia fazer buscas que nenhum partido se atreveria a pedir a uma agência de publicidade em uma reunião. A ProPublica comprovou que era possível encontrar antissemitas procurando usuários que tivessem escrito, falado ou lido "como queimar judeus" ou "a história de como os judeus destruíram o mundo". Lembremos que o algoritmo sabe tudo que o usuário escreveu, inclusive o que só manda como mensagem privada e o que apaga e não envia nunca. Além disso, a ferramenta é barata. Uma campanha com três anúncios para 2.300 neonazis custou trinta dólares. O BuzzFeed fez um teste similar com a plataforma publicitária da Google, descobrindo que podiam gerar campanhas para pessoas racistas. Como o Google os encontrava? Porque tinham buscado coisas como "parasita judeu" ou "os negros estragam tudo". O buscador do sistema inclusive sugeria novos termos racistas de sua própria safra como "os negros estragam os bairros" ou "o controle judeu dos bancos". Em ambos os casos, as campanhas foram aceitas pela plataforma.

A segmentação não serve apenas para encontrar seu objetivo, mas também para fazer que você veja coisas que ficam escondidas dos outros. Em uma investigação anterior, a ProPublica publicou o anúncio de uma casa que deixava propositalmente de fora afro-americanos, hispânicos e asiáticos. Isso se chama "propaganda obscura", uma ferramenta muito útil tanto para racistas como para campanhas paralelas destinadas a colocar as pessoas umas contra as outras. As plataformas de publicidade direcionada oferecem diferentes versões da realidade para diferentes grupos políticos, socioeconômicos, étnicos, geográficos, culturais ou religiosos, mas os usuários não se dão conta de que são diferentes. O afro-americano que toma café da manhã todos os dias com notícias sobre violência policial, escravidão, ofensas culturais e racismo institucional não sabe que seu odiado vizinho branco amanhece lendo notícias de gangues hondurenhas com a cara tatuada, negros presos por estuprar e matar missionárias ou de venda de crack para adolescentes. Ou que, se buscarem no Google a palavra Texas, um grupo encontrará épicas histórias dos fundadores e belos exemplos de hospitalidade sulista e o outro grupo terá acesso a informações sobre linchamentos da Ku Klux Klan. Não existe a possibilidade de diálogo porque estão vivendo realidades paralelas cuja "verdade" é mutuamente excludente, e os dois lados pensam sinceramente que o outro mente ou manipula a realidade. O famoso filtro bolha não é o entrincheiramento voluntário do usuário contra fontes de informação que contradizem sua visão de mundo, é parte de um modelo publicitário que cria uma visão do mundo desenvolvida específica e intencionalmente para cada pessoa, mas fazendo você acreditar que é a realidade. Os 2,3 milhões de pessoas que leem o Twitter e o Facebook diariamente o fazem como se ambas as redes fossem as capas de jornais onde saem "todas as notícias que "são aptas para impressão", com foco nos temas que lhes interessam e recomendações de um círculo de escolhidos. Não leem como se fosse um conteúdo desenvolvido sob medida por empresas de marketing e campanhas políticas. A maioria nem sequer sabe que o Facebook pode publicar notícias falsas como se fossem reais sem temer um processo, coisa que um jornal não pode fazer. A perda de prestígio dos jornais tradicionais foi a chave para o advento desse ecossistema midiático fraudulento. O slogan do Black Lives Matter era "Não confiamos nos meios de comunicação, de forma que nos tornamos os meios de comunicação". Os mecanismos de sobrevivência que surgiram para competir em um meio midiático que favorece as notícias falsas fizeram com que as notícias fossem ficando cada vez mais parecidas com as informações falsas, tornando-se virtualmente indistinguíveis umas das outras no feed de notícias.

A desinformação afeta mais as classes trabalhadoras, mas nem sempre — ou não apenas — por culpa da educação. Nessa nova esfera de realidades alternativas, as chamadas elites intelectuais urbanas demonstraram ser tão suscetíveis a manipulação quanto a classe trabalhadora. Mas existe um aspecto fundamental que os estudos sociológicos esquecem: milhares de pessoas acessam a internet através das redes sociais porque não podem pagar por um pacote de dados. Conectam-se com tarifas especiais como o Vodafone Pass, que por três euros ao mês garante acesso ilimitado ao Facebook, Twitter, Instagram, Snapchat, LinkedIn, Tumblr, Periscope e várias plataformas de encontros. Ou através do Free Basics, o serviço que o Facebook criou para levar internet ao terceiro mundo. Para esses usuários, o Facebook é a internet. Tudo que leram foi pré-selecionado pelo seu algoritmo.

Os grupos criados pela Internet Research Agency não se manifestam como redes de apoio a uma opção política ou um grupo étnico, religioso ou social. São tribos que se juntam contra outros grupos políticos, étnicos, religiosos ou sociais. Para a Army of Jesus eram os muçulmanos, para os separatistas do Texas era o resto da nação. Uma imagem recorrente do grupo mostrava o mapa dos Estados Unidos e sua estrela solitária separada do resto dos outros estados. A Califórnia é "odiosa", Nova York, "yankee" e o resto das zonas consideram "tediosa", "chata" ou "lixo". Todos repetem o slogan do orgulho: Negro e orgulhoso, Branco e orgulhoso, Trans e orgulhoso, Armado e orgulhoso. O sentimento de povo oprimido também é reforçado com conspirações históricas: William Shakespeare era na verdade uma mulher negra, Mozart era um compositor negro e a Estátua da Liberdade seria bem escura, mas foi trocada por uma mais clara que vinha de Paris. Todas essas teorias conspiracionistas são fermentadas nas sombras dos grupos do Facebook e alimentadas com material de outras plataformas. Quando alguém já exaltado vai em busca delas, sua indignação é premiada e amplificada por um exército de bots. Seu orgulho identitário se espalha como um idealismo nacionalista que os une contra os demais. Nathan Smith, um estadunidense real que se autoproclamava ministro de Assuntos Exteriores do Movimento Nacionalista do Texas, dizia que os Estados Unidos "Não é uma democracia, mas sim uma ditadura" por não convocar um referendo como o do Brexit. Esse tipo de declarações recebe uma enxurrada de elogios, citações, likes e retuítes dos felizes bots de São Petersburgo. Inclusive são usados para reforçar as manobras de Putin. "Se temos que aceitar o estado atual do Texas apesar de sua polêmica origem, então também terão que reconhecer o futuro estado da Crimeia", publicou o Sputnik aproveitando a ocasião. Ironicamente, o IRA promoveu e incentivou os movimentos de independência da Califórnia, Texas, Escócia, Catalunha e Porto Rico, enquanto os separatistas do Cáucaso, tibetanos, tártaros, curdos ou povos da antiga Iugoslávia são silenciados e reprimidos com mãos de ferro.

De acordo com Jonathan Albright, um dos pesquisadores que analisou o ataque de forma sistemática enquanto ele acontecia, as páginas (abertas a todos) são perfeitas para captar usuários, mas os grupos (fechados) são o ambiente perfeito para coordenar campanhas de influência. Primeiro, não é preciso ser o administrador para ser dono de um grupo. Não é preciso conquistar o público, você pode colonizá-lo. Segundo, porque as manobras do influenciador ficam ocultas, com as opções adequadas de privacidade. "Se saírem do grupo, as mensagens podem se espalhar rapidamente e começar uma operação de distribuição em grande escala e influência política sem que seja fácil rastrear sua origem." Terceiro, os influenciadores podem pedir ao grupo que não compartilhe diretamente suas publicações, mas que tire um print da tela e faça a publicação em sua própria timeline ou no seu mural como se fossem novas, "para evitar a censura". Assim conseguem fazer parecer que o material tem várias fontes, e não que é um conteúdo criado e propagado em uma campanha coordenada por uma dezena de contas. Enganam o sistema de rastreio e detecção automática do Facebook descentralizando a origem de sua propaganda. É relativamente fácil encontrar a primeira vez que uma notícia ou foto foi publicada no Facebook, mas no Twitter o rastro desaparece na escuridão dos grupos. Impossível saber se o meme veio de um operador de uma agência de desinformação russa ou o que aconteceu antes que chegasse ali.

Em um grupo muito grande é possível costurar uma conspiração durante muito tempo até que saia à luz. Até códigos secretos podem ser criados, como a "linguagem criptografada" dos neonazistas 1488.[108] "[Os grupos] permitem que os criminosos aproveitem toda as vantagens do Facebook — diz Albright —; seu servidor gratuito de fotos e memes, seus sistemas de compartilhamento de conteúdo e documentos em grupo; seu serviço de mensagens de texto, áudio e vídeo; seu sistema de notificações no celular e aplicativos e todas as demais ferramentas gratuitas sem nenhuma das responsabilidades e consequências assumidas quando fazemos esse tipo de coisas em um site ou quando compartilhamos documentos de livre acesso." Não é possível administrar algo onde não sabemos o que está acontecendo.

---

[108] O 14 do "código" 1488 refere-se às catorze palavras escritas pelo fundador do partido nazi estadunidense, George Lincoln Rockwell, antes de ser assassinado por um de seus próprios seguidores em 1967: "We must secure the existence of our people and a future for white children" (Devemos proteger a existência do nosso povo e um futuro para as crianças brancas). O 88 corresponde à oitava letra do alfabeto duplicada: HH, ou Heil Hitler. É usado nas manifestações do orgulho branco: WHITE PRIDE WORLD WIDE 1488!

O Twitter foi a primeira plataforma a apresentar claros sinais de intervenção. Em 2016, havia pelo menos 3.841 contas falsas que tinham produzido mais de 10,4 milhões de tuítes, que foram retuitados ou recomendados uns 73 milhões de vezes. O primeiro Relatório de Inteligência se concentrou no Google e no Facebook, e estudou o uso de suas plataformas publicitárias e o tipo de propaganda sutil e eficaz que buscavam. Os dois relatórios mais extensos e recentes da empresa de segurança cibernética New Knowledge e do Laboratório de Propaganda Computacional da Universidade de Oxford indicam que a Agência russa teceu uma teia muito mais complexa: um ecossistema autorreferencial e extenso que incluía grupos do Google+, Reddit, Tumblr, Pinterest, Vine e principalmente o Instagram e o YouTube. Todas as contas se retroalimentavam consistentemente em diferentes plataformas. Os dois relatórios garantem que as plataformas ocultaram do Congresso a gravidade e o alcance do vírus.

Como em um legítimo ecossistema midiático, cada plataforma cumpria uma função específica. Os dezessete canais do YouTube produziram e promoveram pelo menos 1.100 vídeos, incluindo memes, trechos de filmes com legendas trocadas e cortes ou colagens maliciosos de notícias que tinham saído na televisão. Todos tinham aparecido nas outras plataformas, junto de outras notícias e tuítes. Noventa e seis por cento dos vídeos promovidos eram sobre violência policial ou procedentes do movimento Black Lives Matter, ainda que a Google garantisse que "esses canais" não tinham sido objeto de nenhuma campanha específica. No Instagram havia 133 contas falsas administrando ou promovendo grupos de "ativistas" anti-imigração, pró-armas e anti-islã. Tinham seis com mais de 200 mil seguidores. O histórico mostra que a Agência tinha feito experiências com diversas postagens até acertar com as mais eficazes. A conta Army of Jesus começou em 2015 tendo como tema O show dos Muppets e depois passou a ser sobre os Simpsons sem grande sucesso antes de dar a guinada com memes de Jesus e os santos apoiando Donald Trump e Hillary Clinton caracterizada como Satã. A mais popular foi @blackstagram, com mais de 300 mil seguidores. "Os maiores esforços do IRA no Facebook e Instagram eram direcionados às comunidades afro-americanas e parecem ter focado no desenvolvimento desse público, além de usá-los como capital", afirma o relatório. O grupo BlackMattersUs, uma "ONG de notícias que fornece informações em primeira mão sobre os aspectos mais relevantes e urgentes para a comunidade afro-americana nos Estados Unidos", tinha contas no Twitter, Instagram, Tumblr, Google+, Facebook e Gmail. Também tinha uma conta no PayPal onde pedia doações para manter a luta por justiça racial.

A comunidade afro-americana era fundamental para as eleições porque constitui uma porcentagem muito grande da população e tinha sido ativa nas campanhas de Obama em 2008 e 2012. A campanha russa trabalhou de três formas: primeiro, tentando evitar o pleito com informações falsas sobre o processo eleitoral (colégios, documentação, processo) e gerando dúvidas sobre o processo em si, com histórias de fraude e manipulação das máquinas. Segundo, desviando os votos de Hillary Clinton para candidatos minoritários como Jill Stein; terceiro, convencendo grandes grupos de afro-americanos de que votar em Hillary era quase pior do que votar em Trump. Não foi muito difícil. Acusavam-na de forçar um sotaque sulista para acenar aos supremacistas brancos e aceitar dinheiro da Ku Klux Klan. Entre os vídeos mais compartilhados está uma gravação de Hillary para a TV em 1996 descrevendo os jovens afro-americanos das gangues de rua como superpredadores. "Podemos falar de como acabaram assim, mas antes é preciso colocá-los de joelhos." Na ocasião, ela estava defendendo a Lei de Controle de Violência nas Ruas e Força Policial que seu marido havia assinado em 1994. Para a comunidade mais castigada pela discriminação e pelos abusos da polícia, o vídeo não caiu muito bem.

Os bots têm mais de um papel em uma campanha. Um dos mais importantes é ocupar todos os espaços de debate sobre um determinado tema para favorecer a narrativa que os interessa e destruir aquela com a qual não se importam; primeiro fabricam embaixadores, amplificando tudo aquilo que fortalece sua posição com elogios, menções, likes e retuítes. Esses perfis crescem e ganham seguidores, impressionados com sua repentina popularidade. Depois, intimidam com acusações, insultos e ataques coordenados aqueles que têm visões críticas ou diferentes das suas. Uma parte do operacional russo se dedicava especialmente a atacar em diferentes plataformas a investigação do promotor Mueller, fingindo serem cidadãos estadunidenses fartos de "teorias da conspiração" de choramingos liberais". Também acusaram Mueller de "trabalhar com grupos radicais islâmicos" e chamaram James B. Comey, então diretor do FBI, de "poli corrupto". Esses ataques coordenados são reforçados ao darem razão uns aos outros como se não se conhecessem. Se alcançam seu objetivo, no espaço conquistado só restam os bots e seus aliados humanos, que insistem em seus posicionamentos pensando que estão em maioria, sem suspeitar que foram objeto de uma deliberada campanha de intoxicação.

Nos grupos privados, a encenação se aproveita do narcisismo de uns e do sentimento tribal de outros, que se sentem unidos e protegidos na conspiração. Mas a principal função dos bots é fabricar a ilusão de consenso. Fazer de conta que existe um amplo setor da sociedade apoiando ou rejeitando raivosamente uma ideia, uma proposta, uma ideologia ou até mesmo uma pessoa. Em outras palavras, recriar o ambiente de uma manifestação. Consideremos em retrospecto as palavras de Jared Taylor, o "padrinho da *Alt-Right*" sobre a "incipiente consciência racial dos estadunidenses".[109]

Donald Trump apelou para uma certa consciência racial incipiente no eleitorado. Queria construir um muro, queria

---

[109] Adam Bhala Lough, *Alt-Right: Age of Rage*, documentário, 2018.

deportar todos os ilegais e queria tomar uma decisão radical em relação aos imigrantes muçulmanos. Está despertando consciências raciais, porque todas essas políticas irão reduzir as posses dos brancos; irão reduzir os brancos a uma minoria. É um chamado importante para um certo número de estadunidenses, não sabemos quantos.

Taylor dirá que todos os estadunidenses eram racistas em seu íntimo, e que a campanha acabou florescendo isso. É provável que ele acredite nisso, mas não está certo. A campanha amplificou oficialmente essas mensagens para produzir uma ilusão de que eram muitos e assim naturalizar posturas minoritárias e antissociais, fingindo que são bem populares. Que as opiniões mais extremas contra coletivos específicos — minorias religiosas, imigrantes, negros, feministas — são mais dominantes ou representativas do que pareciam, porque tinham sido reprimidas pela "ditadura do politicamente correto" e libertadas pelo poder da internet. Essa aparência de consenso é alcançada ao se repetir a mensagem em todas as plataformas, com centenas de compartilhamentos do Facebook, de memes no Instagram, vídeos no YouTube, milhares de retuítes, levando o assunto a ser comentado nos principais jornais. Essa aparência de consenso pode ser comprada com pouco dinheiro.

Criar a ilusão de consenso não é apenas barato, mas também é rentável, porque a função última da propaganda é pegar carona na grande mídia, que tem colaborado muito. O panorama é o seguinte: redações cheias de estagiários que querem "pescar" notícias no Twitter e medem a importância de uma notícia pelo número de interações produzidas. Mas principalmente os jornais, rádios e emissoras de televisão que fizeram espetáculo com essas polêmicas, assim como arma para atacar determinados partidos, como estratégia para ganhar espectadores sedentos por um bom drama igual fazem os algoritmos de recomendação. Como dizia Marshall Mcluhan, "nós criamos as ferramentas e depois as ferramentas nos criam". Existem jornais cujo critério é tão indistinguível do algoritmo do Facebook como os grupos de fanáticos dos bots.

A concentração de usuários em volta de três empresas — o Facebook é dono do Instagram, a Google do YouTube — facilita a criação de um ecossistema constante, uma meteorologia que persegue o usuário aonde quer que ele vá, criando um mundo sem contradições a seu redor. A Agência russa projetou um mundo sob medida para seus medos e reclamações, polarizando os grupos que tinham sido criados. Mas os algoritmos favoreciam o processo, não apenas para eles. A Agência russa encontrou muitos e inesperados aliados: uma centena de empreendedores de uma cidade na Macedônia, alguns blogueiros oportunistas em busca de dinheiro fácil e uma obscura empresa britânica que também espalhava desinformação nas redes, mas que foi contratada pelo próprio Donald Trump.

## Não é política, é capitalismo

Veles, na Macedônia, era a segunda cidade mais poluída da Iugoslávia. Assim dizem seus 55 mil habitantes sobre seu glorioso passado industrial. Produziam a porcelana mais fina da Iugoslávia. Hoje, as pessoas fazem alguns trabalhos sem futuro nas poucas fábricas que sobreviveram à desintegração dos Bálcãs, a taxa de desemprego supera os 20% e o salário médio é de 320 euros. Mas, em 2016, Veles passou por uma maré de sorte quando algumas centenas de pessoas começaram a ganhar cerca de 5 mil euros por mês promovendo conteúdos virais usando as redes sociais e Adsense.

Diferentemente dos operadores russos, os macedônios não se importavam com o conteúdo. Seu objetivo era ganhar dinheiro, não desestabilizar os Estados Unidos. Eram guiados unicamente pelas estatísticas da Google para maximizar cada clique. Lançavam todo tipo de títulos para os vídeos até que um se destacava e então apostavam nesse cavalo. No começo eram remédios caseiros para psoríase, dietas milagrosas, "Dez cafés da manhã veganos com muita proteína" e "Quatro tipos de abdominais que farão você secar". Antivacinas e fofocas de famosos com seus truques para perder peso e disfarçar a idade que copiavam e colavam com uma chamada apelativa e espalhavam pela internet. O mundo *fitness* e as alternativas à medicina ocidental eram sua fonte regular de rendimentos. Logo descobriram que inventar notícias era mais fácil do que buscá-las e que, quanto mais absurdas eram, mais cliques eram dados. Depois descobriram o conteúdo mais absurdo e viral de todos: Donald Trump. O Google só eliminava conteúdo de extrema violência, ódio ou pornografia, e não mentiras.

A descoberta trouxe fortuna. A investigação encontrou mais de uma centena de sites fabricando notícias pró-Trump na Macedônia, com nomes como *usaelections.com, everydaynews.us, trumpvision365.com*. Diferentemente dos russos, os meninos de Veles não exploravam a boa-fé dos cidadãos estadunidenses, mas sim a natureza oportunista dos algoritmos de recomendação. "Não me importava que fossem mentiras e que as pessoas estivessem lendo — dizia um dos pioneiros para a CNN. Tinha 22 anos e estava ganhando mais do que o resto da Macedônia poderia ganhar em toda sua vida." Durante a campanha pôde pagar quinze funcionários, dois deles estadunidenses. Quando concedeu a entrevista, dois anos depois, tinha comprado uma casa, estava pagando a faculdade de Direito da irmã e se preparava para as eleições de 2020. Quando chegarem, não estarão sozinhos. Seu exemplo tinha encorajado "empreendedores" de todo o mundo que enriqueceram repetindo a mesma fórmula: conteúdo alheio, títulos escandalosos e redes sociais. Na Espanha, os precursores do negócio são *digitalsevilla.com*.

Os caras eram bons na produção de conteúdo viral. "O papa apoia Trump" bateu todos os recordes de visitas não só naquele momento como em toda a história da internet. O contexto nos Estados Unidos também era propício. O país estava cheio de agentes dispostos a amplificar essas notícias: os russos, os assessores da campanha de Trump e os *enfants terribles* da nova direita, uma mistura de narcisistas xenofóbicos e capitalistas da atenção. Milo Yiannopoulos no *Breitbart News*, Jason Kessler no *The Daily Caller* ou o supremacista Richard Spencer e suas convocações a um "ordenado genocídio negro". Cada título que os macedônios soltavam era usado pelos meios de extrema direita, promovidos sem descanso pelos agentes russos e, finalmente, favorecidos pelos algoritmos de recomendação das plataformas como prêmio por sua incrível viralização. Por isso, as notícias pró-Trump e anti-Hillary funcionavam melhor na Macedônia e, consequentemente, os agentes de Veles produziam cada vez mais. A rede social era um pó mágico radioativo: os russos o usavam para dividir os Estados Unidos, os macedônios para saírem da pobreza, e em Mianmar para provocar uma guerra civil entre a população.

## Mianmar: desumanizar com memes e mentiras

Os rohingya são uma minoria muçulmana em um país budista que foram privados de sua cidadania no ano de 1992. Também são um grupo étnico não reconhecido. Viveram por séculos no Arracão, a oeste de Mianmar, mas agora são imigrantes ilegais em sua própria terra, sem acesso a nenhum serviço público, inclusive saúde e educação. Também não têm liberdade religiosa ou desfrutam de livre circulação, não podem se casar sem permissão e não têm direito ao voto. Em 2015, o exército birmanês iniciou uma campanha de limpeza étnica, denunciada pelas Nações Unidas e comemorada pelas redes sociais. Em 2018, descobriu-se que a campanha de ódio tinha sido coordenada e executada pelos mesmos militares birmaneses, cujos soldados criaram centenas de contas, páginas e grupos falsos no Facebook para enchê-los de conteúdo incendiário e genocida. A campanha foi comparada à da Radiotelevisão Livre das Mil Colinas, que causou o genocídio dos tutsis em Ruanda. A enviada especial das Nações Unidas Yanghee Lee declarou em Genebra que a rede social tinha se tornado "uma besta".

Diferentemente da campanha russa, as páginas e grupos não se faziam passar por movimentos sociais, mas sim por fãs de cantores populares e heróis nacionalistas. Internamente, a conversa era direcionada a inflamar os usuários com mensagens de ódio e violência contra a minoria bengali. "É preciso cuidar deles como Hitler cuidou dos judeus, malditos kalars", disse um usuário. "Esses animais kalars, os bengalis, estão matando e destruindo nossa terra, nossa água e nossa etnia. Temos que destruir essa raça", disse outro. Um terceiro compartilha uma postagem de um blog com fotos de barcos de refugiados rohingya chegando à Indonésia. "Joga gasolina e taca fogo para que eles conheçam Alá." Mais de um terço das mensagens apoiava o boicote de comércios administrados por muçulmanos e o assassinato de suas famílias. Em um vídeo, imagens de uma briga em 2013 são exibidas como se fosse um ataque recente. Diziam que mesquitas em Rangum estavam "armazenando armas com a intenção de bombardear vários templos budistas, entre eles o Pagode Shwedagon", o templo budista mais sagrado da região. Todos foram escritos por soldados do exército da Birmânia que depois saíam para matar, todos monges budistas. Kalar é um termo depreciativo que significa "muçulmano". Esses são alguns dos mais de mil exemplos reunidos pela agência Reuters através de postagens, comentários e outros conteúdos da plataforma. Dois de seus jornalistas foram presos por cobrirem o massacre de Inn Din, em 2 de setembro de 2017, a única que tinha sido reconhecida pelo governo.

A violência institucional dos budistas contra muçulmanos é histórica e teve sucesso durante os anos 1970 e 90. A última começa na primavera de 2012, quando três homens muçulmanos estupraram uma mulher budista. O Movimento 969, liderado pelo monge budista Ashin Wirathu, assassina centenas de muçulmanos, que responderam formando o Exército de Salvação Rohingya de Arracão. Em novembro de 2016, a Human Rights Watch denunciou a destruição de 436 casas em vários povoados. Não é preciso investigar para achar as provas: pelas imagens de satélites, era possível ver perfeitamente a série de incêndios. Em 25 de agosto de 2017, o Exército de Salvação atacou dezenas de postos militares, desencadeando a operação oficial de limpeza étnica do exército birmanês. A organização Médicos sem Fronteiras denunciou que só no primeiro mês pelo menos 13 mil pessoas foram assassinadas a tiros, espancadas ou queimadas vivas dentro de suas casas. Os sobreviventes descreveram filas de pessoas degoladas e queimadas com ácido. O relatório dizia que havia pelo menos mil crianças menores de cinco anos.

Em seu relatório para o Instituto para a Cobertura da Guerra e Paz, o analista Alan Davis disse que a campanha do Facebook se tornou "mais organizada, ofensiva e militarizada" imediatamente antes da operação de limpeza. Bangladesh abriu suas fronteiras para os refugiados no verão de 2017. Hoje, existe 1 milhão de refugiados que sobrevivem em condições precárias, esperando uma solução.

### Nós contra eles: a campanha do ódio

Como pode uma sociedade moderna adoecer até chegar ao ponto do genocídio? Todos se perguntavam isso após a Segunda Guerra Mundial, um episódio tão assustador que o mundo ocidental jurou que nunca mais se repetiria. Instituições foram estabelecidas, consensos foram negociados e leis foram promulgadas para impedir outro Holocausto. Estudos sociológicos foram realizados para identificar os sinais, uma investigação necessária para a prevenção do ódio coletivo que acabou com pelo menos 11 milhões de pessoas da forma mais cruel possível. Era a pergunta feita por Hannah Arendt enquanto cobria o julgamento de Adolf Eichmann pelo genocídio contra o povo judeu em 1961 para a revista *New Yorker*. A mesma pergunta feita pelos milhões de telespectadores que acompanharam pela televisão os 56 dias de julgamento.

Também era a pergunta feita por Stanley Milgram na Universidade de Yale. Oriundo de família judia, pai húngaro e mãe romena, Milgram queria saber o que tinha de especial a nação alemã para ter sido capaz de dirigir seu ódio para o extermínio sistemático de milhares de judeus. O que os tornou mais propensos e vulneráveis a esse tipo de ódio. O que Stanley Milgram encontrou quando terminou sua pesquisa? Nada. Não havia nada especial nos alemães que os tornasse monstros genocidas. Todos são suscetíveis de se tornarem monstros, dadas as circunstâncias adequadas. Ou alimentados com a narrativa perfeita.

A famosa experiência de Milgram de obediência à autoridade ia ser realizada na Alemanha, mas precisavam de um grupo de controle para comparar os nefastos alemães. Foi precisamente seu grupo de controle, cheio de estudantes estadunidenses sadios, filhos da terra das oportunidades e da liberdade que lhe deu a resposta: todos foram capazes de torturar alguém na sala ao lado sem questionar muito, sempre e quando eram isolados do outro grupo, unidos sob uma figura de autoridade e alimentados com uma narrativa que os ajudavam a se distanciarem do outro, informando, por exemplo, que a outra pessoa tinha trapaceado ou roubado. "O ódio não é a expressão de um sentimento individual, não é espontâneo — escreve a correspondente de guerra, a alemã Carolin Emcke, em seu famoso ensaio *Contra o ódio* —, é fabricado e requer certa estrutura ideológica." Os motivos desse ódio devem ser externados de todas as formas possíveis e repetidos sem descanso até que criem raízes no grupo onde se pretende instalá-lo.

A desumanização é uma ideologia que estabelece hierarquias entre as pessoas e determina que algumas tenham traços menos humanos do que outras. Para que um grupo desumanize o outro é preciso que haja pouco contato entre eles. O contato direto humaniza, abre nossos olhos para as pessoas e não para as ideias delas. O sucesso dessa ideologia se manifesta claramente nos insultos: os supremacistas brancos chamam os negros de "macacos" ou "animais", os nazistas chamavam os judeus de "vermes", os hutus chamavam os tutsis no genocídio de Ruanda de "baratas", os budistas chamam os rohingya de Mianmar de "cachorros". Sua característica principal é o asco. É uma emoção completamente diferente do medo ou do ódio porque não está baseada em algo que fazem, mas sim em algo que são: brutos, estúpidos, feios, lentos, malcheirosos, desonestos. São menos que humanos, e, portanto, não existe espaço para mudanças ou negociações. É preciso acabar com eles antes que contaminem tudo com suas sementes repugnantes. Assim, o genocídio se enquadra como a maneira mais eficaz e metódica nos campos de extermínio. As câmaras de gás foram concebidas desde o início como uma forma piedosa de fazer o que tinha que ser feito. Seus métodos foram herdados pelo ramo da produção pecuária, que também inventou uma palavra para descrever a "bondade" em seus métodos de extermínio em massa: "humano".

A desumanização era habitual nas colônias. As cartas enviadas pelos governadores da Austrália e Nova Zelândia para a rainha Vitória mostram desenhos de aborígenes pulando das árvores e de crianças cujas cabeças surgem de grandes flores desconhecidas. Também domina a relação das classes favorecidas com as pessoas dependentes de drogas e sem teto. "Quando vim morar em Nova Iorque e caminhava pelas ruas, pensava: Diane Arbus teria muito material, em cada esquina de Nova Iorque há uma foto de Arbus!", contou a fotógrafa Annie Leibovitz em uma entrevista. Depois descobriu que o que Arbus fazia não era tão fácil assim: fotografar as pessoas que ninguém quer ver. "Não que não quiséssemos olhá-los, mas sequer os víamos." Os estudos de neurociência social de Lasana Harris e Susan Fiske nas universidades de Duke e Princeton demonstraram que a falta de contato com o grupo faz com que já não sejam ativadas as áreas específicas do cérebro ligadas a empatia, a compreensão e a identificação com o outro. O toque se torna carinho e a falta do toque torna-se o oposto. As pessoas desse grupo se tornam objetos desprovidos de vida, de experiências, de sentimentos. Talvez seja por isso que as mesmas pessoas que ignoram a existência de pessoas sem teto na porta da sua garagem conseguem admirar e até comprar as fotos de Arbus para pendurá-las em sua sala.

Quando se cria uma estrutura para fabricar a desumanização, o fluxo de informação deve ser controlado e deliberado. O extermínio nazi teve três eixos: o processo de segregação em que os alemães deixaram de ver as pessoas com as quais haviam compartilhado as ruas e suas vidas; uma narrativa construída para retratar o grupo que foi expulso como menos humanos e, finalmente, um poder central que recompensava a participação e castigava a resistência. Ser alemão significava ser mais limpo, organizado, patriota e odiar os judeus. Não odiar os judeus significava ser sujo, imoral, antipatriota, não alemão. A rede social demonstrou ser perfeita para recriar esse tipo de estrutura. E não apenas no terceiro mundo. Dois pesquisadores da Universidade de Warwick estudaram 3.335 ataques contra refugiados na Alemanha, analisando todas as variáveis sobre as diferentes comunidades onde existiam: fatores socioeconômicos, políticos, porte, demografia, distribuição de jornais, histórico de manifestações, histórico criminal. Descobriram que a única variável significativa era o Facebook. Os imigrantes sofrem mais ataques violentos em cidades onde existem mais usuários do Facebook. Outras universidades aplicaram o estudo em seus respectivos países, e chegaram à mesma conclusão. Mas o impacto é especialmente perceptível em países como Mianmar, onde a maioria da população depende da Free Basics, um serviço do Facebook em parceria com operadoras de celular para "conectar os desconectados globais", antes conhecido como Internet.org. É anunciado como internet gratuita, mas é uma "tarifa zero" que dá acesso ao Facebook e a outros aplicativos como AccuWeather, BabyCenter (propriedade da Johnson & Johnson) e Bing, o buscador da Microsoft. Tanto o Bing como o Facebook permitem ler os títulos dos vídeos e das notícias, mas não os conteúdos. Clicar consome dados. De acordo com o relatório da Global Voices sobre a implementação da Free Basics em países em vias de desenvolvimento, "isso significa que as pessoas estão reagindo a títulos sensacionalistas porque não podem ler os artigos". Os usuários da Free Basics são extremamente vulneráveis às notícias falsas. Em muitos países, inclusive o acesso aos títulos é definido pela operadora com a qual o Facebook tem acordo. Em Gana, "o conteúdo não inclui algumas das páginas mais importantes que os cidadãos querem ler", como as populares páginas de notícias MyJoyOnline e City-FM. No México, onde o Facebook tem acordo com a Telcel, a página de início é a da fundação do dono, o multimilionário Carlos Slim.

O programa Free Basics chegou a Mianmar em 2016, um ano depois das suas primeiras eleições democráticas e em colaboração com a operadora pública MPT. Entre sua abertura e fechamento, o Facebook passou a ter 2 milhões de usuários a mais de 30 milhões, em uma população total de 50 milhões de pessoas. O programa foi encerrado silenciosamente em setembro de 2017, junto ao da Bolívia, Nova Guiné, Trinidad, Tobago, República do Congo, Anguila, Santa Lucía e El Salvador. Um oficial da UNESCO confessou para o *Mianmar Times* que os países que tinham entrado na internet com uma alfabetização pobre e sem um programa prévio de adaptação eram particularmente suscetíveis às campanhas de desinformação e ódio. No leste da Índia, um falso rumor no WhatsApp sobre homens estrangeiros que sequestravam crianças para vender seus órgãos acabou mal, com ao menos sete linchamentos. O mesmo rumor chegou até o México, onde um menino e seu tio que tinham ido comprar material de construção para terminar um poço de cimento foram espancados e queimados vivos em Acatlán por uma multidão enfurecida. A agonia foi gravada em vídeo pelo público. A cena se repetiu na mesma semana em outras localidades mexicanas: em Oaxaca, lincharam sete homens; em Tula, espancaram e queimaram dois. O mesmo fenômeno se repetiu em Bogotá e no Equador. No sul da Índia, outro rumor sobre a campanha de vacinação ameaçava fazer ir por água abaixo os esforços do governo para conter o sarampo. O movimento antivacina é muito anterior à internet, mas encontrou no Facebook, Twitter e Instagram seus aliados naturais, onde as teorias da conspiração se alastram como fungos após a chuva de outono. Sua conquista recente está sendo a obstrução a campanhas como a erradicação de doenças como a pólio. Segundo a OMS, pelo menos 13% dos pais em todo o mundo recusam as campanhas de vacinação até mesmo nos países mais desenvolvidos, sendo especialmente perigoso nas zonas com alta densidade populacional e com um sistema imunológico comprometido pela má nutrição e pela falta de higiene e de serviços médicos. Na Índia, o sarampo mata cerca de 48 mil crianças todos os anos, a maioria antes de completar cinco anos de idade. A ameaça de epidemia é cada vez maior. No Sudão do Sul, os políticos usam abertamente as redes sociais para distribuir mentiras e instigar brigas entre diferentes grupos, resultando em mais de meio milhão de refugiados. Nas Filipinas serviu para desenvolver uma campanha eleitoral em que o candidato prometeu assassinar milhares de pessoas quando chegasse ao poder. E chegou.

 A FreeBasics chegou às Filipinas em 2013, quando ainda se chamava Internet.org. Contava com apenas 29 milhões de pessoas conectadas. "Essa é uma foto de Jaime, um motorista de Manila que usa o Facebook para se conectar – postou Zuckerberg ao lado de uma foto de um jovem filipino olhando o celular em um bicitáxi. [...] Agora todo mundo nesse país pode acessar gratuitamente serviços de internet." Hoje, 97% dos filipinos se conectam à rede através do Facebook. Nic Gabunada, chefe da campanha de Rodrigo Duterte nas eleições de 2016, garante que o momento eureca foi na hora em que perceberam que os fãs de Duterte podiam distribuir mensagens de maneira coordenada e gratuita através do aplicativo. E ganharam com uma rede de notícias falsas, montagens fotográficas e ameaças coordenadas contra a oposição.

Os fãs do presidente são conhecidos como "os capangas do Duterte", cuja sigla DDH (Duterte Die-Hards) coincide, não por acaso, com as do Esquadrão da Morte de Davao, alguns policiais acusados de cometer milhares de assassinatos em ataques contra as drogas entre 1998 e 2016, quando Duterte era prefeito. Uma grande parte dos assassinados foram crianças. Quando foi eleito presidente, Duterte nomeou o líder Ronald de la Rosa como chefe da polícia nacional e ordenou que ele implementasse o modelo de limpeza contra o crime de Davao em toda Filipinas. "Se não tiverem armas, dê as armas", disse publicamente sobre o que fazer quando suspeitos desarmados fossem capturados. Também ameaçou várias vezes aplicar a pena capital.

A campanha de Duterte criou quatro grupos operacionais: três nas Filipinas e uma divisão de expatriados. Cada grupo tinha centenas de pessoas, muitas pagas e outras não. Cada uma dessas pessoas cuidava de dezenas de contas falsas com as quais atacavam jornalistas, ativistas e seguidores da oposição com ameaças e mensagens violentas. Cada manhã, o esquadrão recebia material a ser distribuído pelas redes, principalmente memes, notícias falsas e teorias da conspiração. Tinha montagens heroicas de Duterte lutando contra as drogas em cartazes reciclados de filmes de ação, e cópias de outros materiais virais. A chamada "Até o papa Francisco admira Duterte" fez com que a Conferência de Bispos Católicos das Filipinas desmentisse a notícia, mas para ler esse comunicado não bastava ter a Free Basics, era preciso ter um pacote de dados. Quando Duterte ganhou as eleições, em junho de 2016, sua equipe de campanha foi transformada em uma nova máquina de propaganda do Estado. Não apenas para promover sua própria imagem como pai da pátria e as severas medidas governamentais, mas principalmente para silenciar as críticas. Leila de Lima, a senadora que investigou os assassinatos do esquadrão em Davao, foi ameaçada e coagida pelos esquadrões digitais com a hashtag #ArrestLeiladeLima, antes de ser presa sem provas por liderar um cartel do narcotráfico. Maria Ressa, fundadora do jornal mais popular das Filipinas, recebeu mais de noventa ameaças por hora depois de publicar uma matéria sobre a campanha de desinformação.[110] Esses esquadrões de "patriotas vigilantes" que patrulham as redes sociais tornaram-se comuns em países com governos mais autoritários: Rússia, Filipinas e Singapura, sendo o maior o do governo chinês, popularmente conhecido como "wumao" ou "50 cents".

Todos esses países têm um aparato de propaganda estatal vinculado às redes sociais. Poderíamos argumentar que são as velhas táticas com roupas novas, mas as democracias liberais também usam a mesma estratégia e com o mesmo objetivo. "Os regimes autoritários não são os únicos que usam a manipulação organizada das redes sociais — conclui o primeiro relatório do Projeto de Propaganda Computacional da Universidade de Oxford em 2017. Os primeiros registros de governos manipulando a opinião pública são de democracias. As inovações nas tecnologias de comunicação costumam vir de partidos políticos e surgem durante campanhas eleitorais de alto nível."[111] A esfera política internacional criou uma nova indústria de sérvios que opera abertamente em pelo menos 28 países. Alguns são oriundos do mercado publicitário, outros da tecnologia, vários de um contexto militar. Todos vendem a possibilidade de manipular milhares de pessoas para alterar a realidade política. Tudo estava progredindo de forma organizada até que o mundo descobriu a Cambridge Analytica, empresa que ajudou Donald Trump a tornar-se o 45º presidente dos Estados Unidos.

---

[110] Maria A. Ressa, "Propaganda War: Weaponizing the Internet", *Rappler.com*, 3 de outubro de 2016.

[111] Samantha Bradshaw e Philip N. Howard, "Troops, Trolls and Troublemakers: A Global Inventory of Organized Social Media Manipulation", *COMPROP Data Memo 2017*, Oxford Internet Institute, dezembro de 2017.

## Golpe no sonho democrático

Muitos estadunidenses tinham ido dormir em paz naquela noite. Não tinha como Clinton perder para um candidato como Donald Trump. "Disse que as mulheres que não gostavam dele eram umas porcas gordas", "cadelas", "vermes" e "animais asquerosos", começou a apresentadora Megyn Kelly ao introduzir sua primeira pergunta no primeiro debate presidencial na Fox. Era logicamente impensável que uma pessoa assim ganhasse. Muitos não voltaram a dormir em paz até que um canadense vegano de 29 anos com óculos de aros grossos e cabelo cor-de-rosa dissesse que Trump havia trapaceado. Christopher Wylie explicou como sua empresa tinha usado os dados pessoais de milhares de pessoas no Facebook para manipular com sucesso os resultados de dois processos aparentemente democráticos: o referendo sobre o Brexit e as eleições dos Estados Unidos em 2016. Que o dono da empresa era Robert Mercer, uma das maiores fortunas por trás da campanha de Donald Trump. Que o arquiteto do projeto tinha sido Steve Bannon, assessor de campanha do presidente e chefe do Breitbart. Seria ridículo se não fosse capa do *Guardian* e do *New York Times*, com e-mails, documentos e material suficiente para corroborar sua história. Logo surgiram outros vazamentos que tinham trabalhado na Cambridge Analytica ou em sua empresa-mãe, o grupo de laboratórios de Comunicação Estratégica ou SCL Group.

SCL Group era uma consultora britânica que fornecia "dados, análises e estratégias a governos e organizações militares no mundo todo" e que "durante 25 anos conduzem programas de modificação comportamental em mais de sessenta países". Sua especialidade eram as "psyop" (operações psicológicas) em países como Paquistão e Afeganistão. A Cambridge Analytica era sua filha estadunidense. Seu principal acionista era um multimilionário conservador chamado Robert Mercer, um dos principais financiadores de Trump. Steve Bannon era o estrategista-chefe de sua campanha e mais tarde conselheiro do presidente até ser demitido em 2017.

Quando teve que depor diante da Comissão Especial do Parlamento britânico, Wylie contou que tudo começou com um teste chamado "This is your digital life". O teste tinha sido desenvolvido por Alexandr Kogan, um professor de psicologia de Cambridge de origem moldávia com uma pequena empresa de análises de dados chamada Philometrics. Era baseado no sistema de avaliação psicológica OCEAN, que divide a personalidade em cinco categorias: abertura a novas experiências, responsabilidade, extroversão, gentileza e neuroticismo ou instabilidade emocional. Teoricamente, são características que transcendem as culturas, línguas, modas e regionalismos. O seu era composto de 120 perguntas e oferecia entre dois e quatro dólares caso fosse respondido em plataformas de micropagamentos como Amazon Mechanical Turk e Qualitrics. Também era possível completar no Facebook, onde os *quizz* são temas atuais.

A página dizia que o teste tinha sido desenvolvido para estudar o uso dos emoticons nas redes sociais. A verdade é que queriam gerar as bases de dados necessárias para fazer "perfis psicométricos", um método utilizado no marketing para ingerir traços de personalidade a partir dos dados e ações registrados pela plataforma, para "adivinhar" aspectos interessantes do sujeito (estado emocional, preferências, orientação sexual, inclinações religiosas, tendências políticas) através de seus movimentos na rede. Antes da rede social, para traçar esse tipo de perfil era preciso fazer uma série de questionários, entrevistas telefônicas e dados estatísticos que geravam muitos custos e tinham pouca precisão. O Facebook oferecia uma solução precisa, barata, remota e dimensionável. O teste servia para criar duas bases de dados: uma com os perfis desejados (*target variables*) e outra com os comportamentos mensuráveis correspondentes a esse perfil (*feature set*). Os comportamentos mensuráveis são os da própria plataforma: cliques, likes, rotinas de leitura, círculos de amizades, mas também todas as características associadas ao perfil: idade, bairro, nível socioeconômico, horários etc. Com esses dois bancos de dados, o professor Kogan queria gerar um algoritmo de previsão que ajudasse certas categorias de pessoas, por exemplo, mulheres que têm medo de imigrantes. E queriam ser capazes de encontrá-las sem que elas mesmas se apresentassem, só através de seus perfis, shares, likes e cliques. Kogan convenceu 270 mil pessoas a completarem o teste, mas a API do Facebook deu-lhe acesso aos dados de todos os seus amigos. Bastante útil para testar o algoritmo. O Facebook calculou que seriam pelo menos 78 milhões de usuários, mas poderiam ter sido muitos mais. Kogan insistiu que os Termos de Uso eram muito claros. "Se clicar em OK, nos concederá a permissão para divulgar, transferir ou vender seus dados." Naturalmente, ninguém lia isso, e apenas as pessoas que fizeram o teste aceitaram esses termos. Seus milhares de amigos aceitaram que a plataforma compartilhasse seus dados com terceiros. É importante destacar que nada que Kogan fez era ilegal ou ilegítimo, até compartilhar os dados com a Cambridge Analytica.

O Facebook acusou Kogan de ter "roubado" os dados, mas não o repreendeu por ter afetado 78 milhões de usuários. O acordo de desenvolvedores que ele mesmo aceitou ao subir o teste para o sistema dizia que os dados dos usuários não podiam ser comercializados, e Kogan vendeu o dataset dos perfis psicográficos para a Cambridge Analytica. Se a empresa o tivesse contratado e não comprado seu trabalho, seria legal. Por outro lado, o acordo também dizia que o Facebook audita e controla todos os aplicativos para garantir que os requisitos necessários estão sendo cumpridos, e o *quiz* funcionou por um ano e meio para coletar os dados dos usuários do Facebook até que o próprio Kogan o tirasse do sistema. Na verdade, usar *quiz* para coletar dados dos usuários do Facebook era uma prática conhecida desde 2009, quando várias entidades de defesa dos direitos civis denunciaram. Kogan tinha disponibilizado seu *quiz* em 2012. A generosidade do Facebook com "terceiros" que Kogan teve acesso às mensagens privadas dos usuários, e foi assim por mais três anos. O Facebook tirava 30% de toda as operações sem perguntar qual era a finalidade daqueles dados nem quem os analisava. A Cambridge Analytica foi apenas um da centena de agentes que aproveitaram essa possibilidade às custas de milhares de pessoas.

Além do *dataset* de Kogan, a Cambridge Analytica comprou centenas de bases de dados no mercado de *data brokers* e as usou para encontrar pessoas no Google e no Facebook. Brittany Kaiser, ex-diretora de desenvolvimento da Cambridge Analytica, explicou à Comissão do Parlamento britânico que se tratava de uma "tática da velha escola" muito popular nas campanhas políticas. E muito eficiente, porque a maioria das pessoas não sabe que as buscas do Google e o feed de notícias do Facebook podem ser comprados como parte de uma campanha. Durante os dias em que o escândalo foi sendo revelado, os jornais foram esmiuçando os detalhes da operação, as agências e plataformas de marketing on-line foram retirando da internet publicidades referentes a esse tipo de táticas "de velha escola". As páginas apagadas se orgulhavam de ter ajudado diferentes partidos com suas tecnologias de dados em campanhas eleitorais no mundo inteiro, incluindo o Partido Conservador Britânico, o Partido Nacional Escocês, o Partido Liberal Canadense, as eleições do México e a corrida para o Senado dos Estados Unidos. Até o Facebook tirou a categoria "Government and Politics" de suas páginas, com exemplos de sua eficácia, como a campanha de "alcance e influência" de Claudia Pavlovich no México. O escândalo Cambridge Analytica fez explodir a nova indústria do marketing político on-line entre partidos políticos e, ao mesmo tempo, a empurrou para a clandestinidade.

As plataformas digitais são um meio de comunicação em massa diferentes do rádio e da televisão porque podem escolher sua audiência. Há quarenta anos, um político teria que convencer toda uma nação com apenas uma mensagem enquanto agora pode falar para milhares de pessoas e dizer uma coisa diferente para cada uma delas. A mensagem não é emitida através de um canal genérico, mas sim pelo mesmo por onde chegam as mensagens familiares, pessoais e privadas de cada usuário separadamente. Permite dizer a cada grupo exatamente aquilo que querem ouvir, sem que os outros saibam.

O plano Cambridge Analytica não era manipular todo o eleitorado — nada menos que 200 milhões de pessoas — para que Trump fosse reeleito. Isso seria idiotice. O plano era usar o algoritmo para criar um modelo de eleitorado com aproximadamente 4 a 5 mil *datapoints* e encontrar entre 2 e 5 milhões de pessoas mais suscetíveis a serem convencidas nos estados onde precisassem de apenas um empurrãozinho de 1% a seu favor. Brad Parscale, o chefe de estratégia digital da campanha, estava convencido de que a chave era a população rural desatendida do cinturão de ferrugem: Wisconsin, Michigan e Pensilvânia. Clinton era líder nas pesquisas, mas seu eleitorado estava nos centros urbanos. O campo estava cheio de gente que tinha perdido o emprego por causa da tecnologia ou da fuga de fábricas para o exterior. Gente branca e empobrecida, sem estudos superiores, que, independentemente de suas inclinações políticas, se sentiam inferiores com o discurso de Clinton. Como dizia Roger Stern, "isso já não é sobre republicanos contra democratas. Isso é sobre a elite dos partidos republicano e democrata que levaram o país à ruína junto com Donald J. Trump e o resto dos Estados Unidos". Eles foram os beneficiários da campanha neoprotecionista copiada da era Reagan: A América primeiro. As outras linhas mais importantes estavam claras: o muro entre os Estados Unidos e os mexicanos que "trazem drogas, cometem crimes, estupros e só alguns, suponho, são boas pessoas". O bloqueio aéreo aos cidadãos oriundos de países islâmicos por conta da "enorme onda de ódio" contra os estadunidenses de "grandes segmentos da população muçulmana". A rejeição às políticas ambientais como uma "história para boi dormir" ou "um tipo de imposto muito caro". E a guerra do "americano comum" contra o *establishment* representado pelos Clinton, um abusador de estagiárias da Casa Branca e uma bruxa desprezível e vingativa com muitos amigos banqueiros.

Quanto maior a quantidade e a qualidade dos dados, melhor o desempenho de um algoritmo de previsão, e não há melhor informação sobre os eleitores do que a colhida em uma campanha política. Antes da campanha presidencial, a Cambridge Analytica tinha feito algo brilhante: no lugar de apoiar Trump nas primárias, apoiaram seu concorrente, o senador Ted Cruz. Desde então, Robert Mercer apoiaria financeiramente todo tipo de causas republicanas, sempre com a condição de que a Cambridge Analytica entrasse no pacote. Quando enfim chegaram as presidenciais, tinham conseguido alimentar, testar e refinar seu algoritmo nos Estados Unidos como um todo. Já não era a criatura criada por Kogan, mas uma ferramenta bem mais eficaz para uma campanha de precisão.

Clinton tinha a base de votos com a que Obama havia ganhado as duas últimas eleições, que até então era a melhor do mundo. Há quem diga que foi Obama que abriu a caixa de Pandora com sua campanha histórica de 2008, integrando técnicas de marketing comercial com sua famosa divisão de magos digitais, *The Triple O*. "Como a maioria dos inovadores digitais, a campanha de Obama não inventou nada — dizia David Carr para o *New York Times*. Em vez disso, juntando vários aplicativos de redes sociais em um banner de uma jogada, criaram uma força sem precedentes para obterem financiamento, se organizarem localmente, combaterem campanhas de difamação e mobilizarem os votos que ajudaram a derrotar a máquina Clinton e depois John McCain e os republicanos." Seus nerds não apenas usaram a rede para anunciar e distribuir sua mensagem, mas também conectaram seus seguidores, fazendo a mediação necessária para que pudessem socializar na vida real mesmo a partir de seus teclados. Aprenderam com o movimento anticapitalista de Seattle — transformado em Occupy após a crise econômica — que podiam transformar a energia virtual em manifestações. E aprenderam com a filosofia *open source* que, disponibilizando ferramentas para que seus seguidores pudessem contribuir com a campanha de forma ativa, milhares de voluntários colaborariam recolhendo assinaturas e fundos, fazendo pesquisas, denunciando os abusos da concorrência. Tudo centralizado na página da campanha, My.BarackObama.com., e, principalmente, coletando uma grande quantidade de informações atualizadas sobre os eleitores nos diferentes distritos. "Quando Obama chega à Casa Branca — diz Carr — ele tinha não apenas uma base política, mas uma base de dados, milhares de nomes de seguidores aptos a serem acionados instantaneamente." A campanha de "estatísticas" que deixou Karl Rove famoso na campanha de Bush em 2004 tinha ficado no passado.

Em 2008, Barack Obama gastou 22 milhões de dólares em campanhas digitais. Em 2012 gastou mais que o dobro. As campanhas de 2016 consumiram um investimento de 1,4 bilhão de dólares em publicidade on-line.[112] Mas Clinton gastou muito mais dinheiro do que Trump em anúncios no Facebook e teve uma visibilidade menor. A ferramenta do Facebook para campanhas políticas tem uma função para integrar a lista de eleitores do cliente (*custom audiences*) e outra para expandir a lista original procurando pessoas semelhantes (*lookalike audiences*). Ambas usadas nas duas campanhas para competir por um público-alvo, mas os resultados foram diferentes. Conforme explicou Antonio García Martínez, ex-chefe de produtos do Facebook, o algoritmo não foi desenvolvido para o tipo de campanha trazida por Hillary.[113] Era conteúdo político, mas não conteúdo viral. A plataforma do Facebook é igual à da Google, mas, em vez de comprar por palavras, o anunciante compra determinados públicos. O preço do anúncio depende da quantidade de gente que clica, compartilha ou comen-

---

[112] De acordo com dados da Borrel Associates, 2018.

[113] Antonio García Martínez, "How Trump Conquered Facebook Without Russian Ads", *Wired*, 23 de fevereiro de 2018.

ta. Quanto mais viral for o anúncio, mais vezes ele aparece e consegue mais visualizações pelo mesmo valor. Se o algoritmo calcula que o conteúdo de um anunciante vai conseguir cinco ou dez vezes mais interações do que outro, então seus anúncios aparecerão cinco ou dez vezes mais do que os do seu concorrente.

Os anúncios de Clinton eram sérios e tradicionais, os de Trump eram embalados ao som do reggaeton. Deixavam seus seguidores extasiados e seus adversários indignados, fazendo os dois lados clicar ou compartilhar da mesma forma. Sem deixar de mencionar a extraordinária coalizão de forças que trabalharam a seu favor: a Agência russa, os meninos de Veles e sua própria equipe de campanha. Todos tinham inventado formas de trapacear os algoritmos para conseguir ter seu máximo rendimento, inflando artificialmente tudo que estivesse relacionado a Trump. Coordenados ou não, o esforço conjunto fez a popularidade de Trump disparar e desequilibrou o valor das duas campanhas. "Basicamente, Clinton pagava preços de Manhattan pelo centímetro quadrado da tela do seu telefone enquanto Trump estava pagando preços de Detroit", explicou Antonio. O único crime de Trump foi ser o candidato perfeito para o Facebook. Mas a plataforma infringiu a lei, que estabelece que todos os candidatos devem pagar o mesmo preço. "Os preços cobrados dos candidatos pelo mesmo trabalho devem ser iguais e não podem ser reembolsados de nenhuma forma, seja ela direta ou indireta."[114]

Os anúncios foram usados de modo seletivo, o que significa que grupos de pessoas selecionadas por seus perfis psicométricos tiveram acesso a versões particularmente sinistras da campanha. Pascale conta que cada dia tinha mais de 50 mil variações dos anúncios de campanha, centenas deles desenvolvidos para eleitores em dúvida de Hillary. Diferentemente da típica propaganda com cartazes, os anúncios não podiam ser monitorados e comentados pelos meios de comunicação.

---

[114] Communications Act of 1934, Title 47 United States Code.

Eram anúncios ocultos ou *dark ads*. É preciso somar três fatores bem claros à liga de forças ocultas que trabalharam a favor de Trump: os conselheiros, Roger Stone, Jerome Corsi e um conspiracionista mesquinho e incansável chamado Alex Jones. Stone já era uma lenda da campanha política; Corsi foi o autor da campanha pela certidão de nascimento de Obama, argumentando que ele não havia nascido em solo norte-americano e que, por isso, não poderia ser presidente. Jones, por sua vez, era especializado na distribuição de notícias falsas, cada vez mais repugnantes e aterrorizantes. Seu canal Infowars é uma máquina de ataques.

### Doutrina do choque sob demanda

No laboratório de desenvolvimento e engenharia humanocêntrica da Universidade de Washington, Kate Starbird estuda um fenômeno interessante: a produção de notícias falsas e teorias da conspiração depois de uma crise. Sua equipe as intitulou de "narrativas alternativas", fazendo uma referência aos famosos "fatos alternativos" de Kellyanne Conway, conselheira de Donald Trump. Há muitos estrategistas nessa história, conselheiros e chefes de campanha. Tudo começou com o famoso atentado na maratona de Boston em 2013, onde artefatos de fabricação caseira causaram a morte de três pessoas e outros 282 feridos. "Notamos muitos tuítes (> 4000) denunciando que os atentados eram uma 'operação secreta' comandada pelas Forças Armadas dos Estados Unidos." A chuva de tuítes indicava um site chamado Infowars. "Naquele momento, nossos pesquisadores não sabiam o que era Infowars, mas a importância daquela conexão seria revelada com o tempo."

O padrão se repetiu em 2015 com o tiroteio no Instituto Superior Umpqua, no Oregon, onde um homem de 26 anos chamado Christopher Harper-Mercer matou nove pessoas e feriu outras nove antes de se suicidar. A narrativa alternativa era que o tiroteio havia sido encenado por "atores de simulação" contratados por grupos políticos para justificar a imposição de restrições legais sobre o direito de portar armas. Inacreditavelmente, os atores de simulação existem: são pessoas treinadas para fazer o papel de vítima em simulações de emergência durante o treinamento de agentes de polícia, bombeiros, ambulâncias e outros serviços de assistência imediata, coisa que nenhum dos mortos ou feridos do instituto eram. Um ano depois, um norte-americano com pais afegãos chamado Omar Seddique Mateen matou cinquenta pessoas na Pulse, casa noturna de público majoritariamente gay em Orlando, com um rifle AR.223 e uma pistola semiautomática de 9 milímetros. Ainda que o ISIS tivesse assumido a autoria em um boletim emitido por sua agência de notícias Amaq, o pai de Seddique garantiu que o ataque não tinha sido religioso, mas sim homofóbico. Na ocasião, a narrativa alternativa acusou as autoridades de mentir sobre a identidade do atirador para poder acusar a comunidade muçulmana. O próprio Trump, já presidente, tuitou que "se naquela ocasião houvesse uma pessoa que pudesse portar uma arma e soubesse usá-la, [o massacre] não teria acontecido ou pelo menos não teria sido tão grave como foi". Na verdade, um policial chamado Adam Gruler, armado com uma Sig Sauer P226 9 milímetros, estava no local naquela noite reforçando a segurança. Gruler atirou contra Mateen, mas não conseguiu abatê-lo. Mateen, por sua vez, tinha comprado as armas do ataque sem maiores dificuldades, apesar de ter sido investigado pelo FBI em 2013 e 2014 por seus possíveis vínculos com o terrorismo jihadista. Alex Jones não é um fanático possuído por uma paixão republicana nem um cidadão que foi manipulado e enlouquecido pelos algoritmos da rede social. É um híbrido entre os russos, os macedônios e o próprio Trump, um oportunista que usa a desinformação para chamar a atenção e ficar rico. É importante lembrar disso quando se está em discussão com esse tipo de *trolls*: cada minuto que passamos negando suas afirmações absurdas, eles arrecadam.

É impossível saber separadamente o impacto que teve cada uma das diferentes estratégias que convergiram naquelas eleições. Se os russos tiveram mais peso que os britânicos, se foi o instinto de Brad Parscale, a ganância dos macedônios, o oportunismo de Roger Stern ou o carisma incontestável de Donald Trump, cuja experiência nos realities foi crucial para consolidar sua conexão com a classe operária dos Estados Unidos. O que temos certeza é que a indústria do marketing político absorveu as estratégias de cada um deles, como se fosse uma máquina de jogar Go, e que agora guarda características de todos.

Carole Cadwalladr já escrevia havia anos sobre a Cambridge Analytica, antes de convencer Christopher Wylie a aparecer e explicar para a imprensa o seu papel, mas a indústria da manipulação política já tinha se manifestado em vários lugares. Na Operação Púnica, uma trama de corrupção municipal e regional infiltrada em diversas prefeituras e órgãos autônomos do Partido Popular na Espanha, descobriu-se que o PP de Madri tinha encarregado um exército de tuiteiros para defender a então presidenta da comunidade, Esperanza Aguirre, e seu vice, Ignacio González. A EICO, empresa de Alejandro de Pedro, chegou a faturar 81.999 euros em 2011 por fabricar apoio civil para os dois políticos. "Ambos têm uma alta presença nas redes, mas a identidade digital é determinada pela percepção negativa projetada a partir de meio de comunicação on-line", diziam os documentos da EICO. "É necessário destacar a carência de uma estratégia on-line que considere e/ou preze tanto por neutralizar os comentários negativos como por posicionar notícias relevantes [...] nos principais buscadores [porque] existem poucos espaços próprios que ajudem a defender, não só a promover, a imagem dos objetos de estudo." A conselheira de Educação Lucía Figar encomendou um ataque coordenado contra a Maré Verde, um coletivo de professores e trabalhadores da educação pública que protestavam contra os cortes da Comunidade e contra o então ministro da Educação, o socialista Ángel Gabilondo. Além de encher o Flickr, LinkedIn, Slideshare, Facebook, Twitter, Google+ e YouTube de contas falsas que apoiavam o PP, a EICO criou dezenas de "blogs temáticos" e mídias digitais para a "criação e difusão de notícias favoráveis ao cliente em jornais controlados pela EICO, na viralização de notícias relacionadas nas redes sociais ou na criação e difusão de mensagens no Twitter através da rede de perfis falsos criada pela EICO". Estamos falando de 2011. Em 2015, a ONG berlinense Tactical Tech havia identificado setenta empresas em diferentes partes do mundo que vendiam ou compravam bancos de dados pessoais para fazer campanhas políticas. Depois do escândalo Cambridge Analytica, a lista era de 329.[115]

A base de dados incluía empresas e organizações ativas no setor, não apenas as que se anunciavam como tais. A maior parte são empresas com fins lucrativos contratadas por entidades políticas por seus conhecimentos técnicos, não políticos. E todas as suas atividades são baseadas na extração e análises de dados de eleitores. A imagem projetada é a de um ecossistema que se retroalimenta continuamente: *data brokers* como i360 (empresa dos multimilionários e republicamos irmãos Koch) que compra dados e os reembala como dados úteis de campanha, e que é subcontratada por empresas de análises preditivas como a HaystaqDNA, que compram essas informações e as utilizam para testar estratégias, por exemplo: quais respostas seriam obtidas a partir de uma campanha específica contra a caravana de imigrantes hondurenhos ou se são a favor de um banheiro para as pessoas transgêneros no Tennessee. A empresa 270 Strategies deriva da plataforma de voluntários da campanha de Barack Obama e se especializou em "criar movimentos" a partir da análise de dados. "Tivemos a honra de servir ao presidente Obama e seguimos fazendo grandes coisas para mudar o mundo." E a eXelate, subdivisão da Nielsen, cria publicidade específica para públicos específicos de lugares geoestratégicos para as campanhas. Um diretor

---

[115] "Who's Working for Your Vote?", *Our data, our selves*, Tactical Tech, 2017.

de campanha orquestra sua estratégia com uma combinação de serviços adaptados a seus clientes. Por enquanto, todas as empresas do setor são legais, diferentemente do mercado clandestino e paralelo de serviços de espionagem cibernética, formado por ex-agentes das agências de inteligência como a CIA e a NSA.

As *midterms* ou eleições de meio de mandato são as responsáveis pela renovação de 435 membros da Câmara dos Representantes, de 36 senadores (um terço do Senado) e de 36 governadores. Também são eleitos prefeitos, juízes e tesoureiros, procuradores, diretores de escolas e outros postos de instituições relevantes de todo o país. Normalmente servem de termômetro para medir o grau de satisfação dos estadunidenses com o candidato eleito dois anos antes, e suas possibilidades de ser reeleito. Em 2018, serviram também para confirmar a consagração das táticas de campanha das últimas eleições. Os métodos russos tinham se misturado com as estratégias de marketing para criar um organizado e tenebroso festival de absurdos. Antes de tudo isso, a campanha de Jair Bolsonaro no Brasil consolidou o uso de sistemas de mensagens criptografadas na mais nova arma de manipulação política em grande escala. Literalmente, ganhou as eleições com um partido minoritário graças a uma campanha completamente obscura no WhatsApp.

## WhatsApp, o primeiro meio secreto de comunicação em massa

A vitória de Jair Bolsonaro não parecia provável. E não apenas porque era um ex-militar que muitos descreveram como um híbrido de Donald Trump e do autocrata das Filipinas, Rodrigo Duterte, abertamente machista, racista, homofóbico e um saudoso amante da ditadura militar à qual o Brasil foi submetido de 1964 a 1985. Visto de fora, seu acesso aos recursos de campanha era limitado. Tudo conspirava contra ele.

No Brasil, assim como em outros países da América Latina, as campanhas políticas são financiadas com dinheiro público. O financiamento privado foi proibido pelo Supremo Tribunal Federal em setembro de 2015, no auge do escândalo da Operação Lava Jato. Desde então, o dinheiro das campanhas é distribuído proporcionalmente ao número de cadeiras que o candidato tem no Congresso. A mesma coisa acontece com o tempo na imprensa, rádio e TV, que depende do tamanho do partido. O Partido Social Liberal, ao qual Bolsonaro era filiado desde 2018 e pelo qual concorreu às eleições, contava com oito deputados (de um total de 513). Era muito pequeno.

Pior ainda: o Tribunal Superior Eleitoral havia decidido nesse mesmo ano que os partidos destinassem pelo menos 30% dos fundos públicos de campanha e de tempo de televisão às candidatas mulheres. Dos treze candidatos à presidência, apenas duas eram mulheres: a ex-ministra do Meio Ambiente de Lula, Marina Silva, e a anticapitalista Vera Lúcia, do Partido Socialista dos Trabalhadores Unificados. Mas muitos candidatos tinham mulheres como suas vices: Haddad tinha a comunista Manuela D'Ávila; Ciro Gomes contava com a senadora Kátia Abreu e Geraldo Alckmin com a senadora Ana Amélia Lemos. Jair Bolsonaro, cujo desprezo pelas mulheres é tão público e notório,[116] contou com o general Hamilton Mourão, que havia feito ameaças de intervenção militar apenas um ano antes.

Bolsonaro fez de suas polêmicas suas principais virtudes. Seu desprezo pelas mulheres foi abraçado por um país onde uma mulher sofre um estupro coletivo a cada duas horas

---

[116] Bolsonaro, no Congresso Nacional, disse para a deputada do Partido dos Trabalhadores Maria do Rosário: "Não te estupro porque você não merece". Também dedicou seu voto a favor do impeachment da presidenta Dilma Rousseff ao torturador da ditadura militar, o ex-coronel Carlos Alberto Brilhante Ustra.

e meia, em média, e quase nunca isso é denunciado.[117] O ataque sofrido pelo então candidato no começo de setembro, em que um homem de quarenta anos e com problemas mentais o apunhalou no abdômen com uma faca de cozinha, serviu de desculpa para não comparecer aos debates. Sua equipe garantiu que as mídias tradicionais estavam a serviço do Partido dos Trabalhadores, no governo da República desde que Luiz Inácio Lula da Silva ganhou as eleições em 2003 e até que sua sucessora, Dilma Rousseff, fosse destituída por corrupção em 2016. "Desde que Jair se candidatou, as redes de televisão, as grandes revistas em circulação e os principais jornais têm um único objetivo: destruir Bolsonaro — declarou o homem que seria seu chefe de Gabinete, Onyx Lorenzoni. Não estavam satisfeitos porque a formação de opinião no Brasil hoje é formada pelas grandes mídias, mas sim pelo WhatsApp, Facebook e Twitter."[118] Foi a primeira campanha realizada exclusivamente pelas redes sociais, feita para "a nova cidadania". E assessorada por Steve Bannon, chefe de Campanha de Donald Trump e fundador da Cambridge Analytica.

A Internet Research Agency havia criado ou colonizado grupos do Facebook para banalizar o debate político e enfraquecer a sociedade estadunidense criando divisões, desconfiança e violência. A Cambridge Analytica tinha usado o Facebook para enviar diferentes mensagens para diferentes pessoas de forma semiclandestina, aproveitando a ferramenta de segmentação para anunciantes da plataforma. Mas, até mesmo fazendo campanhas ocultas. O Facebook é uma rede social desenvolvida para facilitar a distribuição de conteúdo. O WhatsApp, comprado pelo Facebook em 2014 por 21,8 milhões de dólares, é, por sua vez, um serviço de mensagens e, portanto, foi desenvolvido para restringir a distribuição de

---

[117] Agnese Marra, "Brasil, o país onde a cada duas horas e meia uma mulher sofre um estupro coletivo", *Público*, 28 de agosto de 2017.

[118] Onyx Lorenzoni, deputado federal e chefe de gabinete temporário de Bolsonaro: "Para nós, o Chile é um exemplo" (*La Tercera*, 28 de outubro de 2019).

conteúdo, principalmente depois que começou em 2016 a criptografar as mensagens de ponta a ponta, em plena guerra de criptografia entre a Apple e o FBI.

"A criptografia de ponta a ponta do WhatsApp garante que só você e o destinatário possam ler o que é enviado — esclarece a página da empresa. Isso acontece para que suas mensagens estejam seguras com um cadeado e só você e o receptor têm a chave para abri-las e lê-las." A criptografia protege as conversas dos usuários até da própria empresa e por isso não responsabiliza a plataforma pelo que possa ser feito pela aplicação. Teoricamente, o Facebook não pode permitir o acesso a conversas que eles mesmos não podem decifrar. Cada usuário tem uma chave criptográfica única para decifrar as mensagens, chamadas, fotos e vídeos enviados. Mas os grupos podem ter até 256 pessoas. "Assim como a Apple, o WhatsApp está se cercando contra o governo federal — explicava Cade Metz para a revista *Wired* —, mas é uma cerca de grande escala, que se estende através de milhares de dispositivos."[119] É o primeiro sistema criptografado de comunicação em massa, protegido pelo sigilo das comunicações.

A equipe de Bolsonaro criou centenas de milhares de chats que recebiam pelo menos mil mensagens por dia. Também comprou milhares de números de telefone dos Estados Unidos para enviar as mensagens a partir de uma origem desconhecida. A campanha desenvolveu uma estratégia combinada de pirâmide e redes onde os criadores produzem e enviam conteúdos maliciosos a ativistas locais e regionais, que depois passam a informação a uma enorme quantidade de grupos públicos e privados. Deles, as mensagens são disseminadas ainda mais quando as pessoas acreditam e compartilham com seus próprios contatos".

Não é preciso que o emissor tenha o contato salvo em sua lista para que envie conteúdo por uma lista de transmis-

---

[119] Cade Metz, "Forget Apple *vs.* the FBI: WhatsApp Just Switched on Encryption", *Wired*, 5 de abril de 2016.

são. Na página do WhatsApp a informação é a seguinte: "Com a função de listas de transmissão é possível enviar mensagens a vários contatos de uma só vez. Uma lista de transmissão é uma lista de destinatários que fica guardada. Quando essa lista é usada, é possível voltar a transmitir uma mensagem aos mesmos destinatários sem precisar selecionar um por um novamente. [...] Os destinatários receberão a mensagem como se fosse uma mensagem individual. Quando responderem, você também recebera uma mensagem individual em sua tela de chats; suas respostas não serão enviadas aos outros destinatários da lista".

O Brasil é um dos países onde é aplicada a Tarifa Zero para uso das redes sociais. No momento da campanha de Bolsonaro, o WhatsApp contava com 125 milhões de usuários, dois terços da população brasileira.[120] Havia sido encontrada uma ferramenta mais eficiente do que os grupos do Facebook para criar tribos enfurecidas. Quarenta e quatro por cento do país usava o aplicativo como principal fonte de informação eleitoral, mas todos os olhos estavam voltados para a seção de notícias do Facebook, os resultados de busca do Google e os canais de vídeos do YouTube.

O Brasil é um dos dezessete países onde o Facebook e a Google abriram escritórios de verificação de dados para "identificar e combater a desinformação na internet e as técnicas sofisticadas de manipulação". Também oferece apoio técnico e financeiro ao projeto Comprova, coordenado pela Associação Brasileira de Jornalismo Investigativo, que inclui 24 jornais, dentre eles periódicos de grande destaque, cadeias de rádio e TV e portais de notícias locais. Também assinaram acordos com o Tribunal Superior Eleitoral do Brasil para proteger as campanhas eleitorais. Enquanto vigiavam as plataformas públicas, a equipe de Bolsonaro implementava uma

---

[120] "Datafolha: quantos eleitores de cada candidato usam redes sociais, leem e compartilham notícias sobre política", *Globo.com*, 3 de outubro de 2018.

campanha de desinformação em grande escala pelos canais privados do WhatsApp.

"Quando as pessoas se deram conta de que havia uma grande operação em andamento, já era muito tarde", disse Pablo Ortellado, professor de Gestão de Políticas Públicas na Universidade de São Paulo e colunista da *Folha de S.Paulo*, o segundo maior jornal de circulação no Brasil. Seu relatório sobre a campanha secreta de Bolsonaro, feito em parceria com a Universidade Federal de Minas Gerais, a Universidade de São Paulo e a plataforma de verificação de dados Agência Lupa, analisou as publicações de 340 grupos de chat, abertos a novos usuários e dedicados à política, uma pequena mostra do total.

De uma amostra de mais de 100 mil imagens políticas que circulam nesses 347 grupos, selecionamos as mais compartilhadas. A Agência Lupa, considerada a principal plataforma de verificação de dados no Brasil, foi a responsável pelas análises. Oito das cinquenta fotografias e imagens revelaram-se completamente falsas; dezesseis eram fotos reais tiradas de contexto ou relacionadas a dados distorcidos; quatro eram afirmações que não se sustentavam oriundas de uma fonte pública confiável. Isso significa que 56% das imagens mais compartilhadas eram enganosas. Apenas 8% foram consideradas totalmente verdadeiras.[121]

Todas as vezes que saía uma notícia negativa sobre Bolsonaro ou sua campanha na mídia convencional, ele e sua equipe já esbravejavam: "É *fake news*!". Enquanto isso, enchiam o país de notícias falsas. Bolsonaro acusou seu concorrente de ter introduzido nas escolas, quando ainda era ministro da Educação, um livro de educação sexual para crianças de seis anos onde as relações homossexuais eram explicadas. Ainda é possível vê-lo bradando com o livro nas mãos, que

---
[121] Cristina Tardáguila, Fabrício Benevenuto e Pablo Ortellado, "WhatsApp para conter as notícias falsas nas eleições brasileiras", *New York Times*, 17 de outubro de 2018.

chamava de "kit gay", em centenas de canais no YouTube. Também circulou uma campanha onde diziam que Haddad ia legalizar a pedofilia, baixando o limite de idade para consentimento de relações íntimas para doze anos. Nenhuma das duas afirmações eram corretas, mas ambas tinham alguma ponta de verdade. O livro realmente existiu e fazia parte de uma campanha chamada Escola sem Homofobia, aprovada em 2014, mas era destinado a educadores e nunca foi lançado. Também existiu um projeto de lei que planejava baixar a idade de consentimento sexual de catorze para doze anos, que nunca foi aprovada e com a qual Haddad não teve nada a ver, já que nunca tinha sido deputado ou senador.

A partir daí a técnica foi se repetindo em vários países. O conteúdo mais eficiente é material legítimo que tenha sido manipulado para que pareça outra coisa; mentiras com um pouco de verdade entrando por brechas onde a luz do sol não bate. "Quase tudo que vemos em todos os países é conteúdo que tem um pouco de verdade — garante Claire Wardle, chefe de pesquisa no projeto First Draft, que monitorou os últimos processos eleitorais nos Estados Unidos, França, Reino Unido, Alemanha, Nigéria e Brasil. É conteúdo verdadeiro, mas reciclado: imagens tiradas de contexto, o uso de estatísticas para causar interpretações erradas no leitor. Mais do que artigos de texto, a maior parte do conteúdo que vemos em todos os países é compartilhada como publicações visuais no Facebook, Twitter, Instagram e WhatsApp." Não apenas pelo seu poder imediato. A técnica de tirar um print em vez de compartilhar diretamente o material encobre o rastro até seu lugar de origem e despista os controles da própria plataforma, que os interpreta como um conteúdo novo e não como o enésimo envio de um conteúdo viralizado artificialmente.

O olho humano tem dificuldades na hora de detectar as inconsistências de uma imagem manipulada.[122] A ima-

---

[122] Sophie J. Nightingale, Kimberley A. Wade e Derrick G. Watson, "Can People Identify Original and Manipulated Photos of Real-World Scenes?", *Cognitive Research. Principles and Implications*, 2(30), 18 de julho de 2017.

gem mais compartilhada no WhatsApp durante a campanha mostrava Fidel Castro acompanhado de uma jovem Dilma Rousseff, "pupila, estudante socialista de Castro". Só que, na data da foto, a ex-presidenta do Brasil estava em sua casa em Minas Gerais e tinha onze anos. A foto original foi tirada por John Duprey para o *NY Daily News*, durante a visita de Castro a Nova York em abril de 1959, quatro meses após o triunfo da Revolução Cubana. A mentira foi compartilhada tantas vezes que, no momento em que eu escrevia estas linhas, uma busca reversa da foto original recebe a sugestão do Google: consulta mais provável para a imagem: Dilma e Fidel Castro. "Se você disser uma mentira grande o suficiente e repeti-la muitas vezes, as pessoas acabarão acreditando."

Nós humanos também temos problemas de detectar inconsistências quando a informação chega em "formato científico", como gráficos, porcentagens e fórmulas.[123] Como dizia Mark Twain, "existem três tipos de mentiras: as mentiras, as mentiras sagradas e as estatísticas". As novas campanhas inundam a rede com estatísticas que as pessoas retuítam considerando que um detalhe tão preciso só pode ter saído de um relatório verídico. Na Espanha, o partido de ultradireita Vox exigiu que a polícia expulsasse 52 mil imigrantes que tinham cartão de saúde, mas estavam em situação irregular em Andaluzia. A ação solicitada pelo grupo violou a Lei de Proteção de Dados, segundo a qual as bases de dados de uma administração (por exemplo, a de Seguridade Social) não podem ser utilizadas por outra (como a Polícia). O documento provocou uma resposta previsível de colunistas nos jornais e especialistas no rádio e na TV, e os números foram pulando de chamada em chamada até que alguém decidiu confirmá-los. Se uma contada for dita muitas vezes e seu inimigo repeti-la, as pessoas nem irão se dar ao trabalho de pensar que não é verdade.

---

[123] Aner Tal e Brian Wansink, "Blinded with Science: Trivial Graphs and Formulas Increase ad Persuasiveness and Belief in Product Efficacy", *Public Understanding of Science*, 15 de outubro de 2014.

As campanhas para as redes sociais tendem a normalizar o debate político em torno de grandes temas em detrimento do da política local. A publicidade informatizada como ferramenta obriga a encontrar tipos, genomas específicos de pessoas para desenvolverem uma estratégia, e esses tipos são genéricos; logo, as campanhas também serão. Essa homogeneização produz aberrações como vimos nas *mindterms*, onde a briga pelos cargos regionais como a direção de instituições educacionais ou o escritório dos correios também estava dominada por temas globais: ISIS, caravana de imigrantes. Mas também facilita que o esforço de alguns grupos sirva como exemplo para outros, para que aprendam com seus erros e apliquem seus acertos. Também permite que os diferentes grupos de ultradireita se coordenem como distintas facções de um só exército. Uma operação centralizada em torno da figura de Steve Bannon, arquiteto da Cambridge Analytica, ex-assessor de Donald Trump.

Como vimos antes, o escândalo Cambridge Analytica teve o duplo efeito de demonizar a empresa e popularizar seus serviços. Tanto a Cambridge Analytica como sua filial britânica pediram falência em meados de 2018, mas sua tecnologia continua mais popular do que nunca. Depois de assessorar Jair Bolsonaro em sua campanha clandestina, Bannon voltou-se para o Vox, o mais novo partido da ultradireita na Espanha. Seu ponto de conexão foi Rafael Bardají, que tinha sido a mão direita de José María Aznar e ex-assessor dos ministros da Defesa Eduardo Serra e Federico Trillo. Depois da reunião, anunciou que Bannon tinha fornecido ao Vox "seu aparato tecnológico para nos movimentarmos nas redes sociais com as mensagens adequadas, testar ideias e fazer uma campanha eleitoral no melhor estilo americano", unindo-se assim à liga dos partidos reacionários assessorados por Bannon na Europa. O ex-estrategista de Trump abriu o XVI Congresso da Frente Nacional francesa, fundado por Jean-Marie Le Pen e liderado por sua filha Marina Le Pen, anunciando o nascimento de um movimento populista global. "A história está do lado de vocês — garantiu. Vocês são parte de um movimento maior do que a França, do que a Itália, maior que a Polônia, que a Hungria... os povos se levantaram para enfrentar seu destino." Sua franquia populista baseava-se em quatro temas, que são repetidos de país em país. A centralização do discurso é sua principal fragilidade, porque se manifesta como um quadro cada vez mais rígido de sintomas que permitem diagnosticar a infecção.

A receita tem quatro ingredientes: primeiro, se coloca em dúvida a integridade das eleições. Todos os candidatos, de Trump a Bolsonaro, passando por Le Pen, garantiram que o processo eleitoral foi fraudado (até que eles ganhem). Nas *midterms*, Trump disse que o sistema estava "infectado de forma maciça" na Flórida e que "já não era possível uma recontagem honesta dos votos". Segundo: a campanha de desumanização dos imigrantes, baseada em informações falsas. Dois exemplos separados no tempo são a onda de imigrantes sírios que entraram na Europa fugindo da guerra a partir de 2011 e, mais recentemente, a caravana de pessoas procedentes da América Central — principalmente Honduras, Guatemala e El Salvador — que começou a avançar para a fronteira do México para fugir da pobreza, da violência das gangues e do narcotráfico, na primavera de 2018. Os vídeos de supostos exilados sírios cometendo atos de violência em seus países de acolhida circulam reiteradamente nas redes. O vídeo de um russo bêbado agredindo violentamente duas enfermeiras em um hospital em Nóvgorod, uma cidade russa a 190 quilômetros a sudeste de São Petersburgo, aparece durante as eleições francesas como prova de que os sírios não podem conviver nas sociedades civilizadas. Na Espanha, o vídeo foi publicado por um suposto cidadão das Ilhas Canárias com a seguinte legenda: "Muçulmano agradecendo o seu acolhimento na Europa em um centro de saúde espanhol. Imagens que a TVE não divulga para não causarem pânico social". Existem casos em que a mesma imagem é usada para propagandas opostas. Na Turquia e na Suécia, uma foto do cargueiro *Vlora* com mais de 20 mil albaneses chegando ao porto italiano de Bari em 1991 foi reciclada com uma carga de europeus que chegavam ao norte da África escapando da Primeira Guerra Mundial. Nos Estados Unidos, Itália e França foi o retrato da "invasão" dos sírios na Itália. A mesma foto foi usada para apelar para a consciência dos ingratos europeus que negam asilo a seus vizinhos e para retratar a crise migratória como um tsunami de homens esquisitos e perigosos, uma tragédia que ameaça o bem-estar da sociedade civil. A linguagem é cuidadosamente escolhida, falando-se sempre em "invasão" de conduta "criminosa" de extremismo religioso, de terrorismo.

Os imigrantes monopolizam e acumulam benefícios sociais que são tirados da população local. E são ou escondem terroristas. Os verdadeiros dados são ocultados pela mídia, que obedecem a interesses secretos. "Por que a imprensa não está falando do relatório de que PELO MENOS cem terroristas do ISIS foram detidos na Guatemala como parte de um grupo de criminosos?", pergunta Charlie Kirk no Twitter, antes de ser retuitado dezenas de vezes, repassado para sites da ultradireita e finalmente legitimado pelo próprio presidente dos Estados Unidos. Trump publica que existem "criminosos e desconhecidos do Leste Europeu" no grupo. Não diz que o governo esconde isso de você porque, nesse momento, o governo é ele. O germe da mentira parece ser uma das declarações feitas pelo presidente da Guatemala Jimmy Morales, feitas antes de que o grupo existisse. Pressionado a justificar suas acusações, Trump disse que não tinha os dados concretos, mas que anteriormente a guarda da fronteira havia detido pessoas do Leste Europeu e infiltrados do ISIS. Aparentemente, isso também não é verdade: nenhum suspeito de pertencer ao ISIS foi detido tentando entrar nos Estados Unidos pela fronteira do sul. Quando outro jornalista insistiu pedindo que justificasse suas afirmações, o presidente respondeu da forma mais orwelliana possível: "Não tem prova de nada. Não tem prova de nada, mas poderia perfeitamente ter acontecido".

A teoria do "nós contra eles" também se repete, a mesma ferramenta de tribalismo aperfeiçoada pela Agência russa e que se manifesta de forma racista, classicista, sexista e violenta de maneira geral.

São formadas comunidades em torno da rejeição a outros grupos, o roubo de direitos ou serviços e o cometimento de crimes imaginários ou erros egoístas. Democratas bondosos ou hipócritas que amam os imigrantes contra o povo submetido a seus caprichos; feministas que denunciam violações e maus-tratos para incriminar e castigar homens inocentes; ricos da cidade que impõem medidas ambientais que destroem a microeconomia das boas famílias do campo. Como aconteceu nos Estados Unidos, existem grupos antagonistas que parecem feitos para se matarem na frente de uma mesquita. Os relatórios indicam que já não são os russos, mas sim a "democratização" de suas táticas de guerrilha tecnológica. O Kremlin já não precisa mais criar uma divisão entre os países vizinhos porque eles já o fazem por si mesmos. Todas essas tensões fermentam nos grupos fechados do Facebook, nas redes protegidas do WhatsApp, Instagram e Twitter antes de chegarem à superfície e se expandirem pelas diversas plataformas e mídias de seu círculo. Por isso, vemos conteúdos que parecem surgir do nada, estando em todas as partes: foram cozidos em segredo e servidos com muita festa, degustados por *trolls* disfarçados de pessoas e pessoas que se comportam como *trolls*.

Finalmente, a franquia se instalou na grande conspiração do *establishment* como veículo de destruição das instituições democráticas. Aqui, a inversão é o caminho e o objetivo final. Como demonstrado por Víktor Orban na Hungria, nada incomoda mais um regime autoritário do que as instituições. Todos os políticos contrários são uns radicais ou uns incompetentes, todos os jornais e canais de informação são uns vendidos para o poder. Todas as instituições estão corrompidas, todos os processos democráticos manipulados, todos os poderes estão deteriorados e todos os representantes estão vendidos. Não há um lugar para onde ir, exceto a tribo. Destruir as instituições é o ato revolucionário necessário para limpar as cloacas do Estado e da sociedade. Como dizia Orwell, "não se estabelece uma ditadura para proteger uma revolução; faz-se a revolução para instalar uma ditadura".

A franquia se manifesta através da hegemonia dos quatro discursos em todos os países, onde os operadores trocam material, retórica e canais, em um esforço coordenado para executar o mesmo algoritmo otimizado para uma viralização imediata. Até os nomes são traduzidos: "Brasil primeiro", "España, lo primero" e "France first" de Marion Maréchal-Le Pen, todas sendo versões do "America First" de Trump, que copiou o slogan de um comitê isolacionista e antissemita estadunidense de 1940 chamado America First Committee. O meme é a linguagem natural para a destruição do Estado de direito, porque permite testar e naturalizar conceitos que tinham sido rejeitados — como o machismo e a xenofobia — em um contexto sem consequências, porque é uma piada. E os que denunciam ou rejeitam a piada são neutralizados com um epíteto que foi criado especialmente para esse contexto: *snowflakes*.

Na verdade, é uma citação de *Clube da Luta*, o livro de Chuck Palahniuk, que também aparece na maravilhosa adaptação cinematográfica de David Fincher em 1999. Em um dado momento, o niilista Tyler Durden diz ao choroso protagonista: "Você não é especial. Não é um belo e único floco de neve". Desde então, o termo tem sido usado de maneira coloquial para se referir à geração de crianças superprotegidas e de coração mole, destruídos pela ausência de desafios e educados no politicamente correto, na melancolia dos acordes de guitarra e *Amelie*. De esquerda ou de direita, chorões de qualquer idade. Tudo mudou em 2016 com a campanha de Trump. De fato, sua evolução reflete com bastante fidelidade as fases atravessadas pela franquia desde então.[124] Em 2008, o *snowflake* era "uma pessoa que acredita ser OHMEUDEUS-SOUTÃOESPECIAL mas que, na verdade, é igual a todo mundo". Em maio de 2016, a definição mudou para "pessoa excessivamente sensível, incapaz de suportar qualquer opinião que seja diferente da sua. Essas pessoas podem ser vistas reunidas em 'zonas seguras' do campus universitário". Em 2018, mudou de novo: "um millennial presunçoso, atrasado da justiça social[125] que foge do seu 'espaço seguro' para jogar com seus brinquedos antiestresse e seus cadernos de colorir quando é 'provocado' por qualquer 'microagressão' inofensiva". Durante a campanha, *snowflake* era qualquer um que dissesse que Trump era racista por dizer que os mexicanos eram estupradores e assassinos, ou que era sexista por dizer que as mulheres devem ser agarradas *by the pussy*. Qualquer manifestação contra o supremacismo branco, a violência de gênero, a homofobia, a transfobia e a misoginia eram típicas de um *snowflake* o *Guardian* a considerou a palavra do ano em 2016. Como todo o léxico hegemônico da franquia, foi traduzido para todos os países onde atua. A Espanha tem uma das traduções mais bem-sucedidas: *ofendidinhos*. Foi registrada para sempre na propaganda de Natal de 2018 da Campo Frio, intitulada "A loja LOL".

### Grupos secretos: a próxima fronteira

Quando começou a investigação sobre a campanha de influência russa em 2016, para Mark Zuckerberg a ideia de que os algoritmos do Facebook pudessem ter contribuído para a operação parecia "muito doida". Mais ainda: ressentida. "Os

---

[124] De acordo com o *Urban Dictionary*, uma espécie de Wikipédia do *slang*.

[125] "SJW-tard", intraduzível. Mistura do pejorativo *social justice warrior* ("guerreiros da justiça social") e *retard* ("atrasado").

eleitores tomam decisões baseados em experiências vividas — dizia durante uma conferência em San Francisco —. Existe uma profunda falta de empatia ao afirmar que o único motivo pelo qual alguém possa ter votado como votou seja por culpa das *fake news*." Também disse que o Facebook oferecia um cenário midiático mais variado politicamente do que os meios tradicionais, porque a maioria dos usuários têm amigos que não compartilham da mesma visão de mundo. "Inclusive se 90% dos seus amigos são democratas, provavelmente os outros 10% são republicanos. Inclusive se você vive em um estado ou país, terá amigos que vivem em outro estado ou país. [...] Isso significa que a informação que chega para você através do sistema social é mais diversa do que a que teria chegado através da mídia." O fundador do Facebook ofereceu a mesma visão do papel que tinha tido sua plataforma nos violentos conflitos de Mianmar e outras regiões onde haviam implementado seu programa Free Basics.

As investigações realizadas nos Estados Unidos e no Reino Unido revelaram que a empresa teve consciência de ambos os problemas e decidiu apenas ignorá-los, amparada na Seção 220 da Lei de Decências das Comunicações. Alex Stamos, o então chefe de segurança da plataforma, identificou a trama russa e alertou seus chefes no ano de 2015. Ativistas, jornalistas e até funcionários dos governos das Filipinas e de Mianmar escreveram para o Facebook denunciando os efeitos provocados pela plataforma em seus respectivos países. A diretoria ignorou os avisos até que a imprensa chegou. Então, contrataram a empresa de comunicação Definers Public Affairs, popular entre os grupos de pressão republicanos, para que fizessem sua própria campanha de desinformação. A Definers cuidou de desviar a atenção para outras plataformas como Google e Apple, produzindo conteúdos sobre suas práticas ilícitas. Também inventou a história de um complô orquestrado por George Soros para acabar com o Facebook, escondido atrás do Freedom from Facebook, a coalização de grupos que pressionam a Comissão Federal de Comércio dos Estados Unidos para que acabem com o monopólio da campanha desarmando o grupo de redes sociais que comandava. A investigação do *New York Times* que revelou a notícia apontava a diretora de operações, Sheryl Sandberg, como responsável direta pela campanha, mas seu chefe de comunicações, Elliot Schrage, assumiu a responsabilidade.

Desde então, Zuckerberg se desculpou milhares de vezes, alegando inocência e falta de visão. Tanto ele como sua equipe compareceram diante da imprensa e dos órgãos e das autoridades judiciais estadunidenses, britânicas e europeias, dando diferentes versões de "estávamos muito ocupados fazendo do mundo um lugar melhor e não percebemos o que não ia bem no universo". No final de 2018, aceitaram algumas responsabilidades e tomaram algumas medidas. Não muitas. Nas prévias da campanha para o Parlamento europeu, os anunciantes precisarão de uma autorização antes de comprar anúncios e questões de campanha. Os usuários poderão ver quem comprou uma informação e seus objetivos demográficos. Infelizmente, já vimos que os anúncios só são úteis na medida em que permitem encontrar pessoas vulneráveis. O verdadeiro problema são os grupos fechados e os sistemas de propaganda em massa protegidos por criptografia como o WhatsApp. A empresa limitou a cinco a quantidade de canais (e não pessoas) aos quais se pode reenviar mensagens de maneira simultânea. A medida começou na Índia, depois dos brutais linchamentos provocados pelas *fake news*, para retardar o processo de disseminação de notícias falsas. Mas os grupos podem ter até 256 participantes. E sabemos que toda a ação está nos grupos: do Facebook, do Twitter, do Telegram, do Instagram e do WhatsApp. Uma rede de distribuição coordenada pode enviar cada mensagem a 1.280 pessoas em cinco grupos. Se cada uma dessas pessoas puder reenviar a mesma mensagem a outros cinco grupos, o conteúdo poderá chegar a milhares de pessoas em poucos minutos a um custo zero.

Foi o que aconteceu no Brasil, enquanto todos os grupos que supervisionavam a campanha estavam distraídos monitorando o Facebook. É impossível monitorar o WhatsApp devido à própria natureza do meio, que o impede. E o Facebook não facilita o acesso ou informação sobre os canais de distribuição dessas notícias, apenas apoia os grupos que as desmentem, enquanto a ação está se movendo a outros espaços ainda mais privados: os espaços do Twitter e do Instagram. São os grupos privados dentro das plataformas. Muita gente não sabe que eles existem, o que fomenta seu *sex appeal*. Os dois são evoluções da mensagem privada de usuário a usuário que foi transformado em grupo para ajudar as empresas de marketing a viralizar conteúdos em supergrupos selecionados. Permitem uma viralização extrema combinada com o mistério. E logo estarão conectados diretamente com os grupos secretos do Facebook e do WhatsApp, no momento de encerrar este livro, a empresa de Mark Zuckerberg trabalha para unir o WhatsApp e o Messenger em uma infraestrutura comum através da qual os usuários de todas as plataformas poderão se conectar entre si através de canais criptografados. O ecossistema definitivo para a vigilância e manipulação de milhares de pessoas na antecipação de um futuro irrevogável: logo seremos muitos mais vivendo em menos espaço, competindo por menos recursos, em um meio cada vez mais hostil. E essas infraestruturas de poder centralizado, persistente e obscuro, não estão desenvolvidas para nos ajudar a administrar essa crise. Estão desenvolvidas para nos administrar durante a crise. Não vão nos servir para enfrentar o poder, as ferramentas do poder nunca servem para desmantelá-lo.

# AGRADECIMENTOS

Quero agradecer a Ángela Precht, Nuria Padrós e a Gonçalo Frasca por estarem comigo nas horas boas e ruins, e a Pedro Bravo por segurar a minha mão nos momentos cruciais. Agradeço a Daniel Yustos e Iván García por tornarem tudo que eu faço melhor, e a Valerie Miles e Lila Azm Zanganeh por me acompanharem com seu carinho e seus valiosos conselhos. Agradeço a Patrick Guger, Lucy Olivia Smith e Sasha Theroux por me devolverem o entusiasmo pelos meus próprios projetos quando tudo me falta. Agradeço a Manu Brabo pelo apoio, os sorrisos e a perspectiva heroica. Agradeço a Jessica Matus, Romina Garrido e Paty Peña porque encontrei no Chile o caminho que me levou a este livro, e a Julia Morandeira e Margarida Mendes porque em sua Escolinha encontrei a faísca que deu início a tudo. A David Sarabia, Marta Caro e Eduardo García porque vocês são meus leitores preferidos. Agradeço a Sindo Lafuente por ser um bom chefe no pior dos tempos. Agradeço a Jose Luiz de Vicente, Rosa Ferré e Bani Brusadin por contarem comigo, e a Jose Luis Brea por me iluminar desde a mais profunda escuridão. Estou em dívida com Neil Postman, Carlo Cipolla, Richard Stallman, Eleanor Saitta, Manuel de Landa, Johanna Drucker, Deyan Sudjic, Friedrich Kittler, Mohammad Salemy, Milton Mayer, James Bridle, Benjamin Bratton, Bruce Schneier e James C. Scott, porque sem eles não seria possível ver e pensar no invisível. Finalmente, a maior dívida eu tenho com meu editor, Miguel Aguilar, cuja generosidade, inteligência e entusiasmo faz tudo ter sentido.

Exemplares impressos em OFFSET sobre papel Cartão LD 250g/m2 e pólen Soft LD 80g/m2 da Suzano Papel e Celulose para a Editora Rua do Sabão.